PARA ENTENDER EL *QUIJOTE*

CIRIACO MORÓN

PARA ENTENDER
EL *QUIJOTE*

Prólogo de Emilio Moratilla García

Segunda edición

EDICIONES RIALP
MADRID

© 2005 *by* Ciriaco Morón
© 2026 *by* EDICIONES RIALP, S. A.,
Manuel Uribe 13-15 - 28033 Madrid
(www.rialp.com)

Primera edición: 2005
Segunda edición: 2026

Preimpresión: Fotocomposición. M. T. S. L.

ISBN (edición impresa): 978-84-321-7347-9
ISBN (edición bajo demanda): 978-84-321-7348-6
ISNI: 0000 0001 0725 313X
Depósito legal: M-2298-2026
Impreso en Anzos, S. L., Fuenlabrada (Madrid)

Índice

I
EN EL *QUIJOTE*

Prólogo

La dificultad de entender el *Quijote* parece evidente si nos atenemos a las muchas lecturas de que ha sido objeto. Sin embargo, la mayor parte de ellas son insuficientes por ser fragmentarias, atentas en el mayor número de los casos al descubrimiento de fuentes, a la vida del escritor y sus repercusiones en la obra, al dato erudito como tal, o a preguntas concretas elegidas según el interés del lector.

Como reacción a este positivismo surge la interpretación ideológica, atenta al significado de los protagonistas, a la exaltación del héroe en detrimento del escritor y de su obra, olvidándose de los problemas y aspectos estéticos de esta última. Impresionistas, en definitiva, fruto de intuiciones personales más que de metódicos y rigurosos trabajos de interpretación y explicación. Se ha descuidado en ambos casos el significado global de la obra.

Frente a frangmentarismo e impresionismo el profesor Morón propone una lectura en el texto y sobre el texto, entendido éste como la decantación de la lucha entre lo que Cervantes quiso decir y lo que realmente dijo. La escritura, en el caso del *Quijote* y en cualquier otro caso, queda así entendida como la fusión de inspiración y esfuerzo personal. Leer, en este sentido, no es buscar la

11

intención del autor, objetivo que tanto ha obsesionado a la mayor parte de la crítica, sino exponer, desplegar todas las virtualidades objetivas del texto hasta poder aprehender, más allá de los gustos interesados de los lectores o de la intención del autor, el estallido de un significado. Leer, para Morón, no es psicoanálisis ni análisis social, sino *gramanálisis*, o sea, despliegue de la letra, del texto.

Ahora bien, el texto está formado por un conjunto articulado de signos, unos más centrales que otros. Los más centrales o profundos irradian sobre el texto entero, y su valor sólo puede medirse desde el trasfondo cultural en que nacen y se desarrollan. En el caso del *Quijote* ese trasfondo cultural lo constituye la filosofía aristotélico-tomista, como se había llegado a diluir y mantener en el pensamiento y el modo de decir populares y, en general, en la idea del hombre de la época barroca. El último sentido de una obra literaria puede esconderse en uno de esos signos nucleares convenientemente interrelacionado con la totalidad de niveles que la constituyen. Así ocurre, por ejemplo, en *La vida es sueño* con el adjetivo «violento», presente en el primer verso. De su significado escolástico, «lo que contradice la naturaleza de una cosa», participan todos los personajes y la acción de la obra. En este sentido, *La vida es sueño* de Calderón de la Barca dramatiza en la caracterización de sus personajes, en las escenas del drama y en lo poético de sus versos, los pasos y retrocesos de la violencia a la prudencia.

En el caso del *Quijote* ese término clave es «entendimiento», facultad superior del hombre. De sus dos funciones, la de inventar corresponde al ingenio, y la de distinguir el bien del mal o lo verdadero de lo falso, al juicio. La locura de don Quijote consiste en que se le rompe el entendimiento, pierde el juicio y le queda suelto el ingenio. Sancho, su escudero, hombre leal y analfabeto, sólo está capacitado para entender lo que aparece en la realidad sensible inmediata, sobre todo a través de la vista y del oído. La búsqueda de la verdad está siempre gobernada por el entendimiento del autor, de modo que, reducido a su núcleo estructural e ideológico, el libro no sería otra cosa que la historia de un hidalgo con ingenio sin juicio, y la de unos sentidos externos también sin él (los del escudero), confrontados entre sí y con la realidad misma por el entendimiento, que no es otro que el autor.

Estos son los pilares sobre los que levanta su tinglado y mueve los hilos de su retablo Cervantes —así lo hace constar en más de cincuenta ocasiones en la primera parte, y sobre estas premisas, última síntesis suya semiológica, despliega el profesor Morón todo el espesor de su lectura, todas las virtualidades temáticas y formales de lo que ésta es, a su vez, su último precipitado; por ejemplo, la estructura de sucesión, a la que pueden reducirse todas las aventuras. El ingenio sin juicio se sobrepone a lo visto y oído, a la realidad inmediata, y ello provoca la derrota. La justificación por encantamiento a semejanza del mundo caballeresco, hace que se repita incesantemente el mismo proceso. Salvo las historias de amor en Sierra Morena, en las que se esboza un argumento y una progresión, toda la obra es una larga cadena reiterativa de este esquema. No existe conexión lógica entre los capítulos. Los personajes principales aparecen definitivamente caracterizados desde el principio, no se desarrollan en su interacción con la realidad, y constituyen caracteres más pasivos que activos. No cambian los caracteres porque no están construidos desde la psicología en el sentido moderno,

13

sino desde la ontología: encarnan rasgos permanentes del ser humano.

Esta falta de argumento general y de desarrollo psicológico explican que el profesor Moron no considere al *Quijote* una novela moderna en sentido riguroso, aunque para él, como verá el lector, las categorías de antiguo y moderno quedan superadas en una noción de tiempo y en una fórmula estética de significación y valor más altos. El entendimiento realiza en su relato una superación de todos los géneros narrativos de la época en un proceso simultáneo de asimilación y deconstrucción. Los géneros narrativos tradicionales son en el *Quijote* una parte más de la realidad narrativa, materiales de acarreo en una construcción de una obra novísima y original de naturaleza superior.

Como la novela picaresca, asume Cervantes la realidad cotidiana huyendo de lo fantástico, pero se aparta del género picaresco porque el procedimiento autobiográfico deja la estructura abierta y el relato siempre inacabado, y por su visión de la existencia desde un solo punto de vista: el negativo del pícaro movido por los impulsos más bajos de la persona. También Cervantes incluye en el *Quijote* otros géneros que reflejan la realidad cultural y social del momento. El mundo pastoril y sentimental es el de la amenidad de los campos y el murmurar de las fuentes, penetrado además de un paganismo incompatible para él con la ortodoxia cristiana. Lo que de verdad critica Cervantes en estos géneros es su falta de verdad existencial. El mayor rechazo lo reciben los libros de caballerías por disparatados y a veces lascivos. Toda la literatura del *Quijote* es un continuo contraste entre los irreal fantástico y lo real cotidiano.

Frente a la radical limitación o alejamiento de la realidad por un lado y el carácter uniformemente lineal de los relatos caballerescos, el *Quijote* es hijo del entendimiento. Su apetencia de verdad y de reflejo fiel de los aspectos más complejos y problemáticos de la realidad, le prestan una densidad extraordinaria, y lo convierten en obra única y original.

Frente a la fantasía quimérica y los sentidos externos, el libro hijo del entendimiento indaga la verdad. Esa verdad está encarnada en historias fingidas, pero que son verosímiles por pintar casos posibles y sostener el decoro de los personajes. Pero sobre todo, es esencial en el *Quijote* la ironía, como generadora de verdad y fundamento del realismo cervantino, que siempre implica distancia, incluso respecto a la verdad misma.

Cervantes se distancia en primer lugar de sí mismo, y aparece en la obra desdoblado en dos: como padre ficticio que inspira —Cide Hamete Benengeli— y como padrastro que se esfuerza en buscar datos sobre don Quijote y en pagar la traducción del original árabe. La aparición del apócrifo de Avellaneda en la Segunda parte le hará gritar por la herida su paternidad real. Morón ve en la figura de Cide Hamete Benengeli la dualidad íntima de la conciencia humana, que en la escritura se concreta como lucha de la inspiración y el esfuerzo.

Los personajes del *Quijote* hablan de su identidad personal y se juzgan a sí mismos como si fueran seres reales de carne y hueso. La impresión de verismo, insuperada todavía, continúa aludiéndonos e inquietándonos —con la misma fuerza que a Pirandello, Unamuno o Borges— con la enigmática pregunta: ¿todos, también nosotros, entes de ficción?

De la distancia del autor respecto a su obra surge un hecho de una originalidad excepcional: el autor, primer receptor convertido en su más exigente censor y crítico; creación y crítica unidas, y la misma obra, a medida que se va haciendo, taller experimental de novelar. La trascendencia de este hecho y sus repercusiones en la creación literaria las percibió antes y mejor que nadie Fielding y las puso en práctica en su novela *Tom Jones*, a la que Morón dedica una atención preferente.

Esta autoconciencia crítica del escritor con respecto a su obra es, sin duda, uno de los rasgos definidores del Barroco. En Cervantes alcanza grados de maestría y trascendencia desconocidos hasta entonces y desborda lo que en esa estética hay de puro artificio y complicación formalistas. En el *Quijote* constituye, sobre todo, con la búsqueda de la identidad personal y de la reivindicación de la paternidad de su obra por parte de Cervantes, una dramática experiencia existencial.

En las páginas dedicadas al estudio de la ironía en Cervantes, Morón nos descubre aspectos nuevos de sorprendente originalidad, por ejemplo, el de la literatura y en general de la cultura, reflexión sobre la realidad, convertida a su vez en realidad histórica. Don Quijote y Sancho, muñecos de ficción, han sido formalmente nombrados hijos predilectos de Villanueva de los Infantes. El *Quijote* aparece así como una gran ironía respecto a la realidad histórica anterior, y su impacto en Cervantes como un análisis de la relación entre la realidad y el discurso sobre ella.

¿Es Cervantes perspectivista o relativista? Desde luego, no en el sentido en que lo entienden la mayoría de los estudiosos, tergiversando algunas observaciones de Ortega y Américo Castro. Cervantes nos confronta con realidades complejas y dramatiza esa complejidad sin reducirla a fórmulas simples. Él cuida mucho de no mezclar lo divino y lo humano, y tampoco crea —al modo de su coetáneo *Guzmán de Alfarache*, en sus famosas digresiones— una formidable y segura respuesta de carácter moralizador dentro del dogma católico contrarreformista. En la Primera parte del *Quijote*, el entendimiento, que es él, anticipa al lector el error, el engaño a los ojos en que cae el pobre caballero por su extraviada fantasía. Sabemos así antes de cada aventura que los molinos son molinos de viento, los ejércitos rebaños de ovejas y carneros, y la bacía, bacía de barbero y no yelmo. Este es el procedimiento habitual en la literatura coetánea. En la Segunda parte Cervantes cambia de táctica y embarca al lector en el mismo punto de vista del caballero y su escudero. Con ello se mantiene un suspenso ante lo excepcional e insólito de los hechos narrados, a veces aparentemente imposibles. ¿Serán el Caballero del Bosque y su narigudo escudero de los de la andante caballería? La solución del aparente misterio suspende y admira, aumentando así el placer estético de la narración. De acuerdo con los propósitos de la poética clásica, de deleitar se trata. Parece inevitable, siempre de acuerdo con el texto, poner a la misma altura «prodesse et delectare», «utile et dulce», toda la clave de humor en que está escrita la obra. Lo que Cervantes dramatiza es, según Morón, esa rica complejidad y los límites de nuestro conocimiento para aprehender la verdad.

Quiebran también por falta de apoyo textual los deseos —sólo eso— de un Cervantes erasmista o adicto a la causa judeoconversa, sobre todo cuando cualificados expertos en tales materias, como Marcel Bataillon y A. Castro, atenúan los influjos hasta límites banales, o consumados revisores de tales causas —Antonio Vilanova— consideran el conocimiento directo de Erasmo por parte de nuestro escritor sólo una casualidad inapreciable. Un reconocido estudioso, fino analista de tema tan apremiante, el de la peculiar vida de los conversos y sus secuelas en la vida española, el profesor Benzion Netanyahu, pasa de largo sobre este tema, por considerarlo inútil.

¿Modernidad como atribución ideal del *Quijote*? Creo que es violentar el texto y renunciar a otras palabras que definen mejor su carácter y valor: perennidad, universalidad, «eternidad» (Unamuno). En definitiva el libro se convierte en una gran obra de arte porque la palabra destella en él todos los fulgores de significación en plenitud de gracia estética y hunde sus raíces en la más vital experiencia de todo ser humano al margen de lugar y tiempo. El ideal del hidalgo sigue vivo porque sobrepasa cualquier ideal concreto —la gloria, la libertad— y dramatiza la estructura de la existencia como ilusión y proyecto. Para Morón el don Quijote símbolo del idealismo es un tópico falso. Lo que deja perplejos a todos los que le conocen y se relacionan con el caballero es su instalación en la borrosa frontera entre cordura y locura, lances en que el poder discursivo del héroe es más poderoso que el más pintiparado de los presentes por discreto que éste sea, ilusión legítima e ilusiones disparatadas. Este es el primer motivo esencial debatido en la obra; símbolo de la naturaleza humana, su poder reside en su locura entreverada, en la encrucijada entre lo racional y lo irracional, entre el idealismo legítimo y el utópico.

Calderón vio antes y mejor que nadie este aspecto novísimo cervantino y lo llevó a sus últimas consecuencias en *La vida es sueño.* Páginas memorables las cotejadas en ambas obras, que prueban inequívocamente la deuda de la obra calderoniana con el *Quijote.* Los dos personajes protagonistas, don Quijote y Segismundo, habitan un mismo mundo, el de los borrosos límites entre el ser y el parecer, realidad y conciencia, y los dos simbolizan el drama de nuestra identidad: la imposibilidad de desvelar del todo la esencial opacidad que nos constituye. Este sería el segundo capítulo en la suma de alusiones ontológicas referidas a la existencia humana.

El tercer motivo lo constituiría la lengua, el discurso —somos hombres por la palabra— como identidad y como instrumento de falsificación. Sólo la conciencia refleja de mi yo me hace ser persona. Así ocurre con don Quijote a la salida del castillo de los duques, pero es ahí precisamente, en ese capítulo 59, donde Cervantes comienza a sufrir por obra del apócrifo de Avellaneda lo mismo que él ha urdido con su héroe, su auténtica identidad personal y su verdadera paternidad literaria respecto a él. Y es que la lengua que nos identifica puede al mismo tiempo falsificarnos.

De los dos grandes méritos aportados por el profesor Morón en su estudio sobre el *Quijote,* no cabe duda que el primero es su atención al texto y el segundo su puesta en práctica de la teoría formulada en los capítulos VI y VII de su libro *Las humanidades en la era tecnológica,* verdadero tratado y arte de cómo leer una obra clásica. En esos capítulos se distingue entre lecturas legítimas y una lectura ideal que hace al texto centro de referencia más allá de los intereses del lector, y conlleva siempre una respuesta a la llamada del texto en su contenido y estructura. Dada su condición de ideal, ese nivel es difícil de alcanzar, pero no imposible.

En una afirmación a primera vista paradójica, el profesor Morón considera esa lectura-estudio, la lectura inocente, porque es fruto del esfuerzo que nos limpia de subjetivismos y nos descubre los secretos y primores más hondos de forma y contenido del texto. La que él nos ofrece del *Quijote* constituye para mí un hito en la historia de los anales cervantinos, porque está realizada desde un esfuerzo de investigación basado en una competencia excepcional en historia literaria, intelectual y teoría del conocimiento. Del espesor de su estudio yo sólo he podido apuntar alguno de los rasgos más sobresalientes, es el lector el que poco a poco ha de ir detectando la mucha miel entre tanta doctrina irreemplazable. Rigor analítico, originalidad y —cortesía añadida por nuestro investigador— claridad, son los rasgos eminentes que caracterizan este libro. Un evidente propósito pedagógico, visible en la repetición intencionada de las ideas fundamentales, late a lo largo de todas sus páginas y nos mueve a una nueva lectura de la obra genial para acariciar, ahora sí, el ideal de toda lectura, el estallido del significado.

EMILIO MORATILLA GARCÍA
Catedrático de Literatura.

Introducción

La bibliografía sobre el *Quijote* es inmensa; sin embargo, es difícil encontrar un libro que nos lo explique y nos ayude a entender su contenido y sentido. El presente estudio intenta ofrecer esa explicación.

Las dos preguntas fundamentales sobre el libro —preguntas fundamentales sobre las humanidades en general— son: ¿En qué consiste conocer el *Quijote* y qué valor práctico tiene ese conocimiento? El valor práctico de una obra de arte no consiste en que nos preste servicios o nos produzca placer, sino en que contribuya a nuestro enriquecimiento personal, ensanchando nuestra capacidad de reconocer y admirar la obra humana superior. En este sentido, lo que parece a primera vista un valor puramente académico se convierte en valor moral, pues ser capaz de reconocer y gozar lo perfecto es un indicio de generosidad y un estímulo para buscar nuestra perfección. Al hablar de «un valor puramente académico» no entiendo la expresión en el sentido despectivo que le dan algunos ensayistas, como sinónimo de inútil. El trabajo académico es el trabajo de la educación, y sólo la educación puede alimentar nuestra esperanza de alguna mejoría de los hombres y la sociedad, comenzando por nosotros mismos.

Se acepta que el *Quijote* es un gran libro: «La obra más excelsa del ingenio nacional».[1] ¿En qué se funda su grandeza? ¿Qué criterios nos dirigen en la búsqueda de ese fundamento?

Se acepta que es una obra maestra, y los supuestos o auténticos «descuidos» de Cervantes se ven como simples lunares de la obra o como hipercrítica de los comentaristas. ¿En qué consiste la maestría del *Quijote*?

Los españoles afirmamos que es la «primera novela europea moderna». Fuera de España casi nadie nos cree ¿A qué llamamos novela moderna y en qué consiste la modernidad de la nuestra?

A través del tiempo, la gama de juicios en torno al libro va desde la descalificación de Lope en 1604: «Nadie es tan necio que alabe a *Don Quijote*», a la hipérbole de Unamuno: «nuestra Biblia nacional».[2] ¿Qué relación puede establecerse entre una obra literaria y la cultura de una nación? Según Peter Russell (ver bibliografía), el *Quijote* fue en la intención de su autor y en la recepción de sus primeros lectores un libro de «risa a carcajadas», sin los simbolismos «románticos» que se le adhirieron después. ¿Cómo se fueron formando las lecturas simbólicas y alegóricas? ¿Tienen fundamento en el texto?

Si del libro pasamos al protagonista, para Cervantes, al menos en un cierto aspecto, don Quijote fue un loco llevado a la demencia por la lectura de libros de caballe-

---

[1] Menéndez Pelayo, M., «Cultura literaria de Miguel de Cervantes y elaboración del *Quijote*», *Discursos*, ed. J. M. de Cossío (Clásicos Castellanos, 140). Madrid, Espasa-Calpe, 1964, p. 109.

[2] Unamuno, M. de, «La causa del quijotismo» [1903], en *Obras completas*, ed. M. García Blanco, Barcelona, Vergara, 1958, V, 736.

rías. Para Unamuno «Don Quijote es Cervantes en cuanto éste tenía de hombre de su tiempo y de su pueblo, es el alma española cuajada en Cervantes» (V, 731); varias veces le llama «Nuestro Señor don Quijote» (V, 737). Para Ortega y Gasset don Quijote es «en cierto modo un cristo gótico, macerado en angustias modernas; un cristo ridículo de nuestro barrio, creado por una imaginación dolorida que perdió su inocencia y su voluntad y anda buscando otras nuevas».[3] ¿Han entendido estos pensadores a don Quijote mejor que su propio autor?

Mi lectura es un esfuerzo de explicación del texto, según la teoría de la lectura que analicé en los capítulos VI y VII de mi libro *Las humanidades en la era tecnológica*. Allí hablo de la ideal distancia que se enfrenta con «todo el texto, pero sólo con el texto». «Todo el texto»: en aras del todo evito la atención desproporcionada a capítulos o episodios particulares. La mayoría de trabajos de investigación utilizan métodos concretos (erudición, estilística, estructuralismo, etc.) o se concentran en algún personaje o aspecto específico. Muchos son estudios fundamentales, y los he tenido en cuenta, como demuestran las notas. Pero los estudios sobre temas particulares no se sitúan a la debida distancia del texto y pueden convertirse en árboles que no dejan ver el bosque. «Pero sólo texto», porque también existe el peligro contrario: salirnos del bosque alejándonos demasiado de los árboles, y acabar divagando sobre la «mentalidad» de Cervantes, las condiciones socioeconómicas en que surge la obra, o el *Quijote* como expresión o rechazo de los «valores de su sociedad». Repe-

---

[3] Ortega y Gasset, *Meditaciones del Quijote*, «Lector», en *OC.*, I, 326.

tir que Lope sostiene los «valores tradicionales» de catolicismo y monarquía, mientras el simpático y «moderno» Cervantes socava esos valores, es irresponsable desde la documentación histórica, y tan vago desde el punto de vista intelectual, que no se puede tomar como estudio a la altura en que hoy debemos cultivar las humanidades.

El ideal de la lectura es presentar con el mayor grado posible de fidelidad aquellos motivos o signos de la obra que, a mi parecer, necesitan explicación, y el modo como esos motivos se integran en el gran motivo o signo que es la obra completa. Por supuesto, «el mayor grado posible de fidelidad» u objetividad dependerá de mi capacidad de ver. Pero la capacidad subjetiva de ver crece cuando se tiene la intención de mirar al texto y descartar toda opinión personal no corroborada por el texto.

El análisis trata de sobrepasar la simple paráfrasis del *Quijote*. La paráfrasis es una especie de resumen de lo mismo que dice el texto, sin entrar en el trasfondo que lo aclara. Cuando don Quijote ve gigantes donde el autor y Sancho ven molinos, la paráfrasis narra el hecho; la explicación, en cambio, trata de señalar de dónde vienen la visión del amo y la del criado y los lectores. La paráfrasis no es en principio desdeñable; al contrario, constituye el primer nivel de articulación de la lectura. En definitiva, ya lo que omitimos o seleccionamos al hacer el resumen de un texto —al contar su argumento— es un testimonio de nuestros intereses y de nuestra capacidad de ver significados. Pero el lector atento y competente de un análisis como el que aquí se ofrece, debe haber leído antes el *Quijote* y aportar por lo menos ese primer nivel de atención o conocimiento. Sin embargo, como el orden de mi propio comentario sólo se justifica por el orden que impone el texto de Cervantes, de vez en cuando necesito parafrasearlo para poner de relieve su secuencia lógica.

El texto vive en la superficie de su argumento. Pero esa superficie transparenta experiencias humanas, culturales y artísticas que constituyen la profundidad o espesor del libro. La explicación consiste en articular con la mayor claridad posible los aspectos de esa profundidad. Yo veo cuatro modos de desplegar esos estratos profundos: 1) La clasificación: después de leer cualquier capítulo o sección: ¿cuáles son sus motivos fundamentales? 2) El contexto: algunos pasos ambiguos del *Quijote* se explican con paralelos de la misma obra, del resto de la obra de Cervantes, o con citas de sus contemporáneos, que nos ayudan a captar el sentido preciso de palabras y expresiones. 3) El fondo ideológico: términos, como entendimiento, ingenio, juicio, y los criterios por los que un personaje es villano y otro noble de nacimiento, se fundan en la filosofía vigente en torno a 1600. Definir los términos de esa filosofía permitirá entender actos y expresiones que no se entienden sin ese trasfondo. 4) Atención a la dimensión artística del texto: el carácter plástico de ciertas escenas, la belleza, la gracia, la ironía y cualquier otro factor que contribuya a la calidad de la obra literaria.

Mi libro se divide en dos partes: «En el *Quijote*» (capítulos 1 al 7), y «Sobre el *Quijote*» (capítulos 8 al 10). Nuestro ideal es entrar en el texto para explicar los pasajes difíciles de entender y los que tienen especial importancia para la inteligencia del valor humano y artístico del libro. Deseo hacer una lectura desde dentro, hablar «en» el *Quijote*, como se decía en el siglo XVI y decía el mismo Cervantes («Basta, dijo don Fernando, y no se hable más en esto», I.37, 461). Sólo después del análisis hablaré «sobre» y «en torno» al libro. En la primera parte divido el *Quijote* en secciones, basado en criterios que justificaré al principio de cada una de ellas, y en la segunda (caps. 8-10) trato algunas cuestiones generales de la obra total.

En cada sección acentúo lo que tiene de nuevo, siempre en conexión con el todo. Al explicar situaciones y diálogos, hago explícito el trasfondo filosófico y teológico que nos da la clave para entenderlos. Ese trasfondo intelectual se documenta con citas de tesis sostenidas por Santo Tomás de Aquino y sus seguidores, cultos y populares, en la España de Cervantes; de esa manera trato de soslayar arbitrarias generalizaciones sobre la «mentalidad» o la «circunstancia» cultural y política en que surgió la obra. Los estudios generales sobre la morada vital de una época pueden ser brillantes y certeros, como los de Américo Castro, pero aquí se busca otra cosa que todavía no existe, una lectura ideal del *Quijote*. Todo el texto, pero sólo el texto.

Los capítulos «sobre» el *Quijote* contienen un esfuerzo de síntesis (cap. VIII), la recepción del libro, señalando el nacimiento de algunas visiones simbólicas y alegóricas que se le han asociado (cap. IX), y el capítulo último es un diálogo con algunas posturas críticas modernas. En este capítulo aventuro mi respuesta a las preguntas que he formulado al principio de esta introducción.

Toda lectura supone unas premisas e ideales que se pueden hacer explícitos en una teoría. Mis convicciones en este aspecto son: la lectura ideal de un texto es la lectura-investigación o lectura universitaria. Como profesor, he pasado mi vida aprendiendo a leer mientras enseñaba a leer. Leer es un acto ético e intelectual: querer escuchar y ser competente para escuchar. De ahí mi desdén por los impresionistas anti-académicos y, desde luego, por los que, siendo académicos de profesión, hacen lecturas impresionistas. Es legítimo leer un libro por muchas razones y para muchos fines, pero la mejor lectura es la que haga el texto más transparente. El placer legítimo de la lectura se debe fundar en la inteligencia de lo leído, tratando de superar el subjetivismo en cuanto sea posible. La mayoría de los lectores no tiene tiempo para el nivel de estudio que yo propongo y es legítimo que gocen el *Quijote* por ciertos pasajes graciosos, por las ocurrencias de Sancho Panza o por cualquier otro motivo. Pero esas lecturas, siempre legítimas, no son la lectura ideal.

El centro de la mía es la experiencia sobre la identidad y las aspiraciones humanas que Cervantes dramatiza. Pero esa experiencia está plasmada en las palabras concretas que componen el *Quijote*. Un diccionario de esas palabras clave sería la mejor exposición de la profunda visión del hombre que tiene Cervantes, o sea, el estudio estilístico acertado sería la mejor exposición del pensamiento. Basado en esta convicción, como se verá, mis observaciones sobre la forma serán también observaciones sobre el contenido. El futuro de las humanidades está en recordar que las disciplinas humanísticas, varadas por la erudición superficial, el especialismo fragmentario y el formalismo (la estilística superficial), nacieron para el análisis de las estructuras inmutables de la naturaleza humana y de sus mudables experiencias.

Este libro contiene las diez lecciones sobre el *Quijote* que di en febrero y octubre de 2004 en el Curso de Alta Especialización en Filología Hispánica organizado por el Instituto de la Lengua Española del Consejo Superior de Investigaciones Científicas. Le agradezco al profesor

D. Miguel Ángel Garrido Gallardo su confianza y generosidad al encargarme esas lecciones. El Doctor Luis Alburquerque, investigador del Consejo y los profesores Davydd y Pilar Greenwood (Cornell University) han hecho valiosas sugerencias, así como Doña Viviana Paletta Campana. A todos el más sincero agradecimiento.

El profesor Emilio Moratilla leyó el manuscrito y me hizo un comentario tan certero, que le pedí lo convirtiera en prólogo, «en el cual verás, lector suave, la discreción de mi amigo, y la buena ventura mía» en hallar tan competente y generoso lector.

A él y a su esposa Amparo va dedicado el libro en homenaje a su labor de enseñanza.

I
EN EL *QUIJOTE*

I. Parodia y crítica
(del prólogo al capítulo 6)

Prólogo

El prólogo del *Quijote* comienza con estas palabras: «Desocupado lector: sin juramento me podrás creer que quisiera que este libro, como hijo del entendimiento, fuera el más hermoso, el más gallardo y más discreto que pudiera imaginarse. Pero no he podido yo contravenir al orden de naturaleza, que en ella cada cosa engendra su semejante».[1]

«Quisiera»: Cervantes declara su intención, que es lograr el libro más hermoso, gallardo y discreto posible. Esa intención se funda en una premisa: el libro es hijo del entendimiento. ¿Se pueden escribir libros con alguna otra facultad? Efectivamente, se pueden escribir con la fantasía loca, y el resultado serán los libros de caballerías. Cuando Cervantes afirma que su libro es o

---

[1] *El ingenioso hidalgo don Quijote de la Mancha.* Ed. L. A. Murillo, vol. I, p. 50. Todas las citas están tomadas de esta edición. Tanto en el texto como en las notas, el número romano denota la parte; el arábigo, el capítulo, y el número arábigo separado de los anteriores por una coma, la página. La primera parte se contiene en el primer tomo, y la segunda en el tomo segundo.

quiere ser hijo del entendimiento, está manifestando su distancia y rechazo de las historias caballerescas. El término «entendimiento» —que aparece cincuenta y una veces en la primera parte del *Quijote*— es uno de los signos de mayor virtualidad significativa en todo el libro; es: a) la clave desde la cual el autor define la locura del caballero, b) la voz del autor que informa de la realidad frente a las falsificaciones de la fantasía de don Quijote y el bajo nivel mental de Sancho, y c) el criterio desde el cual el autor decide si un relato es aceptable o digno de rechazo: «Hanse de casar las fábulas mentirosas con el entendimiento de quien las leyere».[2] La función del novelista será casar con el entendimiento las cosas fingidas, de manera que el lector las pueda aceptar como verdaderas, porque pueden ser experiencias reales de las personas. El entendimiento es el autor del *Quijote*.

La importancia del entendimiento se explica recordando la antropología filosófica en la cual funda Cervantes su caracterización de los personajes del libro. Según la filosofía vigente en España en torno a 1600, el hombre estaba constituido en su esencia (sustancia y naturaleza eran sinónimos de esencia, aunque con algunos matices diferentes) por el cuerpo y el alma. El alma opera a través de sus facultades o potencias, que son de tres niveles: potencias superiores, sentidos interiores y sentidos externos. El nivel o dignidad de las potencias depende de su grado de dependencia o independencia de la materia o cuerpo.

---

[2] I.47, 565. Cf: «Para componer historias y libros, de cualquier suerte que sean, es menester un gran juicio y un maduro entendimiento» (II.3, 64).

		ingenio
Potencias superiores:	Entendimiento	
		juicio

Potencias superiores:

    Voluntad: *Amor racional, deseo racional, decisiones racionales.*

Sentidos interiores: **Sentido común,
Memoria (animal)
Cogitativa
Fantasía
Estimativa.**

Sentidos exteriores: **Ver, oír, oler, gustar y tocar.**

Las potencias superiores realizan sus actos sin depender directamente de la materia. Los sentidos exteriores están en dependencia directa de la materia, y por eso captan solamente lo puramente individual y material, aislado de toda conexión. Los sentidos interiores son lo que llamamos hoy la «espontaneidad», o sea, el conjunto de ocurrencias o inclinaciones que nos vienen a la mente sin nuestro control.[3] Las ocurrencias espontáneas les ofrecen al entendimiento y a la voluntad un material que estas facultades aceptan o rechazan desde los ideales en que están instaladas. Como potencias superiores, el entendimiento y la voluntad son la conciencia o juicio que domina las inclinaciones y los pensamientos espontáneos. Al comentar el capítulo 34, veremos que Cervantes, de acuerdo con

---

[3] La doctrina de las potencias del alma y sus funciones se encuentra en Santo Tomás de Aquino, *Suma teológica*, primera parte, cuestión 78. Los comentaristas le dieron distintos matices a esta doctrina, pero sin cambiar nada fundamental en el esquema presentado.

la creencia común en su tiempo, atribuye a la mujer aciertos cuando sigue la estimativa espontánea (plano de los sentidos internos), pero considera limitada su capacidad de razonar (plano de las potencias superiores).

Desde esta antropología, Cervantes opone su libro, hijo del entendimiento, a los libros de caballerías, que son engendros de la fantasía loca. Sin embargo, el mismo Santo Tomás advierte que el conocimiento y el deseo humanos son obra de todo el hombre y no de las distintas potencias. Las actividades espirituales se ejercen sin influencia directa de la materia; pero muchos objetos de conocimiento y deseo son materiales, y para conocer y desear o rechazar esos objetos las potencias superiores se sirven de los sentidos interiores y exteriores. De ahí que deban evitarse las distinciones mecanicistas entre los distintos estratos del alma. En el esquema dado, la «fantasía» es un sentido interior que sin control del entendimiento forma imágenes a base de las impresiones sensibles conservadas en el cerebro. Pero, a su vez, el entendimiento tiene dos funciones: la inventiva, que es el ingenio, y la facultad de selección y disposición, que es el juicio.[4] La locura de don Quijote consiste en que se le queda suelto el ingenio —la capacidad de imaginar y de ilusionarse— porque pierde el juicio, o sea, la capacidad de distinguir entre la ilusión y la realidad. Los libros de caballerías son hijos de esa fantasía sin juicio, como el ingenio de don

---

[4] La dualidad ingenio-juicio: invención y disposición respectivamente, viene de la retórica. Los equívocos surgen cuando se mezcla la tradición retórica con la escolástica del entendimiento y los sentidos. Ahora bien, esa mezcla es la que se produjo en la fusión de la escolástica con el humanismo, y por consiguiente en nuestros clásicos del siglo de oro.

Quijote. El entendimiento de Cervantes pretende manifestarse en su función creadora, como ingenio («raro inventor») y en su función selectiva, como juicio.

Cervantes «quisiera» darnos el mejor de los libros, pero no ha «podido» contravenir el orden de la naturaleza, «que en ella cada cosa engendra su semejante». Reconoce que su libro no responde de manera exacta a su intención, y en este momento refleja una genial percepción del fenómeno de escribir:

1. Todo texto es el resultado de una lucha entre el *querer* (todos deseamos escribir el mejor libro del mundo) y el *poder* (el fruto de su «estéril y mal cultivado ingenio»). De aquí deriva una segunda tesis sobre la escritura:

2. Todo texto es a la vez una creación del esfuerzo del autor y un regalo de las musas. Por su esfuerzo, el autor es padre de su obra; en cambio, como receptor del regalo, es padrastro de un hijo que adopta. En el prólogo acentúa Cervantes la dimensión receptiva, y por eso se llama padrastro de don Quijote. Por de pronto, se refiere al personaje, pero también al libro, puesto que del libro está hablando, y el libro es lo que entrega a los lectores para que lo juzguen como les parezca. El autor es, por tanto, padre y padrastro de don Quijote como personaje, y del libro, que es el espacio en el que vive y muere su protagonista. En la primera parte, Cervantes pone de relieve su papel de padrastro; pero cuando descubre el *Quijote* de Avellaneda (segunda parte, capítulo 59), abandona el juego y proclama su absoluta y exclusiva paternidad.

Siguiendo en el análisis de la escritura, todo texto es un diálogo del autor consigo mismo, con el tema de que trata, con los lectores inmediatos de su entorno cultural, e idealmente —si está convencido de que dice algo con sentido— con todos los lectores de cualquier tiempo y espacio. Cervantes ha dramatizado esa experiencia en la idea de la escritura como conversación y como traducción: todo escritor dialoga con el amigo que le inspira, o traduce a un Cide Hamete Benengeli. Como veremos después (c. 8), es la experiencia de la ironía, expresada también por Machado: «Converso con el hombre que siempre va conmigo».

Ya en el prólogo hay muestras del carácter escénico y, por tanto, del poder plástico del *Quijote*. La belleza del campo inspira obras de «gaya ciencia» o bella literatura. Cervantes, en cambio, ha concebido su libro en una cárcel, cuya baraúnda transmite en una breve pincelada. Igualmente plástica es la escena de la escritura: se sentaba en su bufete, pensativo y concentrado, y no le salía nada. Pero en uno de esos momentos de sequedad (de esfuerzo sin inspiración) entra un amigo; los dos entablan un diálogo, y ese diálogo se convierte en el prólogo. Pensar no es ensimismarse, sino abrirse a mirar la realidad y desplegar nuestra visión.

Comenzamos a escribir porque tenemos la intención de expresar algunas ideas, pero en el desarrollo de la escritura se nos ocurren precisiones, correcciones y nuevas ideas relacionadas con la intención primera. El texto definitivo es el resultado de la intención e ideas iniciales, y de los ajustes que se producen en el desarrollo de la investigación o escritura. «En esta luz del poema todo está mucho más claro» (Pedro Salinas). Por eso la escritura es expresión de lo que sabemos y a la vez la mejor manera de aprender. El primer beneficiario de un texto es su propio autor.

En el diálogo con su amigo Cervantes manifiesta su miedo a publicar el libro sin sonetos de ilustres personajes y sin notas al margen e índice de autoridades que demuestre su erudición. Normalmente se ve en este diálogo una simple actitud humorística con golpes satíricos hacia sus contemporáneos, y en especial hacia *El peregrino en su patria* (1604) de Lope de Vega.[5] Ahora bien, la situación cultural de España en torno a 1600 permite ver mayor densidad en esa conversación. Cuando Cervantes escribía su prólogo estaba a punto de cumplir 57 años. Según la concepción de las edades y la expectación de vida de la época, era un anciano en edad de retirarse. Los escritores que en ese momento triunfaban eran Lope de Vega y sus coetáneos, nacidos en torno a 1560, y ya se distinguían algunos más jóvenes, como Quevedo, nacido en 1580. Cervantes no había tenido más formación escolar que el estudio de gramática de López de Hoyos (¡a los veinte años!), quien le llama su caro y amado discípulo. A lo largo de su vida leyó mucho, aunque fueran «los papeles rotos de las calles» (I.9, 142). Conoció bien a Garcilaso, muchos libros de caballerías y la novela picaresca y pastoril. El capítulo 8 de la segunda parte demuestra conocimiento de los clásicos. Pero la formación de Cervantes no se podía comparar con la de Góngora, Lope, Quevedo y

---

[5] El autor del *Quijote* de Avellaneda dice que Cervantes utilizó en su libro medios «de ofender a mí, y particularmente a quien tan justamente celebran las naciones más extrangeras, y la nuestra debe tanto por aver entretenido honestíssima y fecundamente tantos años los teatros de España con estupendas e innumerables comedias, con el rigor del arte que pide el mundo, y con la seguridad y limpieza que de un ministro del Santo Oficio se deve esperar» (*Segundo tomo del ingenioso hidalgo don Quijote de la Mancha* [1614], I, págs. 8-9). Avellaneda no se refiere a posibles alusiones de Cervantes a Lope en el prólogo, sino a la crítica de la comedia que hace el cura en el capítulo 48 (Cf. Riquer, introd., p. XVII, y pp. LXXX-LXXXI).

los compañeros de sus respectivas generaciones, todos formados en las facultades de artes de las universidades.

A principios del siglo XVII la literatura española ha sufrido el cambio que va del humanismo al Barroco. Fr. Luis de León y San Juan de la Cruz mueren en 1591. Fueron poetas sublimes, pero ni vieron sus poemas publicados en vida ni pretendieron ser poetas de profesión. Eran teólogos y hombres de fe profunda en Dios, y se regocijaron en el culto de la lengua para cantar al Amado. En cambio, Lope de Vega, Góngora, los hermanos Argensola, Tirso de Molina y Quevedo, son escritores profesionales, han estudiado a los clásicos como modelos, cultivan varios géneros literarios y la teoría literaria, aprendida en los comentarios italianos a la *Poética* de Aristóteles y en la *Philosophia antigua poética* (1596) de López Pinciano. Son poetas universitarios, los «cultos» por excelencia, conscientes y críticos: los escritores del Barroco.

En 1605 Lope y Góngora pasan de los cuarenta años, y Quevedo cumple veinticinco.[6] Todos son conocidos en las academias y tertulias literarias, mientras Cervantes, nacido en 1547, sólo había publicado una novela pastoril (*La Galatea*, 1585), y había escrito algunas obras de teatro relegadas al olvido cuando Lope atrae toda la atención con su nuevo estilo de comedia. ¿Es extraño que, al reaparecer en el mundo literario tras veinte años de virtual

---

[6] En el Prólogo de *El peregrino en su patria* Lope comienza con frases en latín, y cita a Platón y Aristóteles. Quevedo escribe uno de los sonetos preliminares del *Peregrino* (ed. cit., p. 49). Avellaneda en su cap. 1 discute con don Álvaro Tarfe sobre la belleza, cita a los escolásticos, a Aristóteles y a Cicerón. En cambio, en Cervantes todo lo erudito o filosófico será *trasfondo*, no objeto directo de su discurso.

silencio, temiera estar desfasado frente a los jóvenes? Como habla en tono humorístico, hubiera podido darnos a los lectores razones imaginarias por las que su libro se distinguía de la literatura de las nuevas generaciones. Pero, lejos de acudir a la imaginación, Cervantes da el motivo que mejor cuadra con la situación histórica: su libro no es «culto», le falta el trasfondo latino con el que se lucen los escritores de moda. En cambio, en el prólogo de la segunda parte hace alarde de una seguridad que no tenía en 1605. La recepción de la primera parte del *Quijote* en España y Europa le permitió superar su miedo inicial.[7]

Al terminar el diálogo del autor con su amigo, éste observa que no necesita ningún tópico de la cultura predominante, porque el libro se propone solamente desterrar las novelas de caballería. Generalmente se repite que la intención del *Quijote* es desprestigiar esa literatura que volvió loco al hidalgo. Pero una cosa es el motivo que le llevó a escribir, y otra la intención del libro. Esa intención la declara Cervantes en la primera línea del prólogo: «Quisiera que este libro...fuera el más hermoso...etc.». Su intención primaria es escribir un libro extenso de ficción, hijo del entendimiento, que sea hermoso, gallardo y discreto. Será «hermoso», como dice el canónigo de Toledo en el capítulo 47, si todos los elementos están bien proporcionados en la estructura y si los personajes son honestos y no hay en ellos contradicciones. «Gallardo» sig-

---

[7] La lucha generacional del estilo culto frente al «humilde idioma» de Cervantes se manifiesta en estas palabras de Avellaneda: «Hiziste tan áspera penitencia en Sierra Morena, como se cuenta en no sé qué anales que andan por ahí en humilde idioma escritos de mano por no sé qué Alquifes» (III, 129. Cit. Riquer, I, p. XVII).

nifica gracioso: que le haga feliz al lector, y por «discreto» entiende original, la perfecta fusión de ingenio y juicio reverberando en la expresión concreta. La discreción es en Cervantes la capacidad de juzgar acertadamente sobre materias de gusto. Se diferencia del entendimiento y la voluntad en que estas potencias juzgan según las reglas de la lógica y la ética respectivamente, mientras la discreción juzga de manera correcta sin poder apoyarse en reglas preexistentes.

La intención de desterrar los libros de caballería es el propósito que le impulsó a Cervantes a escribir. Ahora bien, con el mismo propósito escribieron sus libros otros autores, sobre todo ascéticos, pero sólo Cervantes escribió el *Quijote*. Hay, por tanto, una intención positiva: esforzarse por conseguir el texto ingenioso, gallardo y discreto con la historia de un hijo «avellanado y lleno de pensamientos varios». Esa intención se concreta todavía más, haciendo que ese libro sea «el más gustoso y menos perjudicial entretenimiento que hasta agora se haya visto, porque en toda ella no se descubre, ni por semejas, una palabra deshonesta ni un pensamiento menos que católico» (II.3, 64). Esta intención positiva es la que le tuvo trabajando quince años en el *Quijote*; la negativa —desterrar los libros de caballería, ya bastante olvidados en 1600— fue un simple objetivo que le llevó a comenzar el trabajo de los quince años.

Ahora bien, aunque la intención primera del autor (el libro ingenioso, gallardo y discreto) es la que determina el contenido y calidad del *Quijote*, no debemos subestimar el impacto de la intención de desterrar los libros de caballerías. La parodia de estos libros en el lenguaje arcaizante de don Quijote, imitado a veces por Sancho a su manera;

la descripción de aventuras inverosímiles que hace el caballero con su desvariada fantasía, el choque constante entre la ilusión del caballero y la realidad cotidiana que le rodea, cuyo resultado es sin excepción la derrota de las ilusiones, se fundan en la intención de ridiculizar los libros de caballerías y disuadir de su lectura. En general, el desprecio permanente que Cervantes manifiesta hacia don Quijote hasta que vuelve a la cordura en el último capítulo de la obra, demuestra que nunca olvidó aquel primer motivo que le impulsó a escribir. Pero, de nuevo, con esa misma intención se hubiera podido hacer una simple parodia (como la novela corta que narra la primera salida y el fracaso del caballero, o el *Quijote* de Avellaneda), no el libro más ingenioso que imaginarse puede. Hay, pues, dos intenciones: la que llamaríamos interna y produce el texto logrado, y el fin o meta, que influye en la elección de escenas y actitudes, pero desde fuera. Lo que convierte el *Quijote* en obra de arte universal no es la intención de parodiar y desterrar los libros de caballerías, sino lo que logró con esa intención. La obra maestra surge en la confrontación de la fantasía desvanecida del ingenioso hidalgo con la realidad hondamente analizada por el autor. El análisis y la ironía de lo fantástico son la obra del entendimiento.

Los últimos consejos del prólogo son: no mezclar lo humano con lo divino, «aprovecharse de la imitación», o sea, descubrir verdad, expresarse con precisión, concisión y transparencia: «pintando...vuestra intención». A esa manera de escribir la llama Cervantes «sincera», no dándole a esta palabra un sentido moral, sino de transparencia de realidad. Y finalmente, nos da su fórmula de la fusión de humor y seriedad, que estudiaremos en el capítulo décimo.

El prólogo se suele valorar como un fragmento gracioso en el que Cervantes juega con la realidad y la ficción y hace algunas críticas a sus contemporáneos. Como se ha podido ver, es mucho más profundo. En una condensación esquemática, los temas tratados en el prólogo son:

- Hijo del entendimiento: término clave de la teoría cervantina de la novela
- La escritura como lucha o diferencia entre el querer y el poder
- Antiliteratura: el hijo avellanado frente a la «amenidad de los campos»
- Pensar y escribir como diálogo con el amigo
- El tema de ese diálogo: el culteranismo de las generaciones jóvenes
- La intención del Quijote: escritura, intención y texto
- La idea cervantina de imitación y del estilo ideal.

Los versos y sonetos

El primer poema es de Urganda la Desconocida, la maga del *Amadís de Gaula*.

> Si de llegarte a los bue-nos
> libro, fueses con letu-ra ...

Estos versos se llaman de cabo roto, porque a cada palabra le falta al fin (cabo) la última sílaba. Están llenos de refranes y dichos populares, y tienen tono satírico o al menos irónico. Si el libro trata «con lectura»,[8] con buen tino, de caer en manos de buenos lectores, ningún bisoño audaz (boquirrubio) lo criticará. En cambio, los idiotas no darán una en el clavo, aunque pretendan alardear de enterados (curiosos). Contra ellos se arrima el autor a «un buen árbol» (2ª. estrofa), el Duque de Béjar, al que ha dedicado la obra.

La tercera estrofa declara la conciencia del autor sobre su argumento: don Quijote se puso furioso (loco), como Orlando, pero templó las locuras con el amor. Al enviarlo al mundo, Cervantes le dice a su libro que salga con humildad y acepte su posible fracaso. La quinta estrofa refleja una vez más la inseguridad cultural del autor: no debe tratar de hablar latín. Tampoco debe ser satírico (estrofa sexta), y quizá lo que esté diciendo es que siendo un libro de entretenimiento, no debe hacer crítica social ni política. En todo caso, la sátira debe limitarse a condenar los vicios en general, sin ofender a nadie en particular, idea que repetirá en el capítulo 16 de la segunda parte. La última estrofa refleja una vez más la conciencia del escritor: escribir con pies de plomo, ponderar bien lo que se publica. El escritor no debe proponerse entretener doncellas, ya que entonces habla a tontas y a locas.[9]

---

[8]   «Vayan, pues, los leyentes con letura,
         cual dice el vulgo mal limado y bronco,
         que yo soy un poeta desta hechura»
(*Viaje del Parnaso*, cap. 1, vv. 100-102. En *OC,* ed. cit., p. 1187). Moner (*Cervantes Conteur*, pp. 40-41) acentúa el aspecto cómico de estos versos. Es indiscutible, pero en el tono cómico se habla de un tema profundo: los distintos modos de leer.

[9] Era un chiste popular contra las mujeres en tiempo de Cervantes. Ver Gaspar Lucas de Hidalgo, *Diálogos de apacible entretenimiento* [1605], diálogo III, cap. 3, en Extravagantes, Barcelona, 1884, p. 118 (Cf. BAE, 36). Otros datos en M. A. Pérez Abad, internet: Google, «A tontas y a locas».

Los sonetos de Amadís y don Belianís expresan el deseo de acertar que mueve al autor. Oriana envidia en el suyo la castidad de Dulcinea. Hay dos poemas a Sancho; en el segundo está el famoso juicio sobre *La Celestina*: «libro en mi opinión divi-no, si encubriese más lo huma-no». Cervantes critica en *La Celestina* la libertad de cuadros sexuales, que él reduce en el *Quijote* a meras alusiones. Las referencias explícitas al sexo las reserva Cervantes para «las mozas del partido» (I.3), para los animales (I.15) o para las personas de inferior calidad, como Maritornes y sus clientes los arrieros (I.16). Interesa señalar la mención del *Lazarillo* en la décima a Rocinante, y el soneto del caballero del Febo, que compara su amor a Claridiana con el de don Quijote a Dulcinea. En el soneto de Solisdán hace gala Cervantes de su ironía con respecto al estilo caballeresco. Finalmente está el diálogo de Rocinante con Babieca, el caballo del Cid. Rocinante le dice a Babieca que don Quijote es un asno, pues está enamorado. Y el último verso llama rocines al caballero y al escudero. Rocines, animales, por ser locos, o sea, carentes de razón.

Capítulos 1-5

«En un lugar de la Mancha, de cuyo nombre no quiero acordarme...». «No quiero acordarme» es sinónimo de no puedo, pero con la connotación de que se ha hecho un gran esfuerzo por recordarlo. La frase con ese significado era todavía corriente en algunos pueblos de España en los años 50, y se sigue usando en el giro «quiero recordar que...».[10] A mi parecer, esta frase parodia el comienzo de *Tirant lo Blanc*: «En la muy abundosa, rica y deleitosa isla de Inglaterra hubo un esforzado caballero...». No conocemos el nombre del pueblo de don Quijote, llamado «lugar», «aldea» (I.29, 361) o pueblo, nunca villa, y menos ciudad. Pero en la segunda parte (capítulo 2º) se presupone que hay en el pueblo muchos hidalgos y caballeros (II.2, 56), varios vecinos moriscos, y «un mancebo mayorazgo rico, Don Pedro Gregorio».[11] Es

---

[10] «El hermoso escuadrón de los peregrinos...llegó a un lugar, no muy pequeño ni muy grande, de cuyo nombre no me acuerdo» (*Persiles*, III-10, ed. cit., 781ab).

[11] II.54, 454. El pueblo está muy cerca del Toboso (I.1; I.13; I.25). Cuando don Quijote vuelve de la primera venta hacia su pueblo, entra en una finca de «Juan Haldudo el rico del Quintanar». En el último capítulo, Sansón Carrasco ha comprado dos perros, Barcino y Butrón, «a un ganadero del Quintanar» (II.74, 586). Si el pueblo de don Quijote forma triángulo con Quintanar y El Toboso, tiene que tratarse de Miguel Esteban (Toledo). Pero en las *Relaciones* a Felipe II, de 1575-1576, los vecinos de Miguel Esteban declaran que no tiene «zapatero, ni tendero, ni herrero, ni médico, ni barbero, y para proveerse de ello van a los pueblos comarcanos que están una legua e a dos leguas» (*Relaciones de los pueblos de España ordenadas por Felipe II*. Reino de Toledo, 2ª parte. Ed. Carmelo Viñas y Ramón Paz, Madrid, CSIC, I (1951), II (1963), Miguel Esteban, respuesta 34, II, 113). «El primer pueblo desta villa derecho a do sale el sol es la villa del Toboso, que es de esta orden de Santiago, y está una legua pequeña de esta villa» (resp. 13, II, 111). «Es tierra que ha pocos viejos» (resp. 17, II, 112). Al presente tiene 80 vecinos y 6 hidalgos con ejecutoria (resp. 40, 113). «Los comunes es toda la orden de Santiago hasta el Campo de Montiel» (47, II, 114). Si Miguel Esteban no tenía barbero en 1575, podía tenerlo en 1604. Siendo todos los pueblos de esa comarca de la Orden de Santiago, si Cervantes hubiera querido presentar un escenario realista, lo hubiera mencionado, sobre todo al hablar del cura. El pueblo de don Quijote está en el camino real de Madrid a Cartagena (I.29, 369-79). Cerca pasa un arroyo en el que está lavando Sanchica cuando llega el mensajero de los duques (II.50); tiene cura y barbero, Pedro Alonso, vecino de don Quijote, el bachiller Sansón Carrasco (II.2),

claro que no se debe buscar realismo en estos datos. Lo importante es la parodia: el biógrafo del caballero, cuyo sueño es lograr «eterno honor y fama», no recuerda el nombre de su lugar de nacimiento. Este contraste se corresponde con otros que vienen desde el mismo título: El *ingenioso* hidalgo. El hidalgo era miembro de la nobleza, cuya nota distintiva era el *valor*, no el *ingenio,* que pertenecía al plano especulativo.[12] Don Quijote *de la Mancha*: nombre resonante de caballero, pero de una región campesina, que contrasta con los escenarios consagrados de los libros de caballerías: Gaula, Grecia, Bretaña o Inglaterra.

Cervantes no menciona el nombre del pueblo y menos lo describe, pero pinta con unas pocas pinceladas plásticas la casa y vida cotidiana del hidalgo. Alonso Quijano es pobre, ya que un frugal régimen y una modestas prendas de vestir consumen «las tres partes de su ha-

---

Tomé Cecial, vecino de Sancho (II.13), Pedro el Lobo, ordenado de tonsura (II.52), que tuvo sus más y sus menos con la Minguilla (ibíd.), y algunas mozas alegres que se iban con los soldados (ibíd.). El tendero del pueblo es el morisco Ricote. La venta de Juan Palomeque está cerca de Sierra Morena, pero en un momento «no está más de dos jornadas del pueblo de don Quijote (I.37, 458). Al corregir las pruebas he tenido ocasión de leer el estudio del profesor Francisco Parra, que identifica a Villanueva de los Infantes como el pueblo de don Quijote. Es un trabajo ejemplar desde el punto de vista metodológico, pero el autor reconoce que en el texto hay contradicciones. Agradezco al profesor Parra el generoso adelanto de su estudio.

[12] «Todos los más eran caballeros, a quien son anejas las armas» (I.37, 466). Para Moner el hidalgo no es ingenioso, como las novelas ejemplares no son ejemplares (*Cervantes Conteur,* p. 31). Yo creo que el hidalgo no sólo es «ingenioso», sino que este término es el axioma sobre el que se fundan la locura y la conducta de don Quijote en todo el texto: ingenio sin juicio.

cienda». Parece que él mismo se considera pobre, pues desea ser rey para «mostrar el agradecimiento y liberalidad que mi pecho encierra. Que, mía fe, señor, el pobre está inhabilitado de poder mostrar la virtud de la liberalidad con ninguno, aunque en sumo grado la posea» (I.50, 586). La sobrina lamenta que caiga en la ceguera de creerse caballero, «no lo siendo, porque aunque lo pueden ser los hidalgos, no lo son los pobres».[13]

Sin embargo, tampoco hay que entender la pobreza en sentido realista moderno, ya que la situación económica de Don Quijote varía en función de sus necesidades a lo largo del texto. Para comprar libros vendió «muchas hanegas de tierra de sembradura» (I,1, 71). En el capítulo 7 dice el autor que don Quijote «Dio luego orden de buscar dineros, y vendiendo una cosa y empeñando otra y malbaratándolas todas, llegó una razonable cantidad» (I, 126). Como se ve, aquí no es tan pobre. En el capítulo 23, cuando le roban el burro a Sancho, don Quijote le promete «tres [rucios] en su casa, de cinco que había dejado en ella» (I, 279), y con la carta a Dulcinea (c. 25) hubiera ido la cédula para que se los entregase la sobrina. En el capítulo 10 de la segunda parte (II, 108), cuando Sancho le trae la buena nueva de que Dulcinea sale a recibirle, le ofrece las crías de tres yeguas que ha dejado en su cuadra. En esta tercera salida Sancho lleva dinero de su amo, y

---

[13] II.6, 82. Otras alusiones a la pobreza del hidalgo: Sancho le dice a don Quijote que los caballeros rechazan el que se les comparen hidalgos que no tienen más que un trapo detrás y otro delante (II.2, 56), y cuando se le rompen las medias en el castillo de los duques, Cide Hamete se queja de la pobreza, como si tomase la voz de don Quijote: «¡O pobreza, pobreza... ¿por qué quieres estrellarte con los hidalgos y bien nacidos más que con la otra gente?» (II.44, 371).

paga 40 reales y tres cuartillos por los desperfectos del retablo de Maese Pedro (II.26, 248); después paga «muy bien» al ventero (II, 248); cincuenta reales más le cuesta el barco en la aventura del molino del Ebro (II.29, 267). De vuelta a su pueblo después de ser derrotado en Barcelona, don Quijote propone comprar «algunas ovejas y todas las demás cosas que al pastoral oficio son necesarias» (II.67, 548) para hacerse pastor con Sancho, el cura y el bachiller Carrasco. Y en la última referencia a su situación económica, don Quijote le permite a Sancho cobrarse 1.650 reales como pago de los azotes que se dará para desencantar a Dulcinea. Después de tantos gastos, don Quijote conserva la «hacienda» que lega a su sobrina, y recursos para otras mandas y para el sueldo no pagado del ama.

La pobreza tiene en el *Quijote* una función ética y psicológica, como la tuvo en la vida y conciencia de Cervantes. Lo peor de la pobreza es que fomenta dentro de nosotros el miedo y nos puede hacer mezquinos, dispuestos a toda concesión: «Quien tiene pobreza no tiene cosa buena» (I.37, 467). Sancho, por ser pobre, no tiene más estímulo que el interés.

Alonso Quijano sigue al parecer el código de los hidalgos, que sólo debían ejercer trabajos liberales: armas o letras, y veían como deshonra el trabajo servil, o sea, el mancharse las manos con materia. En vez de trabajar en sus tierras, se pasa el tiempo cazando y leyendo libros de caballerías, hasta olvidar incluso el ejercicio de la caza. Sobre los libros discute con dos compadres: el cura y el barbero del pueblo. De tal manera se graban las imágenes de los libros en la fantasía del hidalgo lector, que las escenas fingidas se le convierten en su mundo real. Por eso el texto no le influye sólo en el plano de los ideales y deseos, sino que le mueve a poner esos ideales en práctica, haciéndose caballero andante. En el capítulo quinto describe la sobrina escenas en las cuales, después de leer en los desalmados libros, «ponía mano a la espada y andaba a cuchilladas con las paredes» (I, 107).

El entendimiento, como hemos dicho, tenía dos funciones: la inventiva o ingenio, y la ordenadora y selectiva, o juicio. No tiene sentido preguntarse si la locura de don Quijote responde a algún modelo identificable por la psiquiatría moderna. El hidalgo se vuelve loco porque «se le seca el cerebro», o sea, pierde el grado ideal de humedad que el cerebro necesita para compaginar las ocurrencias incontroladas con el dominio de sí mismo. El exceso de sequedad llevaba a la mente a lo universal y abstracto, y el exceso de humedad a lo particular y concreto. El ingenioso hidalgo pierde el juicio, o sea, la capacidad de contrastar la invención del ingenio con la realidad concreta.[14] Las imágenes de los libros leídos se imponen en él sobre la percepción de la realidad; por eso tomará los molinos por gigantes, las ventas por castillos y los atajos de ganado por ejércitos. Cervantes utiliza en estas descripciones los términos de la antropología corriente en su tiempo: «Llenósele la *fantasía* de todo aquello que leía en los libros... y asentósele de tal modo en la *imaginación* que era verdad toda aquella máquina de aquellas

---

[14] Cardenio describe su propia locura en los mismos términos: «No ha querido la suerte quitármela» [la vida], contentándose con quitarme el juicio» (c. 29, I, 360). En el capítulo 26 el autor pinta a Sancho perdido en la ilusión de un reino de tierra firme, y dos veces dice que ha perdido el juicio. (I.26, 324-25).

soñadas invenciones que leía, que para él no había otra *historia más cierta* en el mundo» (I.1, 73). En la primera parte de la obra, don Quijote percibe los objetos concretos, pero a la percepción le sobrepone el mundo que lleva en su fantasía, adquirido en las lecturas: vive en la constante ilusión.

Una vez instalado en su nuevo mundo y decidido a resucitar la caballería andante, el hidalgo repara las armas que habían estado en su casa arrumbadas durante «luengos siglos» (después veremos el uso del tiempo en el *Quijote*) y comienza la sustitución de su mundo por el de la fantasía, dándose nuevo nombre a así mismo, y dándoselo al caballo y a Aldonza Lorenzo, que se convierte en Dulcinea del Toboso. Sancho no recordaba haber oído hablar nunca de Dulcinea, «aunque vivía tan cerca del Toboso» (I.13, 177).

Los caballeros andantes salían al mundo jóvenes, como caballeros noveles. Don Quijote tiene cincuenta años, la edad en que debiera retirarse por viejo. Lope de Vega transmite la concepción de las edades del hombre y sus distintas funciones, como se concebían en su tiempo: «En las cortas [vidas] nuestras que de veinte años se abren los ojos al sentido, de treinta al entendimiento, de cuarenta al alma para mirar lo pasado, de cincuenta al arrepentimiento y a la muerte...».[15] Desde estas ideas se percibe el carácter paródico del hidalgo convertido en caballero novel a los cincuenta años.

Don Quijote comienza sus aventuras para deshacer agravios y enderezar tuertos. No ha pasado por el rito de ser armado como caballero, pero piensa armarse en el pri-

---

[15] *El peregrino en su patria*, lib. II, ed. cit., p. 170.

mer castillo que encuentre, y camina ilusionado con sus hazañas y soñando ya con el sabio encantador que ha de contarlas. Al final del primer día llega a la primera venta, que él toma por castillo. A los huéspedes: ventero, las mozas del partido y los arrieros, los eleva respectivamente a alcaide, doncellas y caballeros. En ese mundo popular hay una poesía conocida por todos: el romancero. Cuando don Quijote cita unos versos, el ventero le responde completando el romance. Al relatar la cena, Cervantes pinta una imagen de alto valor plástico, de forma que el texto se convierte en una poderosa imagen; la poesía se hace cuadro.

Igualmente plástica es la escena en la que don Quijote se arrodilla delante del ventero pidiéndole la orden de caballería. Todo el capítulo tercero se dedica a la vela de las armas —el requisito para ser armado caballero—, al ataque a los dos arrieros que retiran las armas para dar agua a sus mulas, a la consiguiente pendencia que se forma en el patio de la venta, y a la ceremonia de armarle, oficiada por el ventero.[16]

Una vez recibida la orden de caballería, don Quijote sale a buscar las aventuras; oye unos gritos en una floresta e imagina que son de «algún menesteroso o menesterosa» que necesita su ayuda. Se encuentra con un joven atado a un árbol, desnudo de cintura para arriba, que está siendo azotado por un labrador «de buen talle». Don Quijote le toma al labrador por caballero —lo que lleva en su fantasía— y le reta mandándole desatar al muchacho y pagarle los jornales que le debe. Así lo promete el labrador, y don Quijote confía en su palabra, fundado una vez más en el honor de los caballeros. Pero el joven Andrés manifiesta

---

[16] Sobre el topos del ventero ladrón, ver M. Joly, *La Bourle*, pp. 371-401. Sobre las ventas del *Quijote*, ibíd., pp. 523-548.

su temor de que el labrador se vengará, ya que no es caballero, sino Juan Haldudo el rico, de Quintanar. De hecho, el ricacho de Quintanar de la Orden es villano y no se siente obligado por las leyes de la honra; por tanto, cuando don Quijote se ausenta, se venga del criado azotándole sin compasión. Cervantes observa con ironía: «Desta manera deshizo el agravio el valeroso don Quijote» (I.4, 98). El caballero le ha dicho al joven que le busque si el labrador no cumple su promesa, y Andrés lo hace. Encuentra a su protector en el capítulo 31, pero visto el efecto de su ayuda, le pide que no vuelva a socorrerle y maldice a la caballería andante. El joven maldice a don Quijote y el autor ironiza sobre la ilusión del loco.

La segunda aventura del recién armado caballero es una especie de paso honroso. En 1433 Suero de Quiñones realizó lo que ha pasado a la historia como «el paso honroso» por excelencia. En el puente del río Órbigo, entre León y Astorga, prometió con otros doce caballeros «que a cualquier caballero o gentil-hombre que por aquel camino pasase, harían con él tantas carreras por liza en arneses de seguir e fierros amolados a punta de diamante, hasta ser rompidas por el uno de los dos tres lanzas... Al qual paso vinieron algunos extranjeros e muchos castellanos, entre los quales murió un caballero alemán».[17] Por los caminos de la Mancha sólo transitarán labradores o mercaderes, como los toledanos que van a Murcia para comprar seda. Don Quijote se sitúa en medio del camino real y los desafía a que afirmen que no hay en el mundo todo doncella más hermosa que la emperatriz de la Mancha, la sin par Dulcinea del Toboso. Como los viajeros no

---

[17] *Crónica del rey Juan II*, año 27, 1433, *BAE*, 68, p. 514b.

responden a su satisfacción, los ataca, se cae del caballo y recibe la primera paliza de tantas como va a sufrir en toda la primera parte. En este momento hubiera podido don Quijote reflexionar sobre su imprudencia, pero la prudencia es lo que había perdido con el juicio, y su ingenio le lleva a recordar caídas semejantes de otros caballeros. Con esos recuerdos se consolaba y «se tenía por dichoso» (I.4, 102).

El capítulo quinto comienza con el caballero en el suelo, incapaz de levantarse, pero consolándose con el romance del Marqués de Mantua. En ese momento «quiso la suerte» que pasase por allí un labrador del mismo pueblo de don Quijote. Éste, ciego en su ilusión, le toma por el Marqués de Mantua y después por don Rodrigo de Narváez, el caballero de la *Historia del moro Abencerraje y de la hermosa Jarifa*. El labrador le recuerda que no debe tomarse por ningún paladín antiguo, pues no es sino «el señor Quijana». En el capítulo primero decía Cervantes que el hidalgo se llamaba Quesada o Quixada; en la segunda parte su nombre será Alonso Quijano. Parece que en la fluctuación del nombre Cervantes repite la misma ironía que mostraba al no recordar el lugar de nacimiento del hidalgo: el sabio autor de la historia de don Quijote ni siquiera recuerda el nombre original del personaje. Aunque de hecho, el nombre del hidalgo importa poco, pues su fama está garantizada con el nombre que se dio al sentirse caballero: Don Quijote de la Mancha.[18]

Cuando el labrador le recuerda que es el señor Quijana, don Quijote contesta con la sentencia: «Yo sé quien

---

[18] Leo Spitzer vio en esta fluctuación del nombre un signo de lo que llamó «perspectivismo lingüístico en el *Quijote*». Ver el artículo citado en la bibliografía.

soy y sé que puedo ser los doce pares de Francia...» (I.5, 106). Unamuno le dio a esta afirmación el sentido filosófico de ser consciente de la propia identidad, y como la percepción del yo implica en todo momento proyección de futuro, Unamuno le da el sentido de «yo sé quién quiero ser». De hecho, don Quijote, afirma su ser y su posibilidad de ser como los más exaltados héroes de la historia; pero nuestra condición suele ser la contraria: vivir con la conciencia de la opacidad sobre nosotros mismos y sobre el mundo que nos rodea; vivir al borde del error, de la exageración, de la tergiversación, y por tanto vivir inseguros. De ahí la ironía de Cervantes que viene a decirnos: sólo un loco puede tener esa seguridad; la locura nos lleva a posiciones absolutas y esquemáticas sobre la realidad, que no es nunca geométrica, sino difuminada y sinuosa.

Pedro Alonso carga a don Quijote como un bulto sobre su burro; pero si entrase en el pueblo de día, cuando todos los transeúntes pudieran ver al hidalgo en tan indigna postura, éste quedaría en ridículo y, por tanto, deshonrado. Por eso, el honorable vecino que le transporta espera hasta el anochecer para entrar. En la casa de don Quijote están el ama, la sobrina, el cura y el barbero. La sobrina lanza la idea de quemar los libros, «que merecen ser abrasados como si fueran de herejes» (I.5, 108). El cura está de acuerdo y decide quemarlos al día siguiente.

El escrutinio de los libros

El capítulo sexto narra el examen y quema de los libros de caballerías. El título del capítulo es: «Del donoso y grande escrutinio que el cura y el barbero hicieron en la librería de nuestro ingenioso hidalgo». «Donoso» quiere decir salado, placentero; Cervantes sitúa la escena del escrutinio en la categoría estética de la gracia.

El primer aspecto de la gracia lo da el cuadro: un aposento con estantes; más de cien libros grandes muy bien encuadernados, y otros pequeños que no son de caballerías. Los personajes de ese escenario son el cura, el barbero, la sobrina de don Quijote y el ama con una escudilla de agua bendita para expulsar a los demonios que tienen los libros. El cura, licenciado en teología por la Universidad de Sigüenza, se ríe de la simplicidad supersticiosa del ama y le pide al barbero que le vaya dando libros para decidir sobre su destino. De los primeros hacen un examen, que es la crítica de Cervantes a los libros de caballerías. Después, cuando se cansan, los echan en montón a la hoguera.

De todos los libros salvan cinco: 1) El *Amadís de Gaula*, por ser el mejor de todo el género caballeresco; 2) *Espejo de caballerías*, traducción del *Orlando innamorato* de Boiardo, que se condena a un pozo seco, con todos los que traten de caballería francesa, «hasta que se vea lo que se ha de hacer dellos». 3) El *Palmerín de Inglaterra*, porque lo compuso un discreto rey de Portugal, pero sobre todo «porque él por sí es muy bueno», ya que cada uno de sus personajes habla y se comporta según el decoro, o sea, según lo que se esperaba del papel social de cada uno, y todo ello está escrito «con mucha propiedad y entendimiento».[19] 4) *Don Belianís* recibe críticas sobre alguna de

---

[19] I.6, 115. Una vez más el entendimiento es la regla con la que se mide, si no la calidad de lo creado, al menos la falta de calidad, ya que los hijos del entendimiento pueden ser feos, pero los que no sean hijos del entendimiento serán fantasía desvariada.

sus partes, pero no mandan quemarlo, dándole «término ultramarino», o sea, un plazo largo de vida, como el que se daba a los reos cuando había que recabar sobre ellos testimonios en ultramar. Y por fin, se salva 5) el *Tirant lo Blanc* [Valencia, 1490], publicado en castellano: *Tirante el Blanco*, en 1511.

El cura juzga este libro como «un tesoro de contento y una mina de pasatiempos». «Por su estilo es éste el mejor libro del mundo». Por estilo no entiende sólo la lengua, sino la verosimilitud de las hazañas: «Aquí comen los caballeros, y duermen, y mueren en sus camas» (I.6, 117). Sin embargo, su autor, aunque tuvo el acierto de no cometer tantas necedades como cometen la mayor parte de los libros de caballerías, merecía ir a galeras de por vida. Esta aparente contradicción entre el elogio del libro y la condena del autor, les parece inexplicable a muchos lectores. A mi parecer significa que Cervantes condena ciertos aspectos del libro, aunque lo alabe por otros. Ir a galeras era un castigo serio, pero no se comparaba con la muerte en la hoguera. Así lo escribió Cervantes en el *Persiles*, y se encuentra en *El caballero del Febo*: «Vienen a dar en manos del cruel y sangriento verdugo, que vergonzosamente los degüella o ahorca, o *por grandes favores*, a manos del duro cómitre, que áspera y duramente lo açota».[20] Como se ve, el ir a galeras es un «gran favor» en comparación

---

[20] Diego Ortúñez de Calahorra, *Espejo de príncipes y cavalleros. El cavallero del Febo,* cap. 43. Ed. D. Eisenberg (Madrid: Espasa-Calpe, 1975), II, 166. Cursivas mías. Cervantes escribirá años después: «El mismo día aherrojaron en ellas [las galeras] a los soldados..., transformación triste y dolorosa, pero llevadera: que la pena que no acaba la vida la costumbre de padecerla la hace fácil» (*Persiles,* III.12, ed. cit., 787b). Cf. Morón, *Nuevas meditaciones,* p. 197.

con la horca. El cura no da la razón de su veredicto sobre *Tirante el Blanco*, pero visto el juicio de Cervantes sobre la *Celestina* en los versos preliminares y su actitud hacia lo sexual en todo el *Quijote*, creo que condena al autor del libro por la libertad de la «señora Emperatriz, enamorada de Hipólito, su escudero» (ibíd.). En contraste con los personajes del *Palmerín de Inglaterra*, la emperatriz de Constantinopla no guarda en el *Tirant* el decoro que debe a su dignidad, como exigían los moralistas y los tratados de poética.

Después de los libros de caballerías vienen los «pequeños», que son de poesía. Ya al juzgar el *Orlando enamorado* de Mateo Boiardo, menciona el *Orlando furioso* de Ariosto, y dice que lo quemaría en la traducción española, pero lo pondría sobre su cabeza en italiano. Efectivamente, aunque es un «romance» de historias caballerescas, la belleza de las estrofas, los «cuadros» pintados por Ariosto con la palabra, le dan a su poema un valor permanente de clásico.

Los libros de poesía son «libros de entendimiento sin peligro de tercero». La segunda edición de 1605 decía «libros de entretenimiento»; pero lo más probable es que Cervantes escribiera «entendimiento». Los libros de poesía se distinguen de los caballerescos en que sus ficciones reflejan experiencias humanas reales. Debajo de sus fingidos pastores vemos la verdad de los sentimientos de amor y sus posibles variedades, desde la timidez al crimen pasional, como ocurre en *La Galatea* del mismo Cervantes. Al hacer un libro de historias inventadas «hijo del entendimiento», Cervantes pensaba en la relación de las aventuras narradas, que son fingidas, con la verdad o experiencia humana que se dramatiza en esas aventuras.

Los libros respetados en el escrutinio se salvan porque reflejan situaciones posibles, no quiméricas. En esto consiste el «realismo» de Cervantes. Sin embargo, como se ha señalado, existe mucha casualidad en el *Quijote* y, desde luego, no es fácil aceptar que después de cada pendencia en la que el caballero sale apaleado, quede apto para otra batalla. La filosofía en tiempo de Cervantes hablaba de tres categorías de lo imposible: lo imposible metafísico, que era lo contradictorio (el círculo cuadrado); lo imposible «físico», o sea, imposible para la naturaleza, pero posible para Dios mediante el milagro; y en tercer lugar, lo imposible «moral». Aquí moral no significa ético, sino lo que «no se acostumbra» y es extraño en las circunstancias normales de la vida, pero no es imposible para la naturaleza. Por ejemplo, es prácticamente imposible que unos amantes andaluces separados por secuestro, infidelidad y escapadas a los montes (Cardenio y Luscinda, don Fernando y Dorotea), o dos hermanos de León (historia del cautivo) que no se han visto en veinte años, se encuentren todos en una venta del sur de la Mancha. Todavía más extraño es que Ana Félix, muchacha de veinte años, morisca del pueblo de don Quijote y Sancho, salga expulsada con los de su nación, vuelva a Barcelona como capitana de un bergantín de corsarios, y allí se encuentre con su padre, que se había ido a Alemania al ser expulsado de España. Estas escenas son tan improbables que rayan en lo inverosímil; pero todas son posibles sin necesidad de ningún milagro. La función del entendimiento es casar esas andanzas, que cuanto más improbables son, mayor admiración suscitan en los lectores. La «admiración» es un ideal de la estética cervantina.

Entre los libros de poesía, encuentran los inquisidores *La Galatea* de Miguel de Cervantes. En boca del cura pone lo que puede ser su autocrítica: «Tiene algo de buena invención; propone algo y no concluye nada: es menester esperar la segunda parte que promete» (I.6, 120). Mientras no se publique la segunda parte, ni se condena ni se salva. Respeta luego tres poemas épicos, que considera «las más ricas prendas de poesía que tiene España», y en último lugar muestra su admiración por *Las lágrimas de Angélica*, de Luis Barahona de Soto, poema épico sobre el episodio de Angélica y Medoro del *Orlando furioso*.

El capítulo de la condena de los libros es una obra maestra. Comenzamos por el cuadro: la casa manchega con patio interior, y detrás de la casa el extenso corral bordeado por las cuadras de los animales. El cura actúa como crítico literario, y desde luego se ve que ha empleado mucho tiempo leyendo historias de caballeros y libros de poesía. Pero, como dijo Ortega, don Quijote es un individuo de la especie Cervantes. En general, el crítico literario que habla por boca del cura es Cervantes, y el criterio que utiliza para salvar los libros es que sean verosímiles y que no sean lascivos en el amor. Al llegar a los pastoriles y poéticos exige proporción estructural, o sea, que los episodios se acomoden en extensión al papel que juegan en el todo.

* * *

La primera salida constituye un círculo. Parece que Cervantes comenzó el *Quijote* como una novela corta, en la que un lector de libros de caballerías se hace caballero andante, vuelve a su casa vapuleado, y sus seres queridos le queman la biblioteca. Nos presenta al personaje principal y el escenario de su andadura, limitado a los alrededores de su pueblo, que está cerca del Toboso y de Quintanar de la Orden. El afán de ridiculizar la lectura de los libros de caballerías convierte estos capítulos de la primera salida en parodias de esos libros.

El hidalgo Alonso Quijada o Quijana es «ingenioso»; se dedica a leer en vez de cuidar de su hacienda. Don Quijote es un nombre pomposo de caballero, pero no de Gaula, de Grecia o de Bretaña, sino de la Mancha, tierra de venteros pícaros, labradores, curas y barberos. Le impulsa el deseo de fama, como a los caballeros de la fantasía, pero el autor de su historia ni siquiera recuerda su lugar de nacimiento ni su nombre. Se arma caballero novel a los cincuenta años, edad en que se retiran los caballeros andantes; lleva doce años enamorado de Aldonza Lorenzo, pero la timidez, disfrazada de cortesía, no le ha permitido manifestárselo nunca. Lo que él toma como castillo es una simple venta, y el castellano, lejos de ser «de los sanos de Castilla», es un pícaro andaluz. Las doncellas de ese castillo son mozas troteras y danzaderas, y el enano que anuncia la llegada del caballero es un simple capador de cochinos. Los caballeros del castillo y Juan Haldudo son arrieros o un labrador de Quintanar, y el «paso honroso» un simple ataque a unos sederos toledanos. Don Quijote ha sustituido el mundo real (juicio) por el de los libros (ingenio), y el mundo real le castiga.

La primera salida se centra en la parodia de la literatura caballeresca. Todo representa una caída de lo fantástico en su encuentro con la realidad cotidiana. En esta primera sección aparecen los personajes que con presencia directa o como actores en el fondo, son constantes en todo el libro: don Quijote, el ama, la sobrina, el cura, el barbero, y Dulcinea; sólo falta Sancho.

II. Sarta de aventuras
(capítulos 7-22)

Los capítulos 7 al 22 constituyen una serie de aventuras yuxtapuestas, no engarzadas por un sentido de argumento. En esta sección el *Quijote* imita la llamada estructura episódica de los libros de caballerías. Sin embargo, incluso en esta sarta de aventuras trata Cervantes de superar la mera yuxtaposición, enlazando los episodios entre sí mismos y con el resto de la obra. Los motivos y episodios principales de estos capítulos son:

- Sancho Panza, segundo personaje de la novela (cap. 7).
- El encuentro del manuscrito de Cide Hamete Benengeli (cap. 9).
- El motivo de la ínsula de Sancho, fundamental en la segunda parte, caps. 42ss.
- La venta (caps. 16-17), que será después un escenario fundamental.
- El encuentro con los clérigos (cap. 19) cuya despensa provee de comida a don Quijote y a Sancho durante su estancia en Sierra Morena.
- La liberación de los galeotes (cap. 22), especialmente de Ginés de Pasamonte, que después robará el rucio a Sancho y aparecerá como Maese Pedro en la segunda Parte, cap. 25.

- El capítulo 20 dramatiza un contraste de conductas entre el amo y el criado, que contribuye a definir su respectivo carácter, según se manifiesta en toda la obra.
- La conquista del yelmo de Mambrino (cap. 21), de gran virtualidad más tarde en las escenas de la venta.

Sancho y las primeras aventuras

Don Quijote echa de menos los libros y el aposento en que los tenía, y el ama y la sobrina le dicen que un encantador se ha llevado los libros y el aposento.[1] Pasa quince días discutiendo con el cura y el barbero sobre la necesidad de la caballería andante, y en ese tiempo convence a Sancho Panza para que le acompañe sirviéndole de escudero. Un hidalgo viejo de aldea convertido en caballero andante contrata como escudero a un campesino del mismo pueblo, que le seguirá con su burro. Como crítica de los libros de caballerías, es una graciosa parodia teñida de sarcasmo; pero como creación, es un precioso cuadro y magnífico anuncio del contenido del libro: el análisis de la ilusión.

Sancho es «hombre de bien —si es que este título se pude dar al que es pobre— pero de muy poca sal en la mollera»[2]. Cervantes considera que el hombre de bien lo es por su conducta, no por su hacienda. Pero la pobreza,

---

[1] El ama y la sobrina le engañan con facilidad, como Sancho sobre el encanto de Dulcinea en II.10. Paralela es también la conversación sobre la caballería en este capítulo y en el primero de la segunda parte.

[2] I.7, 125. Cf: «En este pueblo todos tienen a mi marido por un porro» (II.52, 437).

como he dicho antes, puede acarrear miedo y mezquindad, y por tanto, el bienestar que nos da seguridad frente a la miseria se convierte en un resorte psicológico y ético. Don Quijote le promete al «pobre villano» el gobierno de una ínsula o quizá de un reino, y Sancho decide servirle de escudero, ilusionado con el poder y la riqueza que vislumbra. Con respecto a la sal en la mollera, la ciencia más avanzada en 1605 decía: «Los manjares que los padres han de comer para engendrar hijos de grande entendimiento (que es el ingenio más ordinario en España) son, lo primero, el pan candial, hecho de la flor de harina y masado con sal... Dije masado con sal, porque ningún alimento de cuantos usan los hombres hacen tan buen entendimiento como este mineral...Y pues la sal tiene tanta sequedad y tan apropiada para el ingenio, con razón la divina Escritura la llama con este nombre de prudencia y sabiduría».[3]

Tan pronto como salen del pueblo, Sancho le recuerda a su amo la promesa del gobierno de la ínsula. El horizonte mental del criado culmina en el interés. El primer diálogo le hace a Sancho soñar incluso con llegar a rey, y ahí el villano repite el tópico de los villanos de comedias y entremeses: hablar mal de su mujer (aquí llamada Mari Gutiérrez). Pero, como buen criado, Sancho deja su futuro en las manos de su señor.[4] Cuatro rasgos de Sancho se han dibujado en sus primeros hechos y palabras: es pobre, simple, interesado y dócil.

En el capítulo octavo se narra la primera aventura: el caballero ve unos molinos de viento y los toma por gigan-

---

[3] Huarte de San Juan, J., *Examen de ingenios para las ciencias* [1575], cap. 15, p. 3, ed. cit., págs. 329-330.
[4] I.7, 128; cf. cap. 20.

tes. Sancho ve los molinos e insiste en que don Quijote *mire* que son molinos. Pero don Quijote le responde a Sancho que no *sabe* nada de aventuras, los acomete, y las aspas de los molinos, movidas por el viento, le lanzan maltrecho por el campo. Sancho insiste en que debiera haber *mirado*. Lo que él no sabe es que don Quijote ha mirado y visto los molinos, pero superpone a la percepción de los sentidos los gigantes del mundo imaginario de la caballería. Tras el golpe de las aspas del molino, sería deshonroso que el caballero don Quijote se quejara del dolor. Sancho contesta que él no se guiará por esa regla (I.8, 131); si el decoro le impide a su amo quejarse cuando algo le duela, el criado está exento de esa ley. De ahí la ironía de Cervantes cuando don Quijote le dice a Sancho que sólo ponga mano a la espada si les atacan villanos, no caballeros (I.15).

La segunda aventura es la de los monjes de San Benito: dos frailes sobre dos grandes mulas, y detrás de ellos un coche que transporta a una dama, acompañada de varios escuderos a caballo. Don Quijote considera que los frailes, vestidos de negro, llevan secuestrada a la señora, y decide librarla. Sancho repite: «mire que digo que mire». Sancho funda su argumento en el testimonio de los sentidos, y don Quijote en su «saber» adquirido en la lectura, es decir, en su ingenio sin juicio.[5] El primer fraile cae del caballo; el segundo huye sin pararse a defender o atender

---

[5] Cervantes tiene una convicción teórica sobre las relaciones del sentido y el saber por lectura: «Las lecciones de los libros muchas veces hacen más cierta experiencia de las cosas, que no la tienen los mismos que las han visto, a causa que el que lee con atención, repara una y muchas veces en lo que va leyendo, y el que mira sin ella, no repara en nada, y con esto excede la lección a la vista» (*Persiles*, III.8, ed. cit., p. 776b).

a su compañero. Sancho, movido del interés, comienza a desnudar al fraile caído, y como resultado, se gana la primera paliza, que le propina un criado de los monjes. El caballero entre tanto está hablando con la señora del coche, y le pide que vuelva al Toboso para decirle a Dulcinea quién ha sido su libertador.

La tercera aventura surge cuando un escudero de la señora le pide a don Quijote que les deje seguir adelante. Don Quijote le acusa de no ser caballero, y el escudero, que es vizcaíno (de Azpeitia, o sea guipuzcoano en términos modernos, como advirtió Baroja), se siente ofendido en su honra, porque los vascos y los montañeses eran hidalgos por naturaleza, y en este caso, además caballero. La lucha entre los dos, donde el vizcaíno tiene como escudo una almohada del coche, es un precioso cuadro plástico. Y en ese momento, cuando Cervantes ha llevado al lector al punto más alto de tensión en una escena de inmenso dinamismo, interrumpe bruscamente la narración, porque se le acaba el manuscrito de un primer autor. Pero el «segundo autor», pensando que debía de existir la historia entera, siguió buscándola, y la encontró.

En el capítulo 9 Cervantes reproduce el cuadro con el que había cerrado el capítulo anterior: los contendientes con las espadas en alto en actitud de descargarse mortales golpes; pero como la historia se interrumpía en esa postura, antes de contar el fin de la batalla, nos cuenta cómo encontró el texto completo del *Quijote*. Cervantes no podía aceptar que el manchego no hubiera tenido su sabio historiador, como lo habían tenido tantos otros que narraban las vidas de sus caballeros, pintando «sus más mínimos pensamientos y niñerías por más escondidas que fuesen» (I.9, 140). Al margen de la ironía, el autor alude con estas palabras al misterio del narrador omnisciente. En la segunda parte, cuando Sancho le dice a don Quijote que se ha publicado su historia, se admira de que narre «cosas que pasamos nosotros a solas, que me hice cruces de espantado cómo las pudo saber el historiador que las escribió» (II.2, 57). Como el autor quiere acentuar que lo contado en el libro es historia real, surge la pregunta de cómo llegó a conocer los hechos. Si no se explica eso, la omnisciencia del narrador termina siendo inverosímil, ya que ningún historiador puede conocer los pensamientos escondidos de su biografiado. En estos casos, la poética de los humanistas respondía que algunos hechos y discursos de personajes antiguos eran históricos, no porque se hubieran pronunciado como se transmiten, sino en la medida en que respondían al carácter y situación de esos personajes. De esa manera, el principio de la verosimilitud salva lo que no se podía demostrar como verdad.

Otro ejemplo de ironía frente a la inverosimilitud se da cuando menciona a las doncellas que se pasaban ochenta años sin dormir bajo techado, y morían tan vírgenes «como la madre que las había parido» (I.9, 141). El recato y decoro de la mujer honrada se expresaban en español con la palabra honestidad. Hoy honestidad es sinónima de veracidad, pero en el siglo de oro significaba la compostura respetable de los hombres y las mujeres, según su situación social. El vestido, las posturas del cuerpo, la modestia en la mirada y la mesura en la expresión, eran los rasgos de la honestidad. Para Cervantes las doncellas andantes de los libros de caballerías no son honestas, o sea, no se portan con el decoro debido. En la segunda parte Altisidora muestra alguna «desenvoltura», pero sin faltar nunca a la honestidad. Igual ocurre con figuras como la gitanilla en la novela de este título, y en el *Persiles* la perfección de Auristela bordea la línea de lo inverosímil. Es una doncella navegante y andante, que corre medio mundo con su novio sin ninguna señal de pérdida del recato.

El autor de la historia de don Quijote fue un moro que redactó su libro en árabe. Esa situación del autor no significa que Cervantes apreciara la cultura musulmana; al contrario, el que un autor árabe escriba la vida de don Quijote es un cruel sarcasmo frente al ingenioso hidalgo. Mientras los sabios antiguos escribieron las historias de los caballeros en griego, el autor de la vida del caballero de la Mancha lo hace en árabe. Cervantes observa que es «muy propio de los de aquella nación ser mentirosos» (I.9, 144), y el mismo don Quijote deplora su suerte cuando se entera de que el autor de su historia es un moro (II.3, 59).

Por las dudas sobre la veracidad del autor árabe, Cervantes introduce una consideración general sobre la historia, a la que llama «madre de la verdad». Esto significa que la historia contada debe proceder según la más rigurosa investigación de los hechos, y entonces es «émula del tiempo», o sea, destruye el poder aniquilador del tiempo convirtiendo el pasado en presente, fijando y re-presentando el pasado. Hay cosas en la historia que son puro pasado, pero las que merecen recordarse son las que han tenido virtualidad permanente porque son experiencias humanas que se repiten, aunque con distintos protagonistas. Así, la historia es «depósito de las acciones, testigo de lo pasado, ejemplo y aviso de lo presente, advertencia de lo por venir» (I.9, 145). La manera como encontró Cervantes la historia de don Quijote es muy extraña y puramente casual; pero, como he dicho en el capítulo anterior, es posible sin ningún milagro, y por ser extraña produce admiración.

En Cide Hamete culmina el extraordinario análisis de Cervantes sobre el fenómeno de la escritura como punto de encuentro de la inspiración y del esfuerzo. Los clásicos, desde Homero, invocan a las musas para que les inspiren sus poemas. En general, durante la Edad Media, cuando se implora la inspiración se interpreta la experiencia de escribir desde un trasfondo teológico; las musas de la antigüedad son ahora Dios, Cristo o la Virgen. Cervantes descubre al inspirador dentro del propio yo. Hemos pasado de la interpretación antigua y medieval al análisis moderno del fenómeno de escribir, que ahora será traducir al Cide Hamete Benengeli que todos llevamos dentro. Sin negar que existan los seres sobrenaturales, dentro de nosotros encontramos fuerzas que nos parecen venir de fuera: la más clara es el amor, que a veces quisiéramos olvidar y no podemos. Escribir es una de esas fuerzas: «Mi soliloquio es plática con este buen amigo» (Machado).

Lo primero en el cartapacio árabe es la imagen: el vizcaíno, don Quijote, y Sancho Zancas, donde Sancho está pintado con «la barriga grande, el talle corto y las zancas largas» (I.9, 144). A continuación pinta Cervantes de la manera más gráfica la batalla de don Quijote y el vizcaíno, haciéndonos participar con el ritmo de la lengua en el galopar del caballo y de la mula en que se acometen los adversarios. Don Quijote en este caso vence a su contrario, y para salvarle la vida, las señoras del coche prometen ir al Toboso y ofrecerse al servicio de Dulcinea. La victoria le deja al caballero con gran confianza en sí mismo.

Sancho acude inmediatamente a pedir la ínsula ganada en la batalla y propone que se retraigan en alguna iglesia para no caer en las garras de la justicia que les pedirá cuentas de las heridas del vizcaíno. En este diálogo, Sancho revela otro rasgo fundamental de su persona: «No sé ni leer ni escribir» (I.10, 148). Por eso, tiene seguridad en lo que ve con los sentidos, pero no «sabe» nada que sea obra del entendimiento. Don Quijote menciona por primera vez el bálsamo de Fierabrás y sus virtudes curativas. Su locura roza en este momento lo inverosímil, puesto que le atribuye al bálsamo nada menos que la virtud de resucitar un cuerpo partido en dos pedazos. Lo inverosímil no está en que el loco crea en las virtudes de su pócima, sino en que un hombre en ese grado de locura pueda razonar bien inmediatamente después. Sancho supone que ese bálsamo tan saludable podrá venderse muy caro, y prefiere la exclusiva de su elaboración y venta a la ínsula prometida. De nuevo, su horizonte es el interés.

En la batalla, el vizcaíno le ha roto a don Quijote la celada, y al verla rota jura tomar venganza de quien se la rompió, pero Sancho le recuerda que si el vizcaíno ha cumplido con la obligación que se le impuso, ya no merece pena mientras no cometa otro delito. Aquí Sancho habla como alguien que sabe derecho. También tiene como cristiano la sabiduría de que no se debe jurar, y así aconseja a su amo que «dé al diablo tales juramentos». Don Quijote le llega a prometer a Sancho el reino de Dinamarca o Sobradisa, y cuando los dos van levitando en la ilusión, el señor con su capacidad de conquistar y prometer, y el criado con el sueño de su reino, descubren que su despensa no contiene más que «una cebolla, un poco de queso y unos mendrugos de pan», y buscando un castillo donde alojarse, terminan en la majada de unos pastores. El autor dramatiza genialmente la caída del árbol dorado de la ilusión a la gris realidad.

Novela pastoril y sentimental

Los capítulos 11 al 14 cuentan la estancia de don Quijote con los pastores, y la historia de Marcela. Al encontrarse con la vida pastoril, el caballero rememora la igualdad natural de los hombres, idea que coincide con el Evangelio. Por eso le dice a Sancho que tome asiento junto a él y se considere su igual, ya que la caballería andante es como el amor, que todo lo iguala. Hay una resonancia de las palabras de Cristo: «No os he llamado siervos... sino amigos» (Juan, 15, 15). Sancho reacciona como hombre de poca sal en la mollera, y prefiere a ese honor otras cosas «de más cómodo y provecho» (I.11, 154).

Los pastores son símbolos de la inocencia; por eso don Quijote inserta inmediatamente su discurso de la edad de oro. Según el discurso, los rasgos de aquella edad eran:

- La comunidad de bienes, que hacía a todos los hombres iguales.
- La vida natural en la que se alcanzaba el sustento de los árboles sin que el arado profanase las entrañas de la madre tierra y sin otras artes inventadas por la ambición de riqueza y lujo.

- Los hombres se respetaban mutuamente como hermanos.
- En todos dominaba la razón sobre la pasión, de manera que las mujeres podían andar libres, sin el recelo de la amorosa pestilencia en ellas y de la peligrosa lascivia en los varones.

Para agasajarle más a don Quijote, el pastor Antonio, que sabe leer y escribir, canta una canción de amor, como hacen los protagonistas de las novelas pastoriles. Pero Antonio es un pastor auténtico de la Mancha, no un personaje de idilios griegos o églogas latinas e italianas. Por eso, su poema no se inserta en tradiciones literarias, como el amor cortés o platónico, sino que expresa el sentimiento sincero de un joven cuyo fin es casarse con la mujer a la que quiere. El poema se lo compuso al pastor un tío suyo, sacerdote de la iglesia de su pueblo. Estamos, pues, en una sociedad católica, no pagana.

Cuando don Quijote y los pastores se preparan para acostarse, llega del pueblo otro pastor que comienza a contar la historia de Marcela y del enamorado Grisóstomo, muerto de despecho porque ella no le ha correspondido. Grisóstomo había estudiado muchos años en Salamanca y había vuelto al pueblo en opinión de sabio. Entre sus gracias estaba la de ser poeta y escribir los autos sacramentales para el día del Señor (del Corpus). Al morir, ha mandado que no se le entierre en campo santo, sino junto a «la fuente del alcornoque», donde vio por primera vez a Marcela. Los abades del pueblo se oponen a esa petición, porque es propia de gentiles y no de cristianos. De la escena pastoril realista hemos pasado a una novela sentimental en la tradición de la *Cárcel de amor* (1492).

Marcela es huérfana. Murió primero su madre; poco después murió de dolor su padre, el labrador Guillermo «el rico», y la doncella quedó bajo la tutela de un tío suyo, «beneficiado en el lugar» (I.12, 164), como el tío del pastor Antonio. Al hablar de este sacerdote, Pedro se desvía de su cuento, comentando que la gente de los pueblos pequeños suele ser pronta en criticar a los clérigos. Don Quijote le hace volver a su narración, alabándole tanto su contenido como su arte de narrar: «El cuento es muy bueno, y vos, buen Pedro, lo contáis con buena gracia» (ibíd., 165). Al final de la historia, don Quijote repite su crítica literaria: «Agradézcoos el gusto que me habéis dado con la narración de tan sabroso cuento» (ibíd., 167).

El pastor critica la costumbre de que los padres pacten el matrimonio de sus hijas sin dejarles a éstas la libertad de elegir. Los estudiosos que tienen a Cervantes por «erasmista» y «moderno», afirman que se distingue de sus contemporáneos en su defensa de la libertad de la mujer para elegir marido. En el *Persiles* afirma el derecho de las hijas a elegir a su esposo, o al menos a no casarse con el hombre al que no quieren. En la segunda parte, don Quijote defenderá la intervención de los padres en el matrimonio de sus hijas, ya que «si a la voluntad de las hijas quedase escoger los maridos, tal habría que escogiese al criado de su padre, y tal al que vio pasar por la calle, a su parecer bizarro y entonado, aunque fuese un desbaratado espadachín» (II.19, 180). ¿Se contradice Cervantes? Creo que no; el matrimonio es un compromiso para toda la vida y debe hacerse con plena libertad, sin imposición de nadie. Pero el matrimonio es un compromiso para toda la vida, y por tanto no debe fundarse en el sentimiento, que puede ser pasajero, sino en la combinación de sentimiento sincero y decisión inteligente. Por eso, la mujer joven debe aconsejarse de las personas prudentes, y aquí entra la autoridad de los padres. Lo moderno de Cervantes, como de otros contemporáneos suyos, es que el matrimonio debe ser libre y por amor, pero además debe ser hijo del entendimiento —como los buenos libros.

El pastor hace una observación muy sutil sobre la conducta de Marcela: «Puesto que no huye ni se esquiva de la compañía y conversación de los pastores, en llegando a descubrirle su intención cualquiera dellos, aunque sea tan justa y santa como la del matrimonio, los arroja de sí como un trabuco» (I.12, 166). Marcela era cortés, amable y agradecida, pero sin inclinar ese fiel de la balanza a ningún gesto ni expresión de amor. Los pastores no comprendían ese justo medio en que ella se situaba, y se sentían engañados cuando Marcela les hacía ver que no les prometía amor sino amabilidad. El más extremado de todos fue Grisóstomo, que llegó a la «desesperación». Esta palabra es en Cervantes y en Shakespeare sinónimo de suicidio. Grisóstomo promete suicidarse, pero Cervantes no deja claro si lo hizo. Quizá, como Leriano en *Cárcel de amor*, no se suicidara, sino que se «dejó morir».

En el camino hacia el entierro del pastor, el grupo de don Quijote se encuentra con dos gentileshombres a caballo y otros seis pastores «vestidos con pellicos negros y coronadas las cabezas con guirnaldas de ciprés y de amarga adelfa» (I.33, 168). En este punto, la historia de los pastores reales y cristianos se funde con la tradición literaria de la novela pastoril y sus resonancias paganas, como es la decisión de Grisóstomo de enterrarse en el campo.

Dentro de la narración se introduce el diálogo del caminante Vivaldo con don Quijote, en el que hablan de tres temas:

1) Sobre los sacrificios de la orden de caballería. Según Vivaldo, la orden caballeresca es por lo menos tan sacrificada como la de los cartujos, orden religiosa proverbial por su austeridad. Don Quijote dice que la caballería es más sacrificada y quizá más necesaria que la orden monástica. Al comparar el estado religioso y el de caballero y darlos como iguales o incluso poniendo por encima el de los caballeros, don Quijote toca el punto esencial de la controversia entre Erasmo y los frailes en la primera mitad del siglo XVI. Para Erasmo «El monacato no era en sí más santo que la vida seglar» (*Monachatus non est pietas*), ya que la santidad dependía de la conducta del individuo. En cambio, para los frailes el estado religioso que se recibía emitiendo los votos de pobreza, castidad y obediencia, era objetivamente más perfecto que el del seglar. Naturalmente, hablaban del estado como forma de vida, reconociendo que entre los frailes puede haber pecadores, y santos entre los seglares. En este momento en que Cervantes bordea un problema teológico preñado de peligro, introduce por boca de don Quijote su cauta y cautelosa advertencia: «No quiero yo decir, *ni me pasa por pensamiento*, que es tan buen estado el de caballero andante como el del encerrado religioso» (I.13, 174). Este texto demuestra que Cervantes rechaza sin paliativos el único

punto claro de contacto que podía tener con el erasmismo.[6] La simple ironía con respecto a clérigos y frailes no se puede tomar como indicio de influencia erasmiana.

2) El segundo tema de conversación entre Vivaldo y don Quijote es el precepto de que los caballeros deben encomendarse a su dama en el momento de emprender una batalla. Los cristianos, dice Vivaldo, están obligados a encomendarse a Dios en las situaciones de peligro; no a criaturas, como exige la orden de caballería. Don Quijote no sabe responder; simplemente sortea el obstáculo diciendo que ésa es la ley y no puede cambiarse. En este diálogo hace chocar Cervantes los elementos paganos de la caballería —duelos, amores libres, venganza— con el cristianismo, que los condena.

3) El último objeto de la conversación de los dos caminantes es Dulcinea, la dama de don Quijote, dechado de todos los cánones de belleza femenina imaginados por los poetas; del linaje del Toboso de la Mancha, moderno, pero ilustre por su aptitud para dar «generoso principio a las más ilustres familias de los venideros siglos» (I.13, 177).

Yendo en esta conversación descubren que por la quiebra entre dos altas montañas bajan hasta veinte pastores vestidos también de negros pellicos de lana, y coronadas las cabezas con guirnaldas. Seis de ellos traen el

---

[6] En el capítulo 10 estudiamos otras dos ocupaciones fundamentales de Erasmo: la interpretación del Nuevo Testamento, y las ediciones críticas de Padres de la Iglesia, con las cuales Cervantes no tiene relación alguna. Allí estudiamos también la ironía de Cervantes en comparación con el *Elogio de la estultucia* del humanista. Michel Moner analiza este pasaje en *Deux Thémes*, y como no entra en el trasfondo teológico, acude a la panacea de que es equívoco (Op. cit., p. 77).

cuerpo de Grisóstomo. Allí su amigo Ambrosio hace el encomio del difunto, y señala los papeles que había compuesto expresando su amor a la esquiva Marcela. Grisóstomo ha mandado que se quemen cuando sea sepultado su cuerpo, pero Vivaldo le advierte a Ambrosio que Augusto no respetó la voluntad de Virgilio en circunstancia semejante, y por eso gozamos en nuestro tiempo de *La Eneida*.

De entre los papeles extraen el último escrito por el difunto: *Canción desesperada*. El inspirador será el demonio; el poema no será música por sabia mano gobernada, sino espantable voz y ruido que sale del amargo pecho del amante. La esperanza va unida al temor y a la desconfianza. Esta palabra, tan famosa por el título *El condenado por desconfiado*, tenía en el siglo de oro el significado de timidez o apocamiento. Es lo que significa en la estrofa quinta de la canción:

> ¿Quién no abrirá de par en par las puertas
> a la desconfianza, cuando mira
> descubierto el desdén, y las sospechas,
> —¡oh amarga conversión!— verdades hechas,
> y la limpia verdad vuelta en mentira? (I.14, 182).

Como la desesperación es en Cervantes sinónimo de suicidio, o al menos de la decisión de cometerlo, se asocian con la desesperación imágenes del infierno, donde no hay esperanza. La canción termina con un apóstrofe a sí misma, como terminaban las de Petrarca y Garcilaso. Acabada la lectura de la Canción aparece Marcela y afirma su inocencia con respecto a la muerte de Grisóstomo. La defensa se funda en que el hecho de ser amada no la obliga a corresponder con amor, y en la sutileza de que su afabilidad, vir-

76

tud necesaria en la comunicación entre personas, no debía confundirse con ningún favor en el terreno amoroso.

La historia de Marcela es un magnífico experimento literario por parte del autor. Nueve narradores van contando distintos segmentos del episodio, y las narraciones de todos se entrelazan en la guirnalda resultante.[7] En la estructura del *Quijote* la estancia con los pastores y la narración sobre Marcela y sus enamorados se pueden tomar como la inserción y deconstrucción de los géneros pastoril y sentimental, o como dos formas concretas de lo pastoril: la realista en los pastores de la majada, y la novelesca de la tradición poética (Marcela). Lo común en las dos es que el pastor Antonio y Marcela son sobrinos de clérigos. En un mundo de clérigos católicos, choca como imposible el mundo pastoril pagano. Cuando Vivaldo le hacer ver a don Quijote que a la hora de la muerte debe el cristiano encomendarse a Dios, y no a su dama, y cuando Grisóstomo, muerto de amor por la sobrina de un clérigo manda ser enterrado en el campo, Cervantes está dramatizando la incompatibilidad de la caballería y de la égloga pagana con el cristianismo.

Estructura de las aventuras

En el capítulo 15 Rocinante solivianta a las yeguas de los arrieros yangüeses, y éstos apalean al caballo, a don Quijote y a Sancho. Don Quijote encuentra una explica-

---

[7] Los narradores de la historia de Marcela: 1) El pastor Pedro (c. 12). 2) El autor (c. 13). 3) Durante un momento, el gentilhombre compañero de Vivaldo (c. 13); 4) El autor (c. 13); 5) Ambrosio (c. 13); 6) El autor, que introduce la canción desesperada (c. 13); 7) La canción de Crisóstomo (c. 14); 8) Marcela (ib.); 9) De nuevo el autor (c. 14).

ción para su desgracia: el haber puesto mano a la espada contra gente que no son caballeros. Todas las aventuras de la primera parte siguen el mismo patrón, que consiste en tres momentos: A) El caballero ve u oye una cosa real: molinos, venta, o unos rebaños de ovejas (realidad). B) El ingenio sin juicio le hace sobreponer a lo visto y oído el mundo de ilusión que lleva en su fantasía (elevación). C) Como resultado de esa tergiversación, entra en batalla y es normalmente vencido y apaleado (caída). En vez de recapacitar sobre sus errores, don Quijote encuentra una explicación para la derrota en situaciones paralelas de otros caballeros o en la mala influencia de los encantadores enemigos. Con ese consuelo se levanta y se sitúa de nuevo en un punto A1, dispuesto a emprender una nueva hazaña, de forma que las aventuras de la primera parte se suceden como un electrocardiograma regular:

Lectura desde la ilusión	B		B1	
Percepción sensible	A	A1		A2 etc.
Derrota y caída	C		C1	

Maritornes y la venta

Al final del capítulo 15, don Quijote y Sancho llegan a la venta que será el escenario de todos los acontecimientos desde el capítulo 32 al 47. En la venta encontramos a Maritornes, cuyo primer rasgo es la deformidad física, esculpida en la descripción magistral de Cervantes: «Ancha de cara, llana de cogote, de nariz roma, del un ojo tuerta y del otro no muy sana... No tenía siete palmos de los pies a la cabeza, y las espaldas, que algún tanto le cargaban, la hacían mirar al suelo más de lo que ella quisiera» (I.16,

198). Maritornes es ante todo un cuadro, como después los bufones de Velázquez. En segundo lugar, Maritornes es asturiana. Todos los asturianos, como los montañeses y vascos, eran hidalgos de nacimiento, y como hidalga se porta ella en la venta, pues cumple honradamente con su palabra de satisfacer la rijosidad de los arrieros.

En toda la primera parte del *Quijote* sólo hay dos alusiones sexuales: la primera en el capítulo quince, referida a Rocinante, que «pide cotufas en el golfo» con todos sus años y huesos, y la segunda ésta de Maritornes, deformidad moral en proporción con la deformidad física de la moza. Como ya he dicho, Cervantes tiene una actitud tan negativa hacia lo erótico que raya en la obsesión. Al describir la escena en que don Quijote detiene a Maritornes cuando ella va a su cita con el arriero, se reproduce la estructura general de todas las aventuras. Maritornes lleva:

Según el autor (entendimiento: realismo)	Según don Quijote (la ilusión elevadora)
Camisa de arpillera	(Para él) de finísimo y delgado cendal
En las muñecas unas cuentas de vidrio	preciosas piedras orientales
Los cabellos tiraban a crines	Hebras de lucidísimo oro de Arabia
Aliento de ensalada de fiambre trasnochada	Olor suave y aromático (cap. 16).[8]

El resultado de la elevación ilusa son los palos y el candilazo del cuadrillero.[9] Pero también aquí don Qui-

---

[8] Otros detalles de la elevación de Maritornes a «la más apuesta y fermosa doncella que en gran parte de la tierra se puede hallar», en I.17, 207. Sobre la «honestidad» en los mesones, ver Joly, *La Bourle*, pp. 401-409, y sobre las criadas, ibíd., pp. 409-446.

[9] Primero dice el texto que el cuadrillero dejó descalabrado a don Quijote, y poco después que sólo le hizo dos chichones. La descripción cervantina de la pendencia entre los afectados es otro bodegón digno de Velázquez.

jote se consuela culpando de todo a los encantadores (I.17, 208). Entonces confecciona el bálsamo de Fierabrás, con aceite, vino, sal y romero, pero además rezando sobre la alcuza «más de ochenta pater nostres y otras tantas avemarías, salves y credos, y a cada palabra acompañaba una cruz a modo de bendición» (ibíd., 210). Suponiendo que Cervantes criticase aquí algunas ceremonias populares de la Iglesia, no tiene sentido hablar de «erasmismo», sencillamente porque nadie había condenado con más vehemencia las supersticiones que la Iglesia oficial, prohibiendo expresamente en los Índices inquisitoriales algunas oraciones y prácticas seudorreligiosas. El bálsamo le sienta bien a don Quijote, pero a Sancho le produce terribles bascas. De nuevo, el cuadro de caballero y escudero vomitando el uno sobre el otro, es un prodigio de estilización pictórica, en este caso, grotesca. Cuando don Quijote se marcha de la venta sin pagar, tiene lugar el manteamiento de Sancho —nuevo cuadro— y una vez más, todo se le hace comprensible a don Quijote culpando a los encantadores.

Al salir de la venta, les sucede la aventura de los dos rebaños que la fantasía del hidalgo convierte en ejércitos, y luego el encuentro con los clérigos que llevan el cuerpo muerto. En esta aventura (c. 19) hay rasgos irónicos de Cervantes frente a ciertas sutilezas de los teólogos escolásticos: la facilidad con que el Papa o los obispos recurrían a la excomunión de sus adversarios en conflictos de carácter político o económico, la casuística de si se merecía excomunión por herir a un clérigo directamente con la mano o poniendo por medio la espada, y posiblemente alguna expresión dolorida del autor contra los clérigos

en general.[10] Estas actitudes coinciden con críticas pareci-
das de Erasmo, pero coinciden mucho más con la crítica
de los males de la Iglesia hecha por los mismos eclesiásticos. Santa Teresa, que no creo le ofrezca a nadie sospecha
de erasmismo, dice lo siguiente sobre la vida en algunos
conventos de monjas: «Si los padres tomasen mi consejo...
que miren por lo que toca a su honra y quieran más casar-
las [a sus hijas] muy bajamente que meterlas en monaste-
rios semejantes».[11] Cervantes, con su amable ironía, aunque a veces parece que lleva dentro un león, se queda muy
lejos de esta crítica o de la que hace a los religiosos el fran-
ciscano anti-erasmista Fr. Francisco de Osuna.

Alma de señor y alma de criado

Por haber atacado a los clérigos, Sancho le aconseja a su
amo refugiarse en la Sierra para huir de la Santa Hermandad. Por una vez don Quijote sigue el consejo del escudero,
y les sorprende el espantable ruido que oyen entre los árboles en la noche oscura. El capítulo 20 condensa los rasgos
más importantes de don Quijote y Sancho en su respectivo
estamento social, y la conducta que la ciencia y la sociedad
de su tiempo asociaban con los distintos estamentos.

---

[10] Esa expresión sería de Cervantes. No tendría sentido la sutileza de
que la crítica de la Iglesia viniera del autor fingido que es musulmán.
Otro ejemplo de casuística escolástica se da en el capítulo 21, cuando
Sancho le pregunta a don Quijote si podrá cambiar la albarda del burro
del barbero al que le ha quitado el «yelmo de Mambrino», y el señor le
dice: «En caso de duda, hasta estar mejor informado, digo que los true-
ques, si es que tienes dellos necesidad estrema».
[11] Sta. Teresa de Jesús, *Libro de la vida*, cap. 7. En *Obras completas*, ed.
Efrén de la Madre de Dios y Otger Steggink, Madrid, BAC, 1967, p. 44b.

Ante el ruido de los batanes,

Don Quijote, ánimo de señor, muestra	Sancho, ánimo de criado, muestra
Intrépido corazón	Miedo
Decisión de acometer la aventura	Llanto
Honor, aun en la soledad	«Ahora es de noche y aquí no nos ve nadie»
Cumplir la obligación sin atender a ruegos	Astucia servil de atar las patas del caballo
«¿Soy yo por ventura, de aquellos caballeros que tomaron reposo en los peligros?»	«Duerme tú que naciste para dormir».
	Sancho cuenta su cuento «sin entendimiento».
Dignidad del caballero (la voluntad como deber)	Defecación de Sancho (la gana)
Al descubrir los batanes, don Quijote se ríe	Sancho suelta una risotada sin control
El señor golpea al criado	
El señor no conoce los batanes, trabajo de plebeyos	Los batanes pertenecen al mundo de Sancho
Los primeros movimientos no están en mano del hombre	En Sancho el hablar es primer movimiento

Al fin del capítulo, Sancho se proclama criado de don Quijote, dispuesto a honrarle en todo momento, como se honra a los padres, según el cuarto mandamiento del decálogo. La relación amo-criado en el *Quijote* no se puede concebir en sentido realista moderno, y menos interpretarse con criterio marxista. El interés económico de Sancho está asociado al miedo que los pobres sienten cada día ante la duda de si podrán comer al día siguiente. Ese miedo procede de una inferioridad genética, que sin determinarle al criado a perpetua inferioridad, le condiciona (es imposible precisar en qué grado), ya que no «sabe leer ni escribir» y por tanto, no tendrá movilidad social. El horizonte del interés se funda en ese instinto de conservación, no en razones propiamente económicas.

Sentido, fantasía y verdad

En el capítulo 21 llueve (la única vez en todo el libro). Se necesita la lluvia para explicar por qué el barbero se ha puesto sobre la cabeza la bacía que don Quijote toma por el yelmo de Mambrino. Cuando el barbero abandona su asno al ser atacado por el caballero loco, se refleja de nuevo el carácter «villano» de Sancho, que sin escrúpulo se apropia la albarda del burro ajeno. Pero lo esencial de este capítulo es que nos da el mejor documento sobre la presencia de la verdad en la novela frente al tópico de la ambigüedad, tópico sostenido y elogiado por muchos lectores como una de las cualidades más altas del libro de Cervantes. Cuando don Quijote ve de lejos al barbero montado sobre su asno y con la bacía dorada sobre la cabeza, inmediatamente superpone a la *percepción* de lo visto el mundo que lleva en su *imaginación*. El objeto de la sensación visual se le convierte en un caballero que lleva calado el yelmo de Mambrino. Sancho responde desde su nivel del *sentido*: «Lo que yo veo y columbro no es sino un hombre sobre un asno, pardo como el mío, que trae en la cabeza *una cosa* que relumbra» (I.21, 253).

Según la filosofía escolástica, los sentidos no yerran nunca, porque no nombran lo que ven, ni afirman ni niegan nada sobre el objeto visto. La posibilidad del error surge cuando el entendimiento sobrepasa lo percibido por los sentidos y aplica nombres que responden o no responden a la realidad. Don Quijote ha visto los mismos objetos que su escudero, pero, desde las categorías que lleva en su fantasía, construye su objeto mental, que es falso. Sancho es puro sentido; reconoce lo familiar: el hombre y el burro pardo; pero, como no sabe el nombre de lo que el barbero lleva en la cabeza, acude al término generalísimo «cosa», la palabra con la que denominamos todo objeto cuando no sabemos lo que es y cómo se llama. Sancho ve «una cosa que relumbra» (sensaciones de la vista), y no da el salto a nombrar o juzgar lo que pueda ser esa cosa.

Entre los dos extremos: el de la ilusión y el del sentido, entra el *entendimiento* y declara la verdad: «Es, pues, el caso que el yelmo y el caballo y caballero que don Quijote veía, *era esto*» (I.21, 253. Cursivas mías); y el autor describe la realidad: un barbero con su bacía dorada sobre la cabeza. Al final del capitulo 44 Sancho llama a la bacía «baci-yelmo», pero no es porque Cervantes sostenga ninguna ambigüedad. Sancho ve y sabe que es una bacía, pero prefiere complacer a su amo, que la considera yelmo, y además está interesado en que sea yelmo, porque si el mundo caballeresco es verdadero, aún puede ser conde en el reino de la princesa Micomicona. Por tanto, concluir que Cervantes busque la ambigüedad en estos pasajes e incluso extrapolar esa supuesta ambigüedad hasta crear un Cervantes prácticamente relativista, es malentender este capítulo y todo el *Quijote*.

En el mismo capítulo 21 hay una segunda parte. Sancho duda que tenga sentido andar por los caminos, y le sugiere a don Quijote que se vaya a servir a algún rey, donde ganará más honor y riqueza. El caballero le contesta que antes de ir a la Corte «es menester andar por el mundo, como en aprobación, buscando las aventuras» (I.21, 258). El término «aprobación» es un símil de lo que hacían los frailes en el año de noviciado, que pasaban varias pruebas antes de ser admitidos a los votos religiosos. Don Quijote ve su orden de caballería como una religión.

Una vez llegado a la Corte después del noviciado, don Quijote recrea con su fantasía la recepción del caballero en el palacio real. Lo fantástico es imaginación del loco, pero a través del discurso se trasluce la ironía de Cervantes sobre lo arbitrario, inverosímil y estereotipado de los libros de caballerías, donde tales escenas se narran como sucesos reales. Al caballero le arde la fantasía hasta verse casado con la princesa heredera de un reino. Este sueño promete hacerse realidad en el capítulo 30, cuando Dorotea, disfrazada de princesa Micomicona, le declara que está dispuesta a casarse con él. Y así como en el capítulo 10, después de un sueño parecido, se despeñaban amo y criado a la triste realidad, no teniendo para comer más que pan, cebolla y queso duro, en este caso, el don Quijote ilusionado con su condición de rey escucha los primeros refranes de Sancho, la lengua del pueblo y el horizonte de la mente popular: «Yo cristiano viejo soy, y para ser conde esto me basta» (I.21, 263). «Ser cristiano viejo»: posesión con la que se consolaba el pueblo humilde que no tenía ninguna otra.

Sarta de pícaros

Con ese sueño descubren la cadena de los galeotes. Don Quijote, por tener perdido el juicio, considera en abstracto que todo preso sufre una injusticia, puesto que el hombre es libre. Sancho, a pesar de su ignorancia, le recuerda que la condena justa según la ley «no hace fuerza ni agravio a semejante gente, sino que los castiga en pena de sus delitos» (I.22, 266).

Según los cuadrilleros, los galeotes son «gente que recibe gusto de hacer y decir bellaquerías» (Ibíd.). Cada uno de los presos cuenta su culpa:

El primero ha robado una cesta de ropa;

El segundo va a galeras por «canario», o sea, por haber confesado en el tormento que era ladrón de animales;

El tercero va porque le faltaron diez ducados con los que hubiera podido sobornar al escribano;

El cuarto es un viejo de venerable rostro, condenado por alcahuete. Con ese motivo don Quijote dice que el oficio de alcahuete o casamentero es necesario en la república y debiera tener la legislación apropiada.[12]

---

[12] Otis H. Green, «Don Quijote and the alcahuete», en *Estudios dedicados a J. H. Herriott*, Madison, Wisconsin, University of Wisconsin Press, 1966, pp. 109-116.

El quinto va por haber dejado encinta a unas cuantas mujeres, algunas de ellas primas, de forma que había crecido la parentela de manera intrincada.

Finalmente, en el sexto lugar, con cadenas especiales, venía Ginés de Pasamonte, «cuya vida está escrita por estos pulgares» (Ibíd., 271), y que se compara con ventaja al «*Lazarillo de Tormes* y todos cuantos [libros] de aquel género se han escrito o escribieren» (ibid.). Don Quijote le pregunta si ha terminado el libro, y Ginés responde: «¿Cómo puede estar acabado, si aún no está acabada mi vida?» (Ibíd., 272).

El resultado de la aventura es conocido; los liberados terminan apedreando y robando a don Quijote y a Sancho. Buñuel dramatizó en *Viridiana* esa tendencia mezquina de los pobres a morder la mano que los alimenta.

En este capítulo 22 transmite Cervantes su idea de la novela picaresca, género que le desagrada porque narra fundamentalmente bellaquerías y porque al contarse en primera persona no se puede acabar. El narrador en tercera persona puede tener dificultades con la verosimilitud al contar hazañas secretas o pensamientos íntimos del protagonista; pero explica el conocimiento de esos puntos como fruto de la investigación o como traducción de un texto encontrado (don Quijote lo explica como inspiración de algún encantador). Lo positivo de la narración en tercera persona es que puede producir un libro acabado y «perfecto», mientras el narrador autobiográfico no puede cerrarlo.[13] Los partidarios de la ambigüedad afirman que el *Quijote* es un texto abierto en contraste con

---

[13] «Se quedó el cuento imperfecto, como la historia lo deja contado. Pero ahora... le dio lugar de contarlo hasta el fin» (c. 27).

la picaresca. Cervantes pensaba lo contrario, y por eso cerró la primera parte con un simulacro de muerte del protagonista y unos epitafios (aunque referidos a su muerte verdadera), y la segunda con la muerte definitiva que cierra el texto y toda posibilidad de continuarlo.

Conclusión

El análisis de los capítulos 7 al 22 permite definir los rasgos del carácter de Sancho: es hombre de bien, fiel y sumiso a su señor, pero «de poca sal en la mollera». No sabe leer ni escribir, utiliza el lenguaje popular, aunque todavía no se ha perdido en las sartas de refranes. Su conocimiento se queda en el plano del sentido, que en la primera parte es el sentido de la vista frente a las fantasías de su señor. En el capítulo 25 le dice don Quijote a Sancho: «Entiende con todos tus cinco sentidos que todo cuanto yo he hecho, hago e hiciere, va muy puesto en razón». Quizá Cervantes no tuviera en estas palabras la intención refleja de hacer la sutil distinción entre sentidos y entendimiento, pero el texto la establece: Sancho utiliza principalmente los sentidos, y el caballero actúa según la razón. «Entiende» en este caso significa confía, cree.

En esta sección, Cervantes, además de su continuada parodia de los libros de caballerías, ha introducido en su novela tres géneros narrativos anteriores: la novela pastoril, la sentimental y la picaresca. El libro extenso de ficción hijo del entendimiento no tiene modelos, y Cervantes introduce motivos de los géneros precedentes, mientras se aparta de ellos denunciando sus límites como géneros, en comparación de lo que él está construyendo.

El capítulo 21 desmiente cualquier intento de asociar a Cervantes con el relativismo o la ambigüedad. Siempre le dice al lector en qué situación se encuentra don Quijote y cómo el caballero la tergiversa. En el capítulo 21 contrasta la manera como se enfrentan con la realidad Don Quijote (fantasía o ingenio sin juicio), Sancho (sentido), y el autor (entendimiento).

Al hablar de Sancho y de las doncellas andantes, he mencionado el término «decoro». Hoy decoro es sinónimo de decencia, y quizá también se pueda decir que era el significado en Cervantes. Pero decoro y decente no tenían para él primariamente el sentido moral moderno, sino el sentido de que cada uno se comporta según se espera (conviene a: en latín *decet*, de donde viene *decorum*) de su estado social, género y edad. El hombre y la mujer nobles, galán y dama, deben portarse según el código del honor; los plebeyos, en cambio, pueden seguir sus instintos espontáneos. La dama noble en particular debe ser honesta, reservada en sus sentimientos, y mantener su honra incluso sacrificando la vida. En cambio, la plebeya puede reñir, engañar, actuar de alcahueta y compartir fácilmente su cuerpo. Todo esto, naturalmente, cuando es joven. La vieja dueña será celestina (quizá con puntas de hechicera). La vieja noble no aparece en la literatura clásica, como tampoco aparece la madre. Como se ve, el decoro, concepto estudiado por los comentaristas de la *Poética* de Aristóteles, caracteriza a los personajes de la obra literaria, pero como tipos genéricos, no como individuos con su respectivo perfil psicológico.

III. La aventura con final feliz (capítulos 23-37)

Hasta ahora, los personajes constantes del *Quijote* han sido el protagonista y su escudero Sancho. En un plano de fondo quedan el cura y el barbero, que reaparecerán en el capítulo 26, y en una perspectiva más lejana, el ama y la sobrina, de las que se habla brevemente en los capítulos 25 (I, 311), 52 (I, 602), y de nuevo en la segunda parte. Todos los demás personajes han aparecido de manera casual y esporádica; algunos (Andrés, el ventero y su familia, el barbero del yelmo de Mambrino y Ginés de Pasamonte) asomarán en otros lugares, pero sólo como ocasión o causa de alguna aventura concreta. En cambio, a partir del capítulo 23 la historia del caballero se entrelaza con la de nuevos actores que tienen una relación prolongada con él; se abandona la narración episódica de aventuras, y se vislumbra la subordinación de todos los personajes a una historia que surge de la colaboración de todos, es decir, se esboza un argumento, al menos hasta que esos individuos se despiden en el capítulo 47.

En el capítulo 23 aparece Cardenio, que al contar las peripecias de su amor y matrimonio con Luscinda, menciona el amor de su amigo don Fernando a Dorotea, hija

90

de un rico labrador, pero «villana». Las complicaciones de las dos parejas constituirán la aventura que don Quijote resuelve con éxito. La historia de Cardenio y Dorotea se interrumpe por la lectura de la *Novela del curioso impertinente* (caps. 33-35), pero reaparece después de esa lectura, y culmina en el capítulo 36, cuando Cardenio se reúne con su esposa Luscinda, y Dorotea con su marido don Fernando. Dorotea asumirá además ante don Quijote el papel de princesa Micomicona, nombre tomado de su reino Micomicón, del que ha sido expulsada por un gigante. En el capítulo 37 denuncia Sancho que se ha producido un gran engaño y que la princesa no es sino una dama particular. Dorotea le asegura a don Quijote que no hay tal engaño, y que por él se ve restituida en su reino. En este momento habla Dorotea a dos voces, ya que para ella el reino eran la compañía de su marido y su honor como mujer casada.

Además de la relación que Don Quijote y Sancho establecen con los nuevos personajes, continúan su mutua relación y diálogo. Como escenas de ese diálogo, esta sección contiene la penitencia del caballero en Sierra Morena (cap. 25), la carta a Dulcinea, la reaparición del cura y el barbero, y la creación de Dulcinea (caps. 25 y 31) por la imaginación del señor y la del criado.

Cardenio

Después de librar a los galeotes, don Quijote y Sancho se adentran en la sierra, «llevando Sancho la intención de atravesarla toda, e ir a salir al Viso o a Almodóvar del Campo, y esconderse algunos días por aquellas asperezas».[1] En Sierra Morena se encuentran Cardenio, Don Quijote, Dorotea, el cura y el barbero, todos locos en el fondo, aunque cada uno a su manera. La sierra es el manicomio donde todos los personajes han enloquecido por la lectura de los libros de caballerías, excepto Sancho, que no sabe leer, y el cabrero, que probablemente tampoco supiera, aunque no se dice. En Sierra Morena se inicia la única aventura que don Quijote resuelve felizmente, aunque el autor, atento siempre a la condena de los libros de caballerías, presenta a don Quijote como mera ocasión, no como causa o agente del feliz resultado. La distinción entre ocasión y causa era fundamental en la filosofía escolástica a la hora de definir la responsabilidad y mérito de los actos humanos.

En la sierra le hurtan el burro a Sancho, mientras él duerme. Don Quijote le consuela con la promesa de tres pollinos, y luego se introduce la historia de Cardenio,

---

[1] I.23, 278. No es fácil entender esta localización en sentido realista. Antes se han mencionado regiones de la Mancha, pero ahora se mencionan dos pueblos concretos, El Viso y Almodóvar del Campo. Aunque El Viso más conocido era Viso del Marqués, llamado así porque allí tenía su palacio don Álvaro de Bazán, Marqués de Santa Cruz, debe de tratarse del Viso de Córdoba, en plena sierra al sur de Almodóvar. Más tarde en el mismo capítulo se dice que están «a ocho leguas» (unos 45 kilómetros) de la villa de Almodóvar (I.23, 289). Algún estudioso ha visto en la sierra y sus intrincados recovecos la imagen de un laberinto de las almas atormentadas de sus pasiones, como son Cardenio y Dorotea. En principio, esa posible dimensión alegórica no añade densidad de pensamiento ni belleza a los episodios. En todo caso, si Sierra Morena es el laberinto, la venta sería el paraíso, lugar de reposo. Para Cardenio y Dorotea, Luscinda y don Fernando, la venta es el paraíso, pero no para don Quijote y Sancho. Al margen de los significados alegóricos, siempre discutibles, lo importante en la obra de arte es que la sierra es paisaje, naturaleza, y por tanto, belleza.

pero no hablando directamente de él, sino mediante un vestigio que es un signo, parecido al que verá Robinson Crusoe cuando encuentra en su isla la huella de un pie humano. El signo del nuevo personaje es la maleta podrida y desvencijada en la que Sancho descubre ropas finas, un libro con poemas y los cien escudos largos de oro, ante los cuales exclama: «¡Bendito sea todo el cielo, que nos ha deparado una aventura que sea de provecho!» (I.23, 281). Sancho, con su mentalidad de criado, sólo tiene interés en el botín; don Quijote, en cambio, busca pistas en el librillo de versos para localizar al dueño. Lo primero que encuentra es un soneto:

> O le falta al amor conocimiento,
> o le sobra crueldad, o no es mi pena
> igual a la ocasión que me condena
> al género más duro de tormento.

Los dos primeros versos se entienden bien; en cambio, a partir de la expresión: «o no es mi pena», el texto ofrece alguna dificultad. Creo que significa lo siguiente: la pena a la que se me condena, que es el género más duro de tormento, es desproporcionada (no es igual, o sea, equitativa) a mi culpa (la ocasión que me condena). Por esa desproporción o injusticia, el amor es ignorante o demasiado cruel.

> Pero si Amor es dios, es argumento
> que nada ignora, y es razón muy buena
> que un dios no sea cruel. Pues ¿quién ordena
> el terrible dolor que adoro y siento?

Dios es omnisciente y no puede ser cruel. Por eso el poeta no comprende de dónde viene su terrible pena. Siente el dolor, pero a la vez lo adora, porque recordándole a su amada y sufriendo por ella con lealtad, el dolor se convierte en gozo. El resto del soneto no ofrece dificultades. Fili es la amada, y como ella encarna tanto bien, no puede ser la causa de tanto mal como el amante padece. Al no conocer la causa de su enfermedad, no podrá aplicar la medicina correcta y acabará muriendo.

«Por esa trova, dice Sancho, no se puede saber nada» (I.23, 282). El término trova es el que utiliza el pueblo cuando habla de versos. Sancho ignora las palabras cultas, como poema o soneto, y utiliza la palabra corriente en su nivel cultural. Como se ve, en los más leves detalles Cervantes caracteriza a Sancho con criterios muy consistentes.

Los escritos leídos le hacen pensar a don Quijote que su autor es un amante despechado. De pronto ve pasar corriendo cerca de ellos a un hombre joven cubierto de andrajos, y decide buscarle, sospechando que puede ser el dueño de la maleta. Sancho sabe que si encuentran al dueño de los escudos, está obligado a restituirlos; en cambio, si no le encuentran, puede quedarse con el botín. Por eso prefiere no buscarle, sino apropiarse los escudos «de buena fe», aunque dispuesto a devolvérselos a su dueño, si aparece «por otra vía menos curiosa y diligente».[2] Pero si entre tanto ha gastado el dinero en necesidades suyas o de su familia, no tiene obligación de restituirlo, puesto que ya no lo posee. En cambio, según Don Quijote, si

---

[2] I.23, 285. Las palabras curiosa y diligente son aquí sinónimas. «Curiosa» significa «de manera directa y determinada».

tienen sospecha razonable de que el hombre que han visto puede ser el dueño y no le buscan, caen en el pecado de hurto. Una vez más, el caballero se mueve por el honor y el villano por interés.[3]

Don Quijote y Sancho se encuentran en la sierra con un anciano, pastor de un atajo de cabras; él les dice que también había visto la maleta, pero no se atrevió a tocarla, porque tuvo miedo de que le acusaran de ladrón. Y al contar su reacción ante la maleta, hace un comentario en el que expresa la duda que han tenido siempre y tienen todavía los pobres sobre el funcionamiento de la justicia: «Que es el diablo sotil, y debajo de los pies se levanta al hombre cosa donde tropiece y caya, sin saber cómo ni cómo no» (I.23, 286). El cabrero continúa la narración de la historia de Cardenio, y cuando don Quijote se dispone a buscarle, aparece Cardenio ante ellos. Don Quijote le tiene un buen rato abrazado, y él pone las manos sobre los hombros del caballero, apartándose un poco para mirarle mejor: otro precioso cuadro de Cervantes, pintor con la palabra. Don Quijote y Cardenio se tratan con la cortesía que responde a hidalgos de

---

[3] Estos razonamientos están fundados en principios popularizados de la filosofía escolástica. Sin el conocimiento de esos principios es imposible entender y apreciar el libro de Cervantes. Esta tesis la sostuve y demostré en mi libro *Nuevas meditaciones del Quijote* (1976). El profesor Vicente Gaos me acusó de querer hacer de Cervantes un filósofo escolástico. Con todo respeto para el gran cervantista y poeta fallecido hace años, en este caso «dixo una vanidat». Cualquiera puede ver en mis comentarios que trato de descubrir el trasfondo de ideas, pero acentuando siempre la dimensión artística del libro: estilística, estructural, pictórica, irónica, y dramatización de experiencias humanas (ver capítulos 8 y 10). Mi postura es: el esqueleto ideológico no constituye la obra de arte; pero sin el esqueleto, no se la entiende.

alma noble, y el caballero le promete al joven toda la ayuda posible. De hecho, ya he indicado que la aventura de Cardenio es la que don Quijote resolverá como caballero andante.

Cardenio lleva a los dos andantes y al pastor a un lugar cercano donde hay un verde pradecillo (I.24, 292), y les cuenta que estaba enamorado de Luscinda desde su niñez. No fue un amor instantáneo, como los de las obras literarias, sino un amor que ha crecido con la edad. El fin de ese amor era el matrimonio. Un duque, grande de España, desea favorecer a Cardenio, y éste hace amistad con don Fernando, hijo segundo del duque. Al hablar de este amigo, Cardenio anuncia ya la futura historia de Dorotea: «Quería bien a una labradora, vasalla de su padre» y conquistó la entereza de la doncella dándole palabra de ser su esposo (I.24, 294). Cardenio va caracterizando a Fernando como persona que sigue los impulsos espontáneos de la pasión —«deseos» y «apetitos» en el lenguaje cervantino— que no son amor verdadero. El mismo deseo que le impulsó al matrimonio con Dorotea, doncella rica y hermosa, pero «villana» por ser labradora, le inclinó al amor de Luscinda y a traicionar a su amigo Cardenio. Éste ha puesto como condición para contar sus penas que no le interrumpan. Don Quijote le interrumpe dos veces, la primera recordando su biblioteca al mencionar Cardenio que Luscinda leía libros de caballerías, y la segunda cuando don Quijote defiende la honra de la reina Madásima acusada por Cardenio de estar amancebada con el maestro Elisabat. En este momento le vuelve al joven la locura, pierde el hilo de su cuento, y acaba tirándole un guijarro a don Quijote y huyendo por la sierra.

Penitencia por Dulcinea

El capítulo 25 de la primera parte es uno de los más extensos de todo el *Quijote*. Sus temas fundamentales son los siguientes:

Sancho le pregunta a su señor qué le iba a él con la honra de la reina «Magimasa», sobre todo siendo Cardenio un loco. Don Quijote dice que el caballero andante debe defender la honra de las mujeres contra locos y contra cuerdos. Sancho lanza su primera retahíla de refranes (I.25, 302).

El propósito de hacer penitencia imitando a Amadís y a Roldán, y de mandar la carta a Dulcinea.

La discusión sobre si la bacía es el yelmo de Mambrino, y sobre si las cosas de la caballería son de burlas o de veras.

Revelación de quién es el modelo vivo de Dulcinea, reacción de Sancho y respuesta de don Quijote.

La carta a Dulcinea y la libranza de los tres pollinos que don Quijote le da a Sancho, y la despedida del escudero.

Dialogando llegan amo y criado «al pie de una alta montaña, que casi como peñón tajado estaba sola entre otras muchas que la rodeaban» (I.25, 307). He dicho que en Sierra Morena surge un esbozo de argumento, porque la historia de don Quijote se engarza con la de Cardenio; pero también porque aquí don Quijote decide hacer cosas y se convierte en productor de sus actos, dejando de ser el mero receptor que reacciona a los estímulos venidos de fuera. Don Quijote encuentra el paraje acomodado para hacer penitencia hasta que le acepte su señora, como hizo Amadís de Gaula en la Peña Pobre, cuando se sintió rechazado por Oriana. Don Quijote describe sus sentimientos en términos de purgatorio y cielo: «presto se acabará mi pena, y presto comenzará mi gloria» (ibíd., 303). Más tarde en el mismo capítulo habla de desesperación e infierno, y Sancho le recuerda que es sólo purgatorio, porque le queda esperanza de redención. Don Quijote reconoce dos modelos de caballero a los que quiere imitar: Amadís, el triste enamorado, y el loco Roldán. Como éste, quiere hacer «del desesperado, del sandio y del furioso» (ibíd., 305), aunque luego decide imitar solamente a Amadís.

Sancho le reprocha el que tome a la bacía de barbero por el yelmo de Mambrino, y don Quijote responde: «Eso que a ti te parece bacía de barbero, me parece a mí el yelmo de Mambrino, y a otro le parecerá otra cosa» (*ibíd.*, 307). Estas palabras han sido leídas como testimonio explícito de la postura relativista de Cervantes ante la realidad; pero es una lectura ilógica, ya que esos mismos críticos suelen recordarnos con frecuencia —y con razón— que las palabras de los personajes no son siempre las del autor. Podía, por tanto, ser relativista don Quijote, y no serlo Cervantes. En este caso, sin embargo, la lectura relativista ni siquiera responde a la intención de don Quijote que parece sostenerla. Él no dice que la bacía es o será lo que a cada uno le parezca, sino que los encantadores, que intervienen en todos sus hechos, darán diferentes apariencias a lo que *en verdad* es el yelmo de Mambrino. Los encantadores son para don Quijote el último recurso con el que explica sus errores y se consuela en sus derrotas. El autor no está diciendo que cada cosa es del color del cristal con que se mira, sino que, según la imaginación de don Quijote, los encantadores cambian la apariencia de las cosas reales.

La segunda decisión del caballero es enviar a Sancho al Toboso con una carta para Dulcinea, cuyo modelo vivo es

Aldonza Lorenzo, hija de Lorenzo Corchuelo y de Aldonza Nogales. La primera vez que don Quijote pronuncia el nombre de Aldonza Lorenzo, Sancho la recuerda como una labradora forzuda, rolliza, poco recatada y de voz hombruna. Don Quijote, en cambio, le dice que para él es la más hermosa y honesta mujer que puede existir, y en eso no va más allá de lo que han hecho todos los poetas. Cervantes alude irónicamente a la tradición literaria de idealización de la mujer (tradición que refleja don Quijote), y al mismo tiempo expone la experiencia real del amor, que siempre comporta una elevación de la persona querida. Lo difícil es establecer la frontera entre la elevación justa y la proyección (cristalización dirá luego Stendhal) de ilusos ideales sobre la amada. Ya en esta primera mención se anticipan las dos Dulcineas que el señor y el criado crearán en el capítulo 31.

Don Quijote escribe la carta y un recibo para que la sobrina le dé a Sancho tres pollinos. Los dos documentos se firman «en las entrañas de Sierra Morena», el 22 de agosto de un año indefinido. La carta a Dulcinea es una obra maestra, como expresión del amor cortés y como imitación del estilo arcaico de los libros de caballerías.[4] Cuando el caballero se queda solo, decide imitar la locura de Amadís, ya que Roldán se volvió loco por la infidelidad de Angélica, y él no tiene motivos para quejarse de la infidelidad de Dulcinea (c. 26). Esto mismo le había dicho Sancho en el capítulo anterior (c. 25), pero entonces don Quijote no aceptó la sugerencia del criado, le respondió que lo original y honroso era desatinar sin causa. Cuando Sancho se va con su embajada al Toboso, don

----

[4] Véase Pedro Salinas, «La mejor carta de amores de la literatura española», en Haley, pp. 109-121.

Quijote se hace un rosario con nudos de un trozo de tela de su camisa y reza «un millón de avemarías» (I.26). Américo Castro interpretó este detalle como ejemplo de ironía frente a la devoción popular del rosario, y lo atribuyó a influencia de Erasmo.[5] En todo caso, Erasmo no critica el rezo del rosario, sino en la medida en que las oraciones se repitan de manera mecánica, y el cohonestar las devociones populares con un comportamiento anticristiano. Pero en eso Erasmo, como reconoce el mismo Castro, no difiere de la doctrina general de la Iglesia.

Sancho llega al día siguiente a la venta donde le habían manteado, y recordando el manteamiento, no quiere entrar. En los alrededores de la venta se encuentra con el cura y el barbero de su pueblo. El uno ha dejado su grey y el otro a sus clientes para buscar a don Quijote (c. 26). Sancho les cuenta dónde está su amo, y tan loco como su señor, airea su fantasía de convertirse en rey. El cura decide vestirse de doncella andante menesterosa, y acompañada por el barbero, disfrazado como escudero suyo, le pedirá a don Quijote que le desfaga un entuerto. El camino los llevará a todos a su pueblo, donde esperan reducir a su vecino al reposo y quizá a la curación de su locura.

Mientras Sancho va a buscar a don Quijote en lo oculto de la sierra, el barbero y el cura oyen unos versos en el tipo de estrofa llamada ovillejo, quizá la más artificiosa de la métrica española.[6] Por eso deducen que los

---

[5] Castro, Américo, «Erasmo en tiempo de Cervantes» [1931], en *Hacia Cervantes*, p. 248.

[6] Consiste en una estrofa de seis versos de rima consonante, los impares de ocho sílabas y los pares de tres, que actúan como eco de los anteriores. Les sigue una redondilla cuyo último verso une las tres palabras de los versos impares, suprimiendo un artículo para reducir las nueve sílabas a ocho.

versos no son «de rústicos ganaderos sino de discretos cortesanos» (I.27, 329). El cantor de los versos es Cardenio. Después canta un soneto en el que la amistad sincera ha huido al cielo, dejando en la tierra sólo su apariencia engañosa. El poeta pide el retorno de la amistad para que el mundo no se reduzca al primitivo caos (I.27, 330). Resuena aquí la doctrina del filósofo presocrático Anaxágoras, para quien el mundo se forma cuando la amistad lima la mutua contrariedad de los cuatro elementos y compone todas las cosas.

Cardenio les cuenta su historia al cura y al barbero, y en ella expresa sus rasgos de tímido. No se atrevió a decirle a su padre que pidiera para él la mano de Luscinda, y era retraído sin causa: «Me parecía que lo que yo deseaba jamás había de tener efeto» (Ibíd., 333). Cardenio sufre literalmente de baja autoestima, o de «desconfianza», como se decía en el léxico de su tiempo (recordar la *Canción desesperada* de Grisóstomo). Es demasiado complaciente con el amigo noble, incapaz de enfrentarse con él, y muestra una especie de dependencia con respecto a don Fernando. Por de pronto, en cierta manera comparte con él a Luscinda, enseñándole la carta que ella le escribe, algo que jamás debía hacer un amante favorecido. La discreción de Luscinda y la hermosura que Cardenio tanto había ensalzado, suscitan la curiosidad de don Fernando, una especie de enamoramiento de oídas. Cuando éste y Luscinda celebran el rito matrimonial, Cardenio mismo reconoce: «no tuve ánimo para ver en qué paraba el desmayo» de su amada (28, I, 360). Luego, en el reencuentro de la venta, la primera reacción cuando ve a Luscinda y a don Fernando, es de enervante perplejidad (I.36, 449), y sólo más tarde acude a sostener a su prometida, «pospuesto todo temor y aventurado a todo riesgo»[7] (ibíd. 452). Por esta manera de ser y por las señales que notaba ya Luscinda en don Fernando, al despedirse Cardenio de ella, «está segura» de que Fernando no cometerá traición, pero se le anegan los ojos de lágrimas: «La noche que precedió al triste día de mi partida ella lloró, gimió...y me dejó lleno de confusión y sobresalto» (I.27, 335). Los dos tienen un presentimiento no reflejo, que parece una voz espontánea de la naturaleza: «Me partí triste y pensativo... claros indicios que me mostraban el triste suceso y desventura que me estaba guardada» (ibid.).[8] Líneas después se insinúa que don Fernando ha comenzado ya el cortejo de Luscinda, quizá a través del padre de ella, y por eso Luscinda teme y llora.

Al contar su historia y la ceremonia de casamiento de su amada con don Fernando, Cardenio insiste en que ya era suya y por tanto no se podía casar con el nuevo pretendiente. Una vez más, sin haber dicho nunca que Luscinda y Cardenio habían contraído un matrimonio clandestino, esa idea subyace a las palabras de Cardenio: «Luscinda es mi esposa y yo soy su marido» (I.27, 339). Poco después Cardenio repite que ella le había dado ya su mano, y así debiera haberlo declarado (ibíd., 341), pero

---

[7] I.36, 452. En un momento dice que en la ceremonia de la boda de don Fernando y Luscinda sintió impulsos de hacer un «castigo del falso don Fernando, y aun en el mudable [pecho] de la desmayada traidora» (I.27, 340). Pero le faltó la decisión: «Mi suerte...ordenó que en aquel punto me sobrase el entendimiento que después acá me ha faltado» (ibíd.).

[8] Este presentimiento es parecido al que tiene Clotaldo en *La vida es sueño*, cuando siente el amor paternal por Rosaura, vestida de hombre, sin saber que es su «hijo». Ver Ciriaco Morón, *Calderón, pensamiento y teatro*, 2ª. ed., Santander, Sociedad Menéndez Pelayo, 2001, p. 168.

inmediatamente añade una frase que niega el matrimonio clandestino: «que yo viniera y concediera con todo cuanto ella acertara a fingir en este caso» (ibíd.). Lo indiscutible es que se habían prometido el matrimonio (matrimonio rato); por eso él se consideraba casado, pero no lo habían consumado (no habían tenido contacto sexual), y por tanto, propiamente no se había celebrado el matrimonio.[9]

Dorotea-Micomicona

Al acercarse Cardenio al fin de su historia, oyen la voz de otro joven que se queja con lastimado acento. El joven se está lavando unos pies «de blanco cristal» (I.28, 345), y cuando le ven de frente contemplan un rostro «de hermosura incomparable» (ibíd.).[10] Enseguida se suelta la cabellera, y descubren que es mujer. Es Dorotea, nuevo personaje que ahora jugará el papel de doncella andante para sacar a don Quijote de la sierra y llevarle a su casa.

Es difícil considerar realista la casualidad de que Dorotea, la esposa de don Fernando, se encuentre en Sierra Morena con Cardenio, el esposo de Luscinda. Pero se trata de otro ejemplo del realismo de Cervantes: un caso

---

[9] Mateo Alemán hace explícitamente la consideración «de cuán santa, cuán justa y lícitamente había procedido el santo concilio de Trento sobre los matrimonios clandestinos» (*Guzmán de Alfarache*, II, 3, 2. Cit, A. Castro, *Hacia Cervantes*, loc. cit., p. 269).

[10] El gesto del cura, haciendo «señas a los otros dos que se agazapasen o escondiesen detrás de unos pedazos de peña que allí había» y la figura de Dorotea con los cabellos de oro que la cubren todo el cuerpo como un hábito, son preciosos ejemplos de pintura (I.28, 345).

que admira por lo extraño, y sin embargo es posible sin intervenciones sobrenaturales. Muestra «con propiedad un desatino», porque esos encuentros son posibles para la naturaleza, y en los tiempos viejos, cuando no había más comunicación que el diálogo o el correo, y las personas desaparecían sin rastro en el cautiverio o emigraban al indefinido ultramar, las sorpresas increíbles eran más frecuentes que en nuestros tiempos.

Dorotea es hija de un labrador rico que ha puesto en ella toda la ilusión de su vida. Entre sus entretenimientos estaba la lectura de libros de caballerías, y esa lectura explica tres cosas: a) la complacencia en ser vista y querida, que la llevó a amar a don Fernando; b) la huida a la sierra como doncella andante; c) lo bien que sabe fingir la historia de la princesa Micomicona.[11] Cuando cuenta su historia de mujer, es hija de labradores cristianos viejos, muy ricos, pero gente llana, aunque la riqueza va haciendo que algunos los consideren ya hidalgos y hasta caballeros. Habla de su matrimonio con don Fernando, según las reglas de la Iglesia católica anterior al Concilio de Trento, que consideraba válidos los matrimonios celebrados en privado por mutuo consentimiento de los cónyuges. El enamorado don Fernando hace todo tipo de juramentos, y Dorotea, aunque le rechaza al principio, consciente de la desigualdad de su respectivo linaje, le encuentra digno de amor y se casa por amor. Esta observación es fundamental para explicar el matrimonio entre los dos y la felicidad

---

[11] De ella dice el autor: «Todo esto dijo sin parar la que tan hermosa mujer parecía, con tan suelta lengua y con voz tan suave, que no menos les admiró su discreción que su hermosura» (I.28, 347). Inmediatamente después añade que calza «con toda honestidad» (ibíd.).

que Dorotea encuentra cuando don Fernando la acepta como esposa. La mención de la riqueza de su padre puede significar que en su relación con el esposo noble Dorotea no tiene rastro de ambición material, sino amor de una mujer a un hombre.

En el diálogo de la «villana labradora» con su pretendiente, ella mantiene que se estima tanto como se pueda estimar el noble. Y es que, según los filósofos escolásticos, «todas las almas son iguales», y el honor es patrimonio del alma, como Calderón repetirá después. Como doncella honesta, le dice a don Fernando que sólo se entregará a su legítimo esposo, y éste responde: «Si no reparas más que en eso, ves, aquí te doy la mano de serlo tuyo» (I.28, 352). Pero Dorotea le recuerda que él es hijo de un duque y ella de sencillos labradores, y le pide que piense bien lo que hace y no se deje llevar de la pasión momentánea. Ese freno de la doncella es fundamental, porque los sacramentos deben recibirse con plena conciencia de lo que se hace y no por impulsos pasionales. Don Fernando pone como testigos de su sinceridad a los «cielos» y a una imagen de la Virgen que Dorotea tiene en su alcoba; pero ella no se contenta con los testigos del cielo, sino que llama a uno de la tierra: la criada que le abrió a don Fernando la puerta del aposento. El matrimonio se consuma, y como don Fernando está desde ese instante casado con Dorotea, su matrimonio con Luscinda no podía ser válido (I.28, 357).

Cardenio continúa su propia historia. Ve una esperanza bien fundada de que su encuentro con Dorotea sea providencial para que los dos recobren la felicidad, y se compromete a ponerla en manos de don Fernando su esposo, luchando con él como caballero, si no reconoce sus obligaciones: «Con justo título desafialle, en razón de la sinrazón que os hace, sin acordarme de mis agravios» (I.29, 361). En esta frase muestra Cardenio un valor que a primera vista desmiente la cobardía visible en otras ocasiones. Pero el autor pone irónicamente en boca del joven despechado el estilo caballeresco ridiculizado en el primer capítulo del *Quijote:* la razón de la sinrazón. La promesa del desafío parece ser un exabrupto voluntarioso, típico del hombre indeciso y cobarde.

Cuando Dorotea termina su historia, Cardenio se da a conocer como el engañado esposo de Luscinda, y el cura y el barbero los invitan a los dos a irse con ellos a su «aldea» para ver cómo buscar a don Fernando y preparar la vuelta de Dorotea a sus padres. Luego les explican a los dos que están en Sierra Morena para reducir a don Quijote a su pueblo. Dorotea se ofrece a hacer de dama menesterosa, «porque ella había leído muchos libros de caballerías y sabía bien el estilo que tenían las doncellas cuitadas cuando pedían sus dones a los andantes caballeros» (I.29, 362). Cuando Sancho vuelve para decirles dónde está don Quijote, se admira de ver «a tan fermosa señora [jerga postiza de la caballería] y qué era lo que buscaba por aquellos andurriales» [léxico corriente del campesino manchego] (I.29, 362). Aquí el cura, convertido en novelista, crea a la princesa heredera del gran reino Micomicón.

Como tal heredera, destronada por el gigante Pandafilando, se presenta ante don Quijote. Pero ella habla a dos voces: ante el caballero ha perdido un reino invadido por un gigante; ante el cura, el barbero y Cardenio, es la labradora expulsada del reino de su honra, y el invasor ha sido el marido infiel. Cuando Dorotea le pide a don Quijote: «Darme venganza de un traidor que, contra todo derecho divino y humano, me tiene usurpado mi reino» (I.29, 365), el traidor es para ella don Fernando, que ha querido casarse con Luscinda contra todo derecho humano y divino, pues está casado con ella en matrimonio consumado.

El cura se hace el encontradizo con don Quijote, fingiendo que en un viaje le han atacado y robado los galeotes liberados de las cadenas por el caballero. Aunque el diálogo sobre ese punto no exige ninguna explicación, conviene notar con qué maestría pinta Cervantes la creciente cólera de don Quijote cuando se le dice que obró contra la justicia al libertar a los galeotes. Una vez más, el caballero está sin juicio (I.29, 371); por eso no discierne entre los que padecen cauverio injusto y los que sufren la cárcel como justa pena de sus culpas.

El capítulo 30 lo llena en gran medida la historia fingida de la princesa Micomicona. Por de pronto, Dorotea no recuerda el nombre que le había dado el cura ante Sancho, y resuelve el obstáculo con un recurso que podemos llamar freudiano. Explica el olvido del nombre, porque los grandes dolores asociados con ciertos lugares nos hacen perder la memoria de ellos.[12] Una vez pasado el primer escollo, la princesa Micomicona continúa la narración. Su padre, Tinacrio el Sabidor, docto en arte mágica, le aconsejó al morir que para salvar su reino buscase a don Quijote. Con este fin abandonó su tierra y «desembarcó» en Osuna. Don Quijote sabe que Osuna no tiene puerto de mar (I.30, 375), y aunque ella después le dice al cura que no sabe dónde están los puertos, Osuna parece estar

---

[12] Freud, S. *Psicopatología de la vida cotidiana*, cap. 3.

muy presente en su vida. Puede ser una alusión a la familia del duque de Osuna, como observó Rodríguez Marín.[13] La princesa Micomicona se encuentra feliz por haber encontrado a don Quijote, pero Dorotea ha encontrado a Cardenio, el primero que le permite concebir un rayo de esperanza. En vista de las casualidades que van ocurriendo, termina su historia con estas palabras: «Así es todo milagro y misterio el discurso de mi vida» (I.30, 376).

Su padre le había dicho a la princesa Micomicona que se casase con el caballero que venciera al gigante, pero Don Quijote le dice que no puede casarse con ella, porque debe ser fiel a Dulcinea. Al oír esto, Sancho pronuncia unas palabras despectivas sobre la dama de su señor, y don Quijote se enfurece con él. Lo importante de este pasaje es que utiliza expresiones de la teología y de la mística: «Ella pelea en mí y vence en mí, y yo vivo y respiro en ella, y tengo vida y ser».[14] Y junto a la sublimidad mística, la vulgaridad —«Oh hideputa bellaco, y cómo sois desagradecido» (ibíd.)— y la locura: para don Quijote el reino está ya conquistado. La imagen y la ilusión se le han convertido en realidad.

En el capítulo 32 llega la comitiva a la venta. Don Quijote se va inmediatamente a dormir, y cuando el cura declara que el caballero se volvió loco por leer libros de caballería, el ventero dice que esos libros «le han dado la vida» (I.32, 393) y documenta el medio social en que se leían. En el verano se juntaban en la venta los días de fiesta más

---

[13] *Don Quijote de la Mancha,* ed, F. Rodríguez Martín, vol. III (Clásicos Castellanos, 8), 8ª ed., Madrid, Espasa-Calpe, 1964, p. 114.
[14] I.30, 378. Resuenan las palabras de San Pablo: «Vivo yo, ya no yo; es Cristo quien vive en mí» (Gálatas, 2.20).

de treinta segadores alrededor de alguno que sabía leer. El ventero escuchaba con gusto las hazañas de los caballeros; la ventera descansaba, porque mientras su marido escuchaba la lectura, no la reñía; Maritornes se embelesaba con las escenas de amor consumado, y la hija del ventero gozaba con los requiebros de los amantes. El ventero trae unos libros de caballerías y otro de historia, pero él prefiere los primeros, y cuando el cura le dice que son libros mentirosos, responde: «¡Bueno es que quiera darme a entender que todo aquello que estos buenos libros dicen sea disparates y mentiras, estando impreso con licencia de los señores del Consejo Real, como si ellos fueran gente que habían de imprimir tanta mentira junta y tantas batallas y tantos encantamentos que quitan el juicio!» (I.32, 397).

Parece claro que Cervantes critica al Consejo Real por permitir la impresión de tales libros, y resalta el absurdo de que dejen imprimir tantas mentiras que quitan el juicio. En la boca del ventero esta frase declara que le colman al lector de placer; en boca de Cervantes las mismas palabras significan que han vuelto locos a don Quijote y al ventero, y vuelven locos a muchos lectores. Pero la impresión de las historias mentirosas con permiso del Consejo Real dramatiza la enigmática relación de la realidad y el discurso intelectual con sus diferentes niveles de realismo y de ficción.

Resurrección

Entre los libros descubren el manuscrito de la *Novela del curioso impertinente* y deciden leerla. Entre tanto, don Quijote acuchilla mientras duerme los pellejos de vino tinto que tiene a su cabecera, pero en su sueño es su batalla contra el gigante enemigo de Dorotea-Micomicona (I.35). Apenas ha terminado el cura de leer la novela y juzgar su calidad literaria, cuando llegan a la venta cuatro hombres armados y cubiertos con antifaces, una mujer vestida de blanco, y dos mozos de a pie (I.36). Como el lector descubre enseguida, la señora es Luscinda, y uno de los caballeros embozados es don Fernando. La forma plástica y el dinamismo con que se describe el reencuentro de las dos parejas cruzadas son un logro artístico extraordinario. Cardenio oye la voz de Luscinda y da un grito; a Luscinda se le cae el tafetán que le cubre el rostro y ha oído también el grito de Cardenio; a don Fernando se le cae el embozo mientras sostiene a Luscinda, y al descubrirle Dorotea, cae de espaldas desmayada, pero es sostenida por el barbero. El cura le quita el embozo a Dorotea, y entonces la descubre don Fernando. Por fin reaparece Cardenio, que ha oído el grito de Dorotea y cree que es de Luscinda.

Tras esta frenética escena, quedaron todos suspensos y en silencio, como en una escena paralela de la *Eneida* de Virgilio.[15] Luscinda reclama su libertad; Dorotea, como esposa fiel, se arroja a los pies de don Fernando para que éste reconozca su obligación de marido, recordándole todos los pasos por los cuales ella consintió en un matrimonio válido (I.36, 451). Por fin don Fernando reconoce la verdad (452), pero siente todavía la pasión y la tentación de rebelarse contra lo razonable, sobre todo cuando Luscinda le desprecia por Cardenio. Entonces todos los circunstantes le recuerdan que los encuentros casuales de la

---

[15] Conticuere omnes, intentique ora tenebant (*Eneida*, II.1).

venta son obra de la divina Providencia, y que la mayor victoria de un hombre es vencerse a sí mismo. Don Fernando acaba reaccionando como noble, «y se dejó vencer de la verdad» (I, 454). De hecho, los esfuerzos de Dorotea por buscarle han sido como un acto de purificación para que la villana muestre su nobleza de conducta, y así merezca la plena confianza del noble. La nobleza de alma de Dorotea ha conquistado la nobleza de sangre de Fernando.

Para las dos parejas la venta ha sido el cielo donde descansan de todas las peregrinaciones y tormentos. Don Fernando narra el secuestro de Luscinda, pero deja claro, sin decirlo de manera explícita, que no ha consumado el matrimonio con ella; por tanto, ella es virgen ante su esposo Cardenio. Don Quijote ha vencido al gigante y ha restablecido en su trono a Dorotea, como ella misma reconoce: «Yo creo que, si por vos, señor, no fuera, jamás acertara a tener la ventura que tengo» (I.37, 460). Don Quijote ha sido efectivamente la ocasión de que las parejas separadas se encuentren.

Estas historias de amor hubieran podido degenerar en un relato sentimental y melodramático. Cervantes convierte el reencuentro de Dorotea y Luscinda con sus esposos en el reencuentro de su ser o identidad. Para todos se trata de una resurrección.

Don Quijote ha vencido al gigante mientras los acompañantes leían *El curioso impertinente*. Al terminar la historia de las dos parejas de la sierra, entra en la venta el cautivo con Zoraida, lo que dará ocasión para otra de las narraciones intercaladas.

DON QUIJOTE	SANCHO
¿La hallaste ensartando perlas o bordando alguna empresa con oro de cañutillo?	No la hallé sino ahechando dos hanegas de trigo en un corral de su casa
El trigo ¿era candeal o trechel?	No era sino rubión
Cuando le diste mi carta ¿besóla? ¿púsosela sobre la cabeza?	Cuando yo se la iba a dar, ella estaba en la fuga del meneo..., y díjome: «Poned, amigo, esa carta sobre aquel costal»
¡Discreta señora! ¿Qué coloquios pasó contigo? ¿Qué te preguntó de mí?	Ella no me preguntó nada
Bendigo mi fortuna por haberme hecho digno de merecer amar tan alta señora	Tan alta es que a buena fe que me lleva a mí más de un coto
Cuando llegaste junto a ella ¿no sentiste un olor sabeo, una fragancia aromática, y un no sé qué de bueno, que yo no acierto a dalle nombre?	Sentí un olorcillo algo hombruno; y debía ser que ella, con el mucho ejercicio, estaba sudada y algo correosa
¿Qué hizo cuando leyó la carta?	La carta no la leyó, porque dijo que no sabía leer ni escribir
¿Qué joya fue la que te dio al despedirte por las nuevas que de mí le llevaste?	Un pedazo de pan y queso por las bardas de un corral.

Dos novelistas, dos Dulcineas

En el capítulo 31, mientras toda la compañía va caminando hacia la venta, don Quijote se aparta con Sancho para recibir noticia detallada de su visita a Dulcinea. En ese diálogo cada uno de los hablantes crea una Dulcinea según su capacidad mental y en consonancia con el mundo en que se ha movido y se mueve: el noble y el plebeyo. El estilo es el hombre, o como dice Sancho, «un diablo parece a otro» (I.31, 384). Esta frase dice en el léxico vulgar de Sancho lo que el autor decía en el prólogo en estilo culto: en la naturaleza cada cosa engendra su semejante. Las columnas de la página anterior condensan cómo ven el caballero y el escudero a la Aldonza Lorenzo, la moza del Toboso.

Como se ve, al caracterizar a Dulcinea los personajes se caracterizan a sí mismos, exhibiendo su propia capacidad creadora (se va enriqueciendo el perfil de alma de señor y alma de criado, que descubríamos al comentar el capítulo 20).[16] En el diálogo que sigue a la caracterización de Dulcinea se muestra la misma diferencia de alma, ya que don Quijote decide cumplir su palabra con la princesa Micomicona (obligación social) antes de darse el gusto personal de visitar a Dulcinea. En cambio, Sancho quiere que el caballero resuelva la aventura de la princesa por el interés de ser conde o ser rico de cualquier manera.

El autor no desaprovecha ocasión de acorralar a don Quijote en las contradicciones de la caballería con la doc-

---

[16] Pedro Salinas llama a este diálogo «cantata a dos voces». Véase «La mejor carta de amores de la literatura española», en Haley, op. cit., pp. 118-119.

trina cristiana. En este caso, don Quijote le dice a Sancho que los caballeros andantes aman a sus damas por ser ellas quienes son, sin esperar otro galardón que el mismo amor y que ella los acepte. Sancho le responde: «Con esa manera de amor he oído yo predicar que se ha de amar a Nuestro Señor» (I.31, 388). Efectivamente, amar perfectamente a Dios es amarle por ser Dios, y no por interés nuestro (es la idea que luego expresa el soneto «No me mueve, mi Dios, para quererte…»). Don Quijote no sabe qué responder y desvía la conversación comentando que Sancho dice a veces cosas como si hubiera estudiado. Con esto se abandona el tema.

Sancho estaba cansado de mentir, porque no había visto nunca a Dulcinea (I.31, 388). Sin embargo, se contradice, ya que en I.25, 312 y en otros pasajes la describía y además conocía a su padre y madre.[17] Por supuesto, él mismo se corrige diciendo que nunca la había mirado con atención. Y en ese momento aparece Andrés, el muchacho de Quintanar al que don Quijote socorrió en su primera aventura (I.4). El joven le pide al caballero que si alguna vez le ve en situación parecida no trate de ayudarle, y les maldice a él y a todos los caballeros andantes. Con ello se cierra desde la realidad el mundo de la ilusión, no sólo de don Quijote, sino de toda la literatura de las ilusiones.

Como espera sacar buen fruto, Sancho se involucra en la aventura de la princesa Micomicona, de forma que en la batalla de los cueros de vino «estaba peor Sancho despierto que su amo durmiendo: tal le tenían las promesas

---

[17] I.26, 322; I.30, 378.

114

que su amo le había hecho» (I.35, 439). La batalla de los cueros de vino es uno de los pasos más geniales del *Quijote* y quizá de toda la historia de la novela como género literario. Cervantes no podía, según su principio de verosimilitud, pintar una batalla verdadera en un reino lejano. Entonces recurre a la batalla en el sueño, y en ella don Quijote restituye a Dorotea en su reino, pues en acabando de leer la novela, entra en la venta con el rostro cubierto su esposo don Fernando, auténtico gigante que lleva cautiva y secuestrada a una señora: Luscinda.

IV. Novelas:
realidad y discurso (capítulos 33-52)

Hemos saltado en nuestro análisis los capítulos 33-35, que contienen la *Novela del curioso impertinente*, para ver la secuencia y fin de la aventura resuelta por don Quijote. Ahora volvemos a las novelas intercaladas, que se engarzan con la «teoría de la novela» expuesta por el canónigo de Toledo en los capítulos 47 y 48, con el discurso de don Quijote sobre las armas y las letras y con las últimas escenas de la venta (caps. 45 y 46), que dramatizan el poder de la lengua. Todos estos motivos no son sino variantes de una experiencia humana fundamental que termina siendo el tema central del *Quijote*: la encrucijada de realidad y discurso. Sin discurso no hay realidad humana, pero el discurso nos puede llevar a la falsificación de esa realidad. Esta observación nos permite articular el capítulo en las siguientes secciones: Dos novelas intercaladas, *El curioso impertinente*, *La historia del cautivo*, la lengua y las letras como armas, teoría de la novela y de la comedia, primera muerte de don Quijote, el argumento de la primera parte.

Dos novelas intercaladas

Cervantes va buscando un libro extenso de ficción, hijo del entendimiento. Tiene que eliminar las hazañas imposibles para la naturaleza humana; tiene que superar la monotonía de las aventuras y batallas de los libros de caballerías, y desde luego se ha propuesto eliminar toda sugerencia de lascivia en los episodios amorosos. Hasta ahora hemos visto cómo se ha referido a los géneros narrativos preexistentes: la historia (él ve su libro como la historia del ingenioso hidalgo), el romancero, la novela pastoril y sentimental, la picaresca, y por supuesto, los libros de caballerías, que parodia en el suyo. Ese deseo de evitar la monotonía le llevó a introducir *El curioso impertinente* y la *Historia del cautivo*, como dice en el capítulo 44 de la segunda parte.

Los críticos han tratado de justificar la inclusión de las dos novelas buscando correspondencias con los episodios de los protagonistas principales. La *Historia del cautivo* puede explicarse como un episodio conectado con la venta, lugar de encuentros inesperados y escenario de peripecias que suscitan la admiración. Por otra parte, el cautiverio ha sido un vuelco en la vida de Cervantes, y la historia del capitán Pérez de Viedma no es sino otra instancia de esa obsesión vital que Cervantes recrea en esta novela y en otras novelas y comedias.

El curioso impertinente ofrece líneas más perceptibles de unión con la estructura del *Quijote* como texto literario. La novela se lee mientras el caballero duerme y los otros personajes necesitan emplear el tiempo en algo. Durante la lectura tiene lugar el sueño en que don Quijote ataca y vence al gigante, con lo cual al acabar de leer la novela se ha resuelto la aventura fantástica de la princesa Micomicona, y de hecho quedan resueltas las cuitas reales de Dorotea y Cardenio. Como he dicho, Cardenio es un hombre más bien angustiado y ha contribuido de algún modo a la curiosidad de don Fernando por Luscinda; tiene por tanto rasgos parecidos a los de Anselmo, el curioso impertinente por excelencia. De hecho, él es quien le pide al cura que lea la novela tras echar un vistazo a sus primeras líneas.

Sin embargo, a pesar de estos hilos, Cervantes se critica a sí mismo en la segunda parte por haber incluido esos relatos, y decide no repetir el procedimiento: «Había usado en la primera parte del artificio de algunas novelas, como fueron la del *Curioso impertinente* y la del *Capitán Cautivo*, que están separadas de la historia, puesto que las demás que allí se cuentan son casos sucedidos al mismo don Quijote, que no podían dejar de escribirse» (II.44, 366). Si el mismo autor considera las dos novelas como ajenas al texto principal, nuestras observaciones sobre la pertinencia pueden descubrir sutiles conexiones, pero debemos evitar la pretensión y presunción de enseñarle al autor lo que él aparentemente no logró percibir. Las novelas intercaladas son dos libros diferentes del *Quijote*.

Las otras historias de la primera parte son: la de Marcela, el cuento de Sancho en el capítulo 20, la de Cardenio y Dorotea, la de doña Clara y don Luis, y la de Eugenio y Leandra en el capítulo 51. El papel de don Quijote en la historia de Cardenio es activo, aunque sólo sea como «ocasión», no como causa de la ventura de los amantes. En las otras escucha las historias y reacciona ante ellas; pero de una forma u otra está presente cuando se narran. Por eso afirma Cervantes que están integradas en la vida de don Quijote y Sancho.

El curioso impertinente

Se trata de una novela psicológico-moral. Es moral en su intención y contenido, y es psicológica, porque Anselmo, el personaje que inicia la acción, presenta una tara psíquica desde la cual se explica la impertinente propuesta que conduce a su propia perdición y a la de sus seres más queridos. Desde luego, en consonancia con la idea católica de la libertad de albedrío frente a todo tipo de predestinación (protestante) o destino (influencia de las estrellas), la tara psíquica no suprime en Anselmo la libertad y, por tanto, la responsabilidad de sus actos. Por eso llamo a esta novela psicológico-moral.

Anselmo se casa con Camila, doncella de las mejores prendas, y su íntimo amigo Lotario se distancia lealmente de la nueva pareja por respeto a su independencia y por evitar murmuraciones del vulgo. Anselmo muestra una cierta dependencia morbosa con respecto a Lotario; por eso le invita a que venga a su casa como lo solía hacer antes del matrimonio, y le obliga a que vaya a comer al menos «dos días en la semana, y las fiestas» (I.33, 401). Lotario y Camila son respectivamente el amigo y la esposa ejemplares por su fidelidad a Anselmo. El texto no deja lugar a duda sobre esta fidelidad inicial. Pero Anselmo tiene una angustia: «me fatiga y *aprieta* un deseo extraño» (I.33, 402). El «deseo» que le «fatiga» y que le lleva a la obra de su «gusto» —términos de la pasión frente a la razón, de los sentidos internos frente al entendimiento— es que Lotario pruebe la fidelidad de su esposa tratando de conquistarla: «Si quieres que yo tenga vida que pueda decir que lo es, desde luego has de entrar en esta amorosa batalla, no tibia y perezosamente, sino con el

119

ahínco y diligencia que *mi deseo* pide, y con la confianza que nuestra amistad me asegura».[1]

Lotario oye la proposición y no cree a sus oídos. Piensa que las palabras de Anselmo sólo pueden ser burlas, o que se ha olvidado de quiénes son los dos. Se encuentra en la encrucijada en que no sabe si vive o sueña, ya que para él la propuesta de Anselmo significa una sacudida en la conciencia de su propio yo como persona y como cristiano «que sabe que por ninguna amistad humana ha de perder la amistad divina» (I.33, 404). Según Lotario, Anselmo tiene el ingenio «como los moros», con los cuales no se puede razonar desde principios comunes de fe o razón, sino con ejemplos sencillos y palpables. Cervantes no insinúa que los cristianos tengan una capacidad mental superior a la de los moros, sino que repite un tópico de la teología de su tiempo. Los teólogos tenían tres enemigos: herejes, judíos y musulmanes. Como los herejes cristianos creían en el Nuevo Testamento y en algunos concilios de la Iglesia, se podía discutir con ellos desde esos textos, cuya autoridad aceptaban todos. Con los judíos compartían el Antiguo Testamento, pero con los musulmanes no existía un texto sagrado común, y por tanto, había que disputar con ellos desde la pura razón. Como en los misterios sagrados la razón no puede demostrar nada, sólo se podía discutir con analogías o ejemplos de la experiencia cotidiana, y ese nivel de discusión era mentalmente inferior al que se hacía por inducción o deducción.

---

[1] I.33, 404. La palabra *deseo* aparece en la novela veinte veces. Quince de ellas en el capítulo 33, donde se plantea el tema y se dan sus motivos psicológicos. En el mismo capítulo aparece trece veces la palabra *gusto*, y varias el verbo *desear*.

En ese plano de lo más obvio le pregunta Lotario al ciego Anselmo por qué quiere probar a Camila si está convencido de que es buena, y por qué sigue con ella si no está convencido de esa bondad. Aquí, por boca de Lotario documenta Cervantes la postura sobre la mujer que tenían las personas inteligentes de su tiempo. Por una parte, la filosofía consideraba a la mujer inferior al varón —Erasmo tendrá frases groseras sobre la mujer (ver nuestro capítulo X)— y por otra, la mujer es belleza, sensibilidad, ideal para el varón. Pero si los poetas cantaban a la mujer desde la experiencia elevadora del amor, no se atrevían a negar la inferioridad supuestamente demostrada en la filosofía y la «ciencia» de la época. Esa doble visión se refleja en el discurso de Lotario:

La mujer es *finísimo diamante*, pero «es animal imperfecto, y no se le han de poner embarazos donde tropiece y caiga» (I.33, 408);

Es *armiño*, y no se la debe poner de cara al cieno;

Es *espejo de cristal luciente y claro,* por eso no se la debe tocar; y

Es *un hermoso jardín lleno de rosas*, que sólo se debe mirar y no pisar.

La propuesta de Anselmo va a «turbar el sosiego» y «revolver los humores» de Camila (I.33, 411). Estos términos son morales, pero reflejan también la terminología psicológica de la época de Cervantes. Dos siglos y medio más tarde analizará Kierkegaard la «angustia» como la conciencia de que somos capaces de hacer cosas y caer en bajezas que nos parecían imposibles. Si alguien nos menciona una trasgresión en la que quizá no hayamos pensado jamás, puede levantar en nuestra mente el torbellino que un día nos conduce a cometerla. Según Kierkegaard,

dado el bosque de delicias que rodeaba a nuestros primeros padres en el paraíso, quizá nunca se hubieran fijado
en el árbol de la ciencia del bien y del mal, que, como
dice Baroja, debía de ser un árbol raquítico y mustio
comparado con el árbol de la vida. Pero cuando Dios les
prohibió comer concretamente de ese árbol, los llevó a fijarse en él, suscitó la conciencia de posibilidad, y desde
esa conciencia cayeron en la desobediencia.

Anselmo no cede ante las razones de Lotario; está decidido a la prueba, y envuelve a Lotario porque éste,
como amigo, no puede permitir que haga la experiencia
otro menos digno de confianza. Ante esa amenaza, Lotario consiente, pero decidido a disimular ante Anselmo,
sin dar un paso contra la honra de Camila: «bien con diferente intención que Anselmo pensaba» (I.33, 413). En
la primera prueba Anselmo deja solos a su mujer y a Lotario después de comer. La hermosura de Camila es ahora
el «enemigo» y, por tanto, se explica que Lotario le «temiera». Como se ve, va funcionando el esquema de la
«angustia» de Kierkegaard; pero Lotario sigue siendo el
amigo respetuoso y honrado de siempre. Tras varias tentativas, Anselmo se da cuenta de que Lotario no trata de
conquistar a Camila, y le acusa de desleal. La hermosura
de Camila y el recibir insultos por ser fiel, son dos fuerzas
que suman su energía tentadora, y Lotario comienza a
sentir el impulso de la conquista. Lotario y Camila «caen»
y se enamoran. Cervantes no se detiene en un posible
movimiento sinuoso de enamoramiento, como harán
después los novelistas modernos; la «caída» no se explica
por vacilaciones psicológicas, sino como una precipitación en el abismo: «Dieron con la lealtad de Lotario en
tierra» (I.33, 418). «Rindióse Camila; Camila se rindió»

(I.34, 420). El resto de la novela narra los castigos sufridos por la caída: la señora se convierte en esclava de su criada Leonela, para que ésta mantenga el secreto; en un momento de peligro se representa una tragedia fingida que podríamos titular el entremés de Lucrecia, en recuerdo de la matrona romana deshonrada por el rey Tarquino, y finalmente, los tres personajes de la novela mueren como pena de su respectivo pecado. Cuando Camila prepara el entremés, repite Cervantes que en la mujer acierta la estimativa espontánea, pero no la razón. Es la visión de la mujer que se tenía en la filosofía de su tiempo, fundada en la doctrina de las potencias cuyo esquema he dado en el capítulo primero: «Como naturalmente tiene la mujer ingenio presto para el bien y para el mal, más que el varón, puesto que le va faltando cuando de propósito se pone a hacer discursos...»[2]

El error de Lotario comienza cuando la amistad con Anselmo prevalece sobre la obligación taxativa de no hacer el mal, aunque sea con y por el mejor amigo. Camila es igualmente fiel, pero es mujer, y cuando se la expone a la tentación, acaba cayendo. Sin embargo, como ya he repetido, según la teología católica, ninguna circunstancia, tentación ni condición psíquica, excepto la locura, los exime de culpa. Todos sabían que en las tentaciones de sexo la mayor valentía es huir y no enfrentarse con las sutilezas del demonio y de la carne. Por eso, todos pecan y todos son castigados.

Se ha dicho que la curiosidad de Anselmo podría ser un símbolo del valor que la investigación comienza a te-

---

[2] I.34, 428. Cf: «Mira, amigo, que la mujer es animal imperfecto» (I.33, 408).

ner en los primeros pasos de la ciencia moderna. No cabe ocurrencia más anacrónica y más lejana del texto de Cervantes. La curiosidad de Anselmo se pinta desde el principio como una fijación morbosa, fundada en un espíritu angustiado (el aprieto) y desconfiado. Y como esa actitud psíquica no le priva de la capacidad de decisiones conscientes, le lleva a pecar. Si él estaba ciego, el amigo Lotario se encarga de hacerle consciente de su error y desliz moral. El término «curiosidad» tiene en el siglo XVII significado positivo y negativo: en su significado positivo es curioso quien tiene la mente abierta al conocimiento del mundo en todos sus aspectos (Gracián), y en el negativo, la curiosidad es atención frívola y dispersa a todas las impresiones de los sentidos. Ésta es la curiosidad impertinente, o la «necia curiosidad», como repite Calderón.

Lotario comienza cumpliendo como buen amigo y como buen cristiano. Pero la propuesta de Anselmo suscita en él una tormenta: la idea de que es posible gozar a Camila, algo que nunca se le había pasado por la mente. Él se retira, pero la insistencia de Anselmo, la hermosura de Camila, y el honor herido cuando Anselmo le considera traidor por serle fiel, producen la caída. Hoy disculparíamos a Lotario; ¿qué culpa tenía, si el propio marido le pide como un acto de amistad que trate de seducir a su mujer y le considera traidor por no hacerlo? En cambio, Cervantes no le disculpa a Lotario; la ley divina está por encima de la amistad humana, y según la ley divina, Lotario tenía que haberse negado en absoluto a participar en el pecado de Anselmo. Lo mismo ocurre con Camila, y por eso son todos castigados.

La novela es psicológico-moral, pero la psicología no es la vacilación moderna, sino la lucha del entendimiento

124

y la voluntad (potencias superiores del alma), con las pasiones: el deseo, el gusto y la inclinación, o sea, los sentidos internos y los afectos espontáneos. La voluntad puede titubear por influencia de la pasión, pero debe decidir con un salto brusco y libre. Una vez más, el discurso filosófico clave para entender la realización artística de Cervantes es la imagen escolástica del hombre.

La *Historia del cautivo*

En el capítulo 37, resuelta la aventura de la princesa Micomicona, entra en la venta «un pasajero, el cual en su traje mostraba ser cristiano recién venido de tierra de moros» (I.37, 461), tirando de un burro en el que viene montada una mujer con el rostro cubierto. Al llegar, como la mujer no parece entender la amistosa acogida de Dorotea, los huéspedes de la venta sospechan que no sabía «hablar cristiano», y Dorotea pregunta si es cristiana o mora (I.37, 462). Cuando el cautivo le dice a don Fernando que la hermosa mora se llama Zoraida, ella rechaza el nombre y se hace llamar María. Es mujer nueva por su intención de recibir el bautismo, y el rechazo del nombre árabe connota el rechazo de la religión islámica. El relato del cautivo se interrumpe con el discurso de las armas y las letras de don Quijote, y se recobra en el capítulo 39. El capitán leonés Ruy Pérez de Viedma dejó su casa para hacerse soldado hacía veintidós años, y en ese tiempo no supo nada de su padre y hermanos. Luchó en la feliz acción de Lepanto contra los turcos, y aquel día en que la cristiandad consolidó su libertad, cayó él cautivo y fue llevado a Argel.

El relato tiene dos secciones distintas: las hazañas guerreras del cautivo, y la historia de su amor a Zoraida por iniciativa de ella, decidida a convertirse al cristianismo. La sección que describe las hazañas militares probablemente refleje la experiencia de Cervantes, y contiene duras críticas a la estrategia militar que el rey de España había practicado en África. Contiene además la descripción del cautiverio como encuentro con la absoluta arbitrariedad, donde el cautivo, como rehén, está expuesto a la muerte en cualquier momento. En mi libro *Nuevas meditaciones del Quijote,* escrito cuando yo era emigrante en los Estados Unidos, distinguí tres experiencias de nostalgia con respecto a la propia tierra: la del emigrante, la del exiliado y la del cautivo. El primero puede añorar su patria, pero si no vuelve es porque en el fondo encuentra ventajoso seguir en el lugar donde reside. Al exiliado se le cortan los lazos que le unen a sus raíces. Quizá le vaya bien en su nueva morada, pero los enemigos le han quemado las naves y no tiene la posibilidad de volver a la tierra donde se crió. Frente al emigrante y al exiliado, el cautivo es un preso sujeto en todo instante a la voluntad y arbitrariedad de su dueño. No sólo no puede salir del sitio donde está y volver a su origen, sino que se le amputa el derecho de proyectar para el próximo segundo. Entre las notas de la existencia humana está la conciencia del tiempo como proyección hacia el pasado y el futuro. Pues bien, el cautiverio es un ataque frontal a esa propiedad de la existencia, porque el cautivo no puede nunca contar como suyo el próximo instante. Esa es la experiencia que refleja Cervantes por boca del capitán Pérez de Viedma. El cautivo menciona en su relato a Cervantes, y lo que escoge para decir de él —Cervantes lo dice de sí mismo—

es esto: «Sólo libró bien con él (con Azán Bajá, renegado veneciano, amo de Cervantes) un soldado español llamado tal de Saavedra, el cual, con haber hecho cosas que quedarán en la memoria de aquellas gentes por muchos años, y todas por alcanzar libertad, jamás le dio palo, ni se lo mandó dar, ni le dijo mala palabra» (I.40, 485). Tampoco son del ficticio cautivo, sino de Cervantes, estas palabras: «No hay en la tierra, conforme a mi parecer, contento que se iguale a alcanzar la libertad perdida».[3] Esta experiencia del cautiverio como la desgracia más cercana a la muerte, explica que la liberación sea una resurrección.

La segunda parte de la *Historia del cautivo* comienza en el capítulo 40. Inmediatamente después de encomiar la conducta del soldado Saavedra, el narrador pasa a contar el origen de su relación con Zoraida y de su liberación del cautiverio: «Digo, pues, que encima del patio de nuestra prisión caían las ventanas de un moro rico y principal» (I.40, 486). El relato que sigue se entiende sin necesidad de comentario. Lo único digno de nota para la comprensión del ideal artístico de Cervantes es que asocia el placer con la extrañeza del suceso: «fue tanto el contento como la admiración».[4] Cervantes une la admiración

---

[3] I.39, 482. Cf: «La libertad, Sancho, es uno de los más preciosos dones que a los hombres dieron los cielos; con ella no pueden igualarse los tesoros que encierra la tierra ni el mar encubre; por la libertad, así como por la honra, se puede y debe aventurar la vida, y por el contrario, el cautiverio es el mayor mal que puede venir a los hombres» (II.58, 470). Algunos hispanistas atribuyen el *Quijote* a un «supernarrador» diferente del Cervantes de carne y hueso. Estas expresiones debieran moverles a un análisis serio, fenomenológico, de la relación autor-texto.

[4] I.40, 487. Cf: «Mirad, señores, si era razón que las razones deste papel nos admirasen y alegrasen» (Ibíd., 490); «Donde a cada paso suceden cosas de grande espanto y admiración» (Ibíd., 493).

y el contento en el goce estético de la obra de arte, como ha señalado el profesor Alburquerque.[5] Pero en este caso, admiración y contento están fundidos en la realidad antes que en la literatura. En la historia de Zoraida hay cuatro temas fundamentales:

1º, el mundo de Argel, verdadera Babel, con hombres de muchas naciones, religiones y lenguas. Entre ellos hay lealtades, traiciones, espionaje y miedo, y todos se entienden «en lengua que en toda la Berbería, y aun en Constantinopla, se halla entre cautivos y moros, que ni es morisca ni castellana ni de otra nación alguna, sino una mezcla de todas las lenguas, con la cual todos nos entendemos» (I.41, 496).

2º, el amor de Zoraida hacia el cautivo y la respuesta de éste. El profesor Márquez Villanueva ha sostenido que Zoraida es una taimada y que no se enamora del capitán Pérez de Viedma.[6] El texto dice que ella le eligió a él desde su celosía para darle dinero dos veces. La segunda vez la bolsa de los escudos españoles de oro viene acompañada de una carta en que Zoraida le dice: «Muchos cristianos

---

[5] Luis Alburquerque, «Admiratio», en *Gran enciclopedia cervantina*, Alcalá de Henares, Centro de Estudios Cervantinos, 2004, I, 36.

[6] *Personajes y temas del Quijote*, Madrid, Taurus, 1975, cap. II. El prurito de negar la visible trama teológica de la novela y la fe de Cervantes, sincera según todos los signos visibles—aunque evito sondear en su alma— conduce a la lectura errónea del texto. Combet está de acuerdo con Márquez (*Cervantes ou les incertitudes du désir*, pp. 132-33). Pero en p. 463 pone de relieve el papel de la Virgen en la historia. Moner disiente de Márquez en cuanto al amor de Zoraida, pero no admite su motivación religiosa (*Deux Thèmes*, p. 40). Creo que tanto la sinceridad del amor como el motivo de la conversión son indiscutibles, si se lee el texto en su contexto intelectual.

he visto por esta ventana, y ninguno me ha parecido caballero sino tú... Mira tú si puedes hacer cómo nos vamos, y serás allá mi marido, si quisieres»[7] (I.40, 489). El capitán le responde: «A lo que dices que si fueres a tierra de cristianos que has de ser mi mujer, yo te lo prometo como buen cristiano» (I.40, 491). Zoraida se ha enamorado de la apostura del caballero, y aunque él todavía no ha podido verla, se enamora de su alma cristiana y de la hermosura con que ella se describe. Las expresiones de amor en este caso están supeditadas a la épica de la libertad, y por otra parte, tratándose de amores «honestos», no admiten palabras más apasionadas.[8] Pero no sólo todos los signos apuntan a un amor verdadero, sino que el cautivo lo dice de manera explícita: «Por haberme hecho el cielo compañero de Zoraida, me parece que ninguna otra suerte me pudiera venir, por buena que fuera, que más la estimara. La paciencia con que Zoraida lleva las incomodidades que la pobreza trae consigo y el deseo que muestra tener de verse ya cristiana... me admira y me mueve a servirla todo el tiempo de mi vida» (I.41, 513). ¿Puede llamarse hipócrita un amor que renuncia al padre y a inmensas riquezas por la conversión al cristianismo? La conversión es el fin último de Zoraida y, desde luego, el amor al cautivo cristiano está subordinado a la transformación religiosa. Pero eso no es extraño; un amor cristiano lo supedita todo a la voluntad de Dios.

---

[7] I.40, 489. Cf: «Rescátate tú y ve, que yo sé que volverás mejor que otro, pues eres caballero y cristiano» (ibíd., 492).

[8] Cf: «No osó llegar a ella Ladislao (que éste era el nombre de su esposo), por guardar el honesto decoro que a Transila se le debía» (*Persiles*, I.12. En *OC*, ed. cit., p. 708b).

3º, el problema ético. Zoraida le da al cautivo en distintas ocasiones diez cianíes y 3.190 escudos españoles de oro, para que se rescaten él y sus compañeros de baño, y para que el renegado murciano pueda comprar la barca en la que huirán. ¿Tenía Zoraida derecho a robar la hacienda de su padre para marcharse a tierra de cristianos? Cervantes deja claro que era la «heredera de toda la hacienda» de su padre Agi Morato (I.40, 491). Sólo hay que suponer que ese dinero lo tenía ya ella como suyo y no necesitaba sustraer nada del tesoro de su padre. Si el dinero no hubiera sido suyo, los regalos al cautivo hubieran sido inmorales, según la teología de santo Tomás de Aquino.

4º, el problema teológico-moral. El impulso primero de la conducta de Zoraida es la decisión de bautizarse y vivir como cristiana. Lo siente como una obligación por haber sido educada en el cristianismo cuando era niña. Además, la esclava cristiana que la enseñó, se le ha aparecido dos veces intimándole a que se vaya a tierra de cristianos a ver a Lela Marién, la Virgen María, que la quiere mucho. Después dice que «Lela Marién le había hablado» (I.41, 512). Estas visiones y el consiguiente propósito de huir de Berbería explican la conducta de Zoraida con su padre.

Después de llamarla calculadora e insincera en el amor, se ha dicho que Zoraida es cruel con su padre hasta rozar lo inhumano. Esta opinión es igualmente errónea si se lee el texto en su contexto cultural, que en este caso es teológico. El valor sobrenatural de la conversión al cristianismo debe prevalecer sobre cualquier lazo natural (En *El curioso impertinente* Lotario ha errado por haber se-

130

guido el impulso de la amistad [natural] en vez de la obligación moral [sobrenatural] de no hacer nada contra la ley de Dios), y eso es lo que ocurre. Cervantes pone en boca de la doncella las palabras que condensan el sentido de su conducta y de toda la novela del cautivo: «La que es cristiana yo soy, pero no la que te ha puesto en este punto; porque nunca mi deseo se estendió a dejarte ni a hacerte mal, sino a hacerme a mí bien» (I.41, 505-506). La conversión debe sobreponerse al amor del padre, y si en ese conflicto padece el padre, hay que aceptar el sufrimiento como un efecto secundario no deseado. La culpa no es de ella, sino de la sordera del padre ante la llamada divina.

Los escolásticos formularon en la ética lo que llamaron el «principio de doble efecto»: «Es lícito poner una causa buena o indiferente [nunca mala; el fin no justifica los medios] de la cual pueden seguirse dos efectos: uno bueno y otro malo, siempre que el efecto buscado sea el bueno, y el malo sea derivación inevitable de ese bien buscado». Esta es la premisa desde la cual razona y obra Zoraida.[9]

Algunos críticos han visto en ella un carácter de frontera entre islamismo y cristianismo, Argel y España, amor e interés, y esa situación reflejaría una «ambigüedad» que sería como un símbolo de la «ambigüedad» del *Quijote*. ¡Son admirables estas ocurrencias formalistas y pequeñoburguesas! Zoraida se expone a la muerte, se desgarra te-

---

[9] Santo Tomás sostiene esa doctrina y cita estas palabras de San Jerónimo: «Vuela tras el estandarte de la cruz, aunque tengas que pisar por encima de tu padre y de tu madre. Pues la crueldad en este punto es la cima de la piedad» (*Summa theologica*, II-II, 101, 4). Sobre el principio de doble efecto: «Nihil prohibet unius actus esse duos effectus, quorum alter solum sit in intentione, alius vero sit praeter intentionem» (Ibid., 64, 7).

niendo que abandonar a su padre por seguir la voz de Dios, y renuncia a toda comodidad humana. En el último instante, antes de llegar a España, unos piratas franceses despojan a los esclavos fugitivos de todas las joyas de Zoraida, para que tanto ella como el cautivo lleguen a la tierra cristiana y al matrimonio totalmente desnudos de bienes materiales. No sólo no hay ambigüedad, sino que hay una conversión transformadora de la persona. Como símbolo de esa transformación, Zoraida rechaza el nombre-identidad de la musulmana (Zoraida) por el nombre de la mujer nueva: María.[10]

La lengua y las letras como armas

En el capítulo 37, cuando todo el grupo de la venta está sentado a la mesa, pronuncia don Quijote su discurso de las armas y las letras. El primer motivo del discurso es la identidad de los presentes, ya que la experiencia puede interpretarse como un sueño. En la reflexión sobre las armas y las letras, Cervantes plantea por boca de don Quijote un tema que hoy nos parece resuelto, pero que no lo estaba en su tiempo. La metafísica escolástica dividía rígidamente el espíritu del cuerpo y afirmaba que los trabajos del primero eran superiores a los del segundo. De ahí la distinción de las artes en liberales y mecánicas: las libera-

---

[10] «Zoraida indicará formalmente su conversión con el nuevo nombre bautismal de María» (E. C. Riley «Quién es quién», ed. cit., p. 34). Las lecturas «ateas» sencillamente olvidan el texto, como afirmé en mi trabajo sobre la *Historia del cautivo* publicado en 1982. Ver Neuschäfer, *La ética del Quijote*, p. 30.

les eran propias de los hombres libres, y las mecánicas de los ganapanes. Don Quijote parte de la premisa metafísica (griega) según la cual las letras son superiores a las armas, pero responde con una experiencia histórica: el ejercicio de las armas exige mucho entendimiento. Y esta experiencia histórica está avalada por el concepto cristiano (aunque de origen griego) de la virtud de la fortaleza, que al ser virtud tiene que ser capacidad racional.[11]

Al notar los rasgos negativos de las letras excluye don Quijote-Cervantes la teología. Las letras sagradas quedan fuera de la discusión, y este detalle indica lo lejos que estaba Cervantes del mundo de Erasmo, tan proclive a criticar a los teólogos. Las letras humanas son la política, desde la que se realiza la justicia distributiva, y el derecho, que practica la conmutativa y legal. El fin de las armas es el logro y mantenimiento de la paz. De nuevo, por boca de don Quijote comenta Cervantes su experiencia de soldado, herido por su religión, nación y rey, y no recompensado por nadie. Pero aquí tendría demasiado que decir, y por tanto aconseja: «Dejemos esto aparte, que es laberinto de muy dificultosa salida» (I.38, 469).

Don Quijote toca otro tema que debió de ser enigmático para Cervantes: el papel del valor de los caballeros en

---

[11] En II.36 repite don Quijote de manera más concisa la superioridad de las armas sobre las letras del abogado, del «sacristán» (¿incluye aquí Cervantes la teología?) y sobre los caballeros cortesanos, que quizá saben contar hazañas, pero no realizarlas. José Antonio Maravall habló en 1948 del «Humanismo de las armas en el *Quijote*». En aquel momento de predominio falangista, se ponía el acento en el valor humano de las armas. Pero, a mi parecer, más allá de armas y letras, lo que Cervantes dramatiza es el valor intelectual de la praxis en una sociedad que consideraba más importante la teoría o especulación. El noble capaz de gobernar y defender la patria hacía saltar la rígida distinción entre artes liberales y mecánicas.

la edad de las armas de fuego, cuando un cobarde que quizá fuera huyendo, podía matar desde lejos a un caballero valiente.

Cuando el cautivo termina de contar su historia, entra en la venta un oidor, y la voz de la naturaleza le dice que el oidor es su hermano: «El cautivo, que desde el punto que vio al oidor, le dio saltos el corazón y barruntos de que aquel era su hermano...» (I.42, 516). Es la misma voz de la naturaleza que luego permitirá a Clotaldo reconocer en Rosaura a su hijo(a) abandonado(a), y a Rosaura encontrar un respeto o «piedad» especial (en el sentido de la *pietas* latina, que era el respeto a los padres) para aquel viejo que es su padre, aunque ella no lo sabe.

> Este es mi hijo, y las señas
> dicen bien con las señales
> del corazón, que por verle
> llama al pecho, y en él bate
> las alas.[12]

El encuentro del oidor y el cautivo es otra resurrección. Los hermanos no creen a sus ojos: para ellos la vida es sueño, y para el autor es una escena inefable: «Las palabras que entrambos hermanos se dijeron, los sentimientos que mostraron, *apenas creo que pueden pensarse, cuanto más escribirse*» (I.42, 520). El cura, «entrando donde estaba Zoraida, la tomó por la mano, y tras ella se

---

[12] *La vida es sueño*, vv. 413-417. Cf: «Amor, inclinación natural y una divina simpatía de estrellas forzó a Florinda amase a Doricleo» (Lope, *Peregrino*, lib. I, ed. cit., p. 78; cf. lib. III, p. 239).

vinieron Luscinda, Dorotea y la hija del oidor... y tomándole a él (al capitán) asímesmo de la otra mano, con entrambos a dos se fue donde el oidor y los demás caballeros estaban, y dijo...» (I.42, 519). ¡Qué imagen para una escena de cine!

Después de la historia de amor de la joven doña Clara y el mancebo don Luis, la venta, escenario de un gran teatro del mundo, se convierte en un laberinto de engaño a los ojos y de realidades e ilusiones, en el que se dramatiza el poder de la lengua para dirigir y confundir la inteligencia de los individuos. Todas estas expresiones no son sino variantes de lo que Calderón condensará después en *La vida es sueño* (1636). Estamos siempre en la frontera del engaño y la verdad (des-engaño llama Calderón a la verdad), la realidad y la ilusión, la visión certera y la paranoia, la realidad y el deseo.

El primer momento es la pelea del barbero del yelmo de Mambrino (capítulo 21), a quien don Quijote le quitó la bacía y Sancho la albarda del borrico. Sancho, sabiendo con sus ojos que la bacía es tal, la transforma por su interés en baci-yelmo[13]. El barbero del pueblo de don Quijote, dispuesto a seguir la locura de su paisano, recurre a su título profesional para confundir al dueño de la bacía, y don Fernando pretende resolver la cuestión por voto democrático.

---

[13] I.44, 540. Baci-yelmos son todas las componendas que aceptamos cuando el miedo nos impide proclamar la verdad. También en el baci-yelmo se ha visto un signo de la ambigüedad del Quijote. Pero Cervantes ya nos ha dicho la verdad sobre la bacía y el yelmo, y pone el término baci-yelmo en boca de Sancho, como el agradador de todos los Segismundos. Ve que es bacía, pero le interesa condescender en ese momento con el deseo de don Quijote.

Segundo momento: uno de los cuadrilleros dice que sólo unos locos o borrachos podían negar que la albarda fuera albarda y la bacía, bacía. Don Quijote le da un golpe con el lanzón, y se crea otra escena de cine: «El cura daba voces, la ventera gritaba, su hija se afligía... de modo que toda la venta era llantos, gritos, confusiones, temores... y efusión de sangre» (I.45, 544). En este clímax de tempestad la voz de don Quijote produce la caída hacia la calma, demostrando cómo todo en la venta ocurre por encantamiento.

Tercer momento: El diablo —«enemigo de la concordia y émulo de la paz»— les pone de nuevo en «confuso laberinto». Un cuadrillero recuerda que traen mandamiento de prender al salteador de caminos que libertó a los galeotes. La nueva confusión le lleva a Sancho a conceder que verdaderamente aquella venta debe de ser un castillo encantado (I.45, 547), ya que no es posible estar tranquilo en ella.

Por supuesto, todas las confusiones provienen de la locura de don Quijote. Pero la originalidad de Cervantes consiste en haberlas dramatizado como experiencias de la tenue frontera entre la percepción de la realidad y la paranoia en todos nosotros. De ahí el carácter y valor universal del *Quijote* como obra de arte humano.

Teoría de la novela

Los capítulos 47 y 48 contienen el famoso diálogo del cura, el canónigo y don Quijote, en el que Cervantes expone su crítica de los libros de caballerías y del teatro de su tiempo.

El canónigo critica los siguientes rasgos de las novelas caballerescas:

a) «Los desaforados disparates, la falta de hermosura y concordancia por falta de correspondencia de unos motivos con otros»,
b) La falta de decoro en las damas,
c) La inverosimilitud en los lugares y en los cambios de lugar.

En la ficción «hanse de casar las fábulas mentirosas con el entendimiento de los que las leyeren» para producir «admiración y alegría, y esto sólo se consigue con la imitación.[14] Fuera desto, son [los libros de caballerías] en el estilo duros; en las hazañas, increíbles; en los amores, lascivos; en las cortesías, mal mirados» (ibíd., 565-66). El ideal de la novela es producir una historia fingida, pero con sucesos posibles, aunque sean extraños; por eso producen admiración. La «alegría» es una categoría psicológico-estética: se supone que al percatarse el lector de lo bien inventada, compaginada y resuelta que está la historia, tendrá una descarga de placer a la vez físico y espiritual. Es la experiencia que tenemos al observar correspondencias y simetrías en la estructura de un texto, la alegría en la «justicia poética», o sea, cuando el inocente triunfa del malvado, y en general, el sentido de la belleza como armonía.

---

[14] I.47, 564-65. Cervantes está conscientemente buscando esa ficción verdadera: «Admirado quedó el canónigo de los concertados disparates que don Quijote había dicho» (I.50, 588). Lo mismo que repetirá en *Viaje del Parnaso*: «Mostrar con propiedad un desatino».

También aprecia el canónigo-Cervantes[15] lo positivo de los libros de caballerías: «el sujeto que ofrecían para que un buen entendimiento pudiera mostrarse en ellos, porque daban largo y espacioso campo por donde sin empacho alguno pudiese correr la pluma» (566). Efectivamente, el libro de caballerías era el único modelo de invención extensa que se le ofrecía a Cervantes. La razón es que esos libros con su «escritura desatada» (567), o sea, por no tener rígidos límites en cuanto a extensión, personajes o forma, ofrecían el modelo estructural en el que se podía introducir una invención hija del entendimiento.

El canónigo pasa luego a criticar «las comedias que ahora se representan» (I.48, 568). La transición es magnífica. Está hablando de un libro de caballerías que había comenzado a escribir, y que dejó interrumpido al reflexionar sobre las comedias. En este momento se pasa a la crítica de la comedia española, que en 1604 era el nuevo estilo introducido por Lope de Vega. El cura le responde al canónigo que también él tiene rencor contra «las comedias que agora se usan, tal que iguala al que tengo con los libros de caballerías» (569). El cura acusa a los autores de comedias de no guardar el decoro de los personajes, la verosimilitud en el tiempo y lugar de lo representado, y de dar leyendas falsas como verdades históricas. En las co-

---

[15] Algunos han observado que las ideas sobre la novela y la comedia las expone un personaje del *Quijote*, no Cervantes. Me parece una sutileza fútil. Los personajes del texto son «individuos de la especie Cervantes» (Ortega). Sólo cuando esos personajes dicen locuras o cuando se percibe la distancia irónica del autor debemos desgajar a Cervantes de sus caracteres literarios. En casos concretos puede ser discutible si habla el autor o sólo el personaje, pero no en éste. Sobre Cervantes como crítico, ver Madariaga, *Guía*, p. 39.

medias divinas, critica los falsos milagros y la proliferación de milagros innecesarios en las cosas humanas (570). El honesto placer que se busca en la comedia se conseguiría mejor con la comedia artificiosa y bien ordenada (571). En este momento alude a Lope de Vega que, por acomodarse al gusto del vulgo, no siempre consigue la altura deseable, a pesar de su admirable genio.[16] Otros autores ofenden a personajes o familias con la sátira, y Cervantes condena también esa práctica (572). Como resultado, el cura propone que se cree el cargo de inspector oficial de comedias cuya función sea juzgar todas las que soliciten licencia de representación (572). La comedia se justifica porque el hombre necesita descansar de su trabajo con el honesto recreo.

En el capítulo 49 el canónigo le recuerda a don Quijote que no han existido los caballeros andantes, y don Quijote le menciona varios caballeros de ficción, pero también héroes históricos que han superado con sus hazañas reales las imaginadas por los novelistas. ¿Cómo se distinguen las unas de las otras en la narración? ¿Por qué han inventado los escritores caballeros andantes imaginarios? ¿En qué consiste la verdad de la ficción y qué poder tiene lo fingido, que afecta la vida de los lectores, aunque no lleguen al extremo de hacerse caballeros andantes? Los libros que tienen «apariencia» de verdad (I.50, 583), aun-

---

[16] Cervantes está escribiendo estas palabras en 1604. Lope de Vega publicó en 1609 el *Arte nuevo de hacer comedias en este tiempo*. Pero ya en *El peregrino en su patria* [1604] había escrito: «Las comedias de España no guardan el arte y yo las proseguí en el estado en que las hallé, sin atreverme a guardar los preceptos, porque con aquel rigor de ninguna manera fueran oídas de los españoles» (Prólogo, p. 63). Sin embargo, Lope también busca la verdad en sus comedias (*Peregrino*, lib. IV, pp. 334-335).

que sean fingidos, en cuanto textos no se distinguen de los históricos. Aquí entra una escena caballeresca creada por la imaginación loca de don Quijote. La caballería andante puede ser falsa en muchos niveles, pero existió en el mundo y sigue siendo para don Quijote un acicate de conducta honorable. En la medida en que fomenta el honor, el texto cobra realidad tanto para el loco como para los cuerdos.

Primera muerte y epitafios

Todavía aparece el pastor Eugenio que viene reprendiendo a su cabra, caprichosa como todas las hembras. Eugenio cuenta la historia de sus amores con la pastora Leandra. En el capítulo 12 se propuso Cervantes introducir pastores reales, de los que se podían ver en las majadas de la Mancha, aunque inmediatamente sigue la novela pastoril-sentimental de Grisóstomo y Marcela. En la historia de Eugenio (c. 51) estamos en un mundo poético, como se ve por las abundantes resonancias de las églogas de Virgilio.

La última aventura de la primera parte es el ataque a la procesión de la Virgen. Lo mismo que Sancho le disuadía de atacar a los molinos, le disuade ahora del asalto a la procesión. Curiosamente, Cervantes repite el mismo patrón que caracteriza a Sancho frente a don Quijote: «*Mire*, señor, lo que hace». Y como don Quijote solía responderle que él no sabía nada, porque sólo tenía sentidos y no entendimiento, Sancho añade: «que por esta vez no puede decir que no es lo que sabe» (I.52, 599). Esta vez la paliza le deja a don Quijote como muerto, hasta el punto de que Sancho llora sobre su cuerpo. Desde luego, don Quijote no muere, pero el autor logra copiar unos epitafios que se hallaron después de su muerte, y tras una tercera salida cuyos detalles no ha encontrado. Los epitafios son como un broche a la primera parte, sin que muera el protagonista, pero con una alusión a esa muerte.

Argumento y sentido de la primera parte

El argumento de la primera parte del *Quijote*, en cuanto se refiere a los personajes principales, sería: el caballero y el escudero salen de su pueblo a buscar aventuras; el cura y el barbero salen a buscarlos para que el hidalgo loco vuelva a su casa y se cure de su enfermedad. Don Quijote y Sancho son dos personajes definidos desde el principio con rasgos inmutables —los veremos en el capítulo 8— y se mantienen como el cable constante dentro de los muchos episodios que les acontecen.

Junto a los personajes como línea constante, está el mosaico de episodios, que da protagonismo a los agentes de esos episodios más que a don Quijote y a Sancho. En el capítulo 2 hemos señalado los esfuerzos de Cervantes por dar un entrelazamiento lógico a esas aventuras yuxtapuestas. Pero la de Cardenio y don Fernando con Luscinda y Dorotea se dilata hasta convertirse en un argumento superpuesto al del caballero y el escudero, aunque más sostenido, ya que los personajes se definen como caracteres con rasgos distintivos y se entrelazan en una trama.

* * *

La primera parte del *Quijote* tuvo un éxito inmediato, tanto en España como en Inglaterra y Francia. ¿Qué percibieron los primeros lectores? Por de pronto, los que habían estudiado en una facultad de artes, percibían todo el trasfondo filosófico y teológico que nosotros descubrimos hoy por investigación. Ese trasfondo les era familiar a los lectores de la época como cultura corriente. La diferencia entre entendimiento, fantasía y sentidos, la visión estereotipada de la mujer, las ideas sobre el matrimonio, las funciones sociales del noble y del hidalgo frente al villano y lo que se esperaba de cada uno «por decoro», constituían las premisas de los razonamientos y valoraciones de los primeros lectores cultos. Ellos veían en el idealismo disparatado (el ingenio sin juicio) de don Quijote el mensaje entreverado: loco, pero bueno. ¿Dónde termina la bondad juiciosa y comienza la quijotesca? ¿Y no era fácil percibir en Maritornes y en Dulcinea parodias de las doncellas y damas de los libros de caballerías y de la poesía del amor cortés? Desde luego, el mismo Cervantes o los lectores de su círculo percibieron los defectos que el bachiller Carrasco menciona en el capítulo tercero de la segunda parte.

Sansón Carrasco dice que el *Quijote* era sobre todo lectura preferida de los pajes (II.3, 64), y se cuenta que el rey Felipe III, viendo a uno reírse a carcajadas en los terreros de palacio, dijo: «Ese, o es loco o está leyendo a don Quijote». Aquel lector probablemente no se riera de un texto que considerase despreciable, sino que se gozaba en la gracia del texto; junto al goce en lo cómico, encontraba retratados sus sueños en los del hidalgo iluso. Muchos de los primeros lectores habían leído libros de caballerías, y en los episodios del *Quijote* percibían la intención y el contenido paródicos. La parodia tiene en general un sentido deconstructivo con respecto al texto parodiado, pero tiene también una dimensión original y creadora.[17] El *Quijote* es, desde luego, parodia deconstructiva, no sólo de los libros de caballerías sino de otros géneros narrativos. Pero su maestría reside en la creación constructiva, no en el ataque a lo parodiado. Sólo los lectores burdos podían reírse de las palizas que recibía el caballero. El lector inteligente meditaba sobre nuestras ilusiones quijotescas y se reía admirando el tipo de Sancho, como parodia de los escuderos caballerescos, pero sobre todo, como creación de un nuevo tipo de criado, concebido según el nivel mental y lingüístico que los cortesanos asociaban con el pueblo.

Creo que los lectores contemporáneos de Cervantes percibieron toda la grandeza del *Quijote* por lo menos como la percibimos hoy. Lo que ocurría es que los escritores estaban imbuidos de una nueva moda literaria y en alguna medida esclavizados a ella: el culteranismo y el conceptismo. Cegados por el nuevo placer de la forma, no apreciaron la visión original de la realidad que nosotros percibimos ahora, con la perspectiva de cuatro siglos en los que vemos nacer y desaparecer tantas modas y estilos formales.

---

[17] Pienso, por ejemplo, en *Rosenkrantz and Guildenstern are Dead,* de Tom Stoppard, en que sobre *Hamlet* como trasfondo, se construye una preciosa obra independiente, aunque no se pueda entender sin *Hamlet.*

V. Autocrítica y géneros literarios (Segunda parte: de los preliminares al capítulo 29)

La segunda parte del *Quijote* se publicó en 1615, diez años después de la primera. Cervantes trata de darla como una continuación del mismo libro, dejando que pase solamente un mes entre la llegada del caballero a su pueblo en el carro de los bueyes y la reanudación de las conversaciones sobre la caballería con el cura y el barbero (Segunda parte, capítulo primero). La primera parte condiciona la segunda en el sentido de que muchos personajes, especialmente los duques en los capítulos 30 al 57, se comportan con don Quijote según lo que ya conocen de la primera. Y cuando Avellaneda usurpa la historia, Cervantes reclama y afirma la paternidad de sus personajes frente a los inventados por el «autor moderno».

Al mismo tiempo, Cervantes establece contrastes entre las dos partes. Evita los defectos de la primera notados por él o señalados por otros (capítulos 3, 4 y 44), y aunque no lo advierte de manera explícita, el nuevo libro contiene más reflexión y conversación que aventuras. Desaparece la violencia, porque cambia el comportamiento de don Quijote, que deja de ser «loco de atar» (atado acaba su segunda salida) y vive igualmente loco, pero ahora alucinado en el mundo construido por los libros de caballerías y por su propia historia. Si la primera parte rebosaba de violencia física, la segunda es un estudio de la violencia mental. Don Quijote deja confusos a sus burladores con su dignidad de caballero y con sus palabras, y los burladores o simples compañeros de diálogo se acomodan a la fantasía del caballero, creando entre todos una realidad desde el sueño y sueños que se convierten en verdades. Sancho es más culto en la segunda parte, pero es consecuente con el de la primera, puesto que su nueva cultura se funda siempre en autoridades; repite lo que ha «oído».

La primera parte actúa sobre la segunda, no sólo como espejo de errores que se deben corregir, sino también como un hecho cultural que se ha convertido en realidad histórica e influye sobre sus lectores en el mismo sentido en que los libros de caballerías habían influido sobre don Quijote. Hay también nuevos criterios estructurales, de forma que la segunda parte es a la vez continuación de la primera y un nuevo experimento narrativo.

Título y aprobaciones

Cervantes tituló la primera parte *El ingenioso hidalgo...*, y la segunda *El ingenioso caballero don Quijote de la Mancha*. La razón más lógica para el cambio es que Cervantes quisiera con su nuevo título distanciarse del usurpador Avellaneda, autor de la *Segunda parte del ingenioso hidalgo don Quijote de la Mancha*, publicada en 1614.[1] Pero esa razón exterior concuerda con otra inte-

---

[1] Véase Riquer, *Quijote* de Avellaneda, introd., p. XXVIII. Cf. Moner, *Cervantes Conteur*, p. 31.

rior: el don Quijote de la segunda parte es generalmente un caballero ejemplar, y sigue siendo ingenioso porque ahora el razonamiento sustituye a las batallas.

El ingenioso caballero tiene dos aprobaciones: una de Joseph de Valdivielso, ilustre autor de autos sacramentales antes de Calderón, y la otra del licenciado Márquez Torres, clérigo toledano.[2] Las dos aprobaciones son ejemplos de la mejor crítica literaria según los términos corrientes de la época. Pero, sobre todo la de Márquez Torres documenta la primera recepción del *Quijote* como libro serio y profundo.[3] Cuatro temas se tocan en el breve texto: el culteranismo, el ideal de deleitar aprovechando, la picaresca, y la poca gratitud de la nación y de su gobierno con Cervantes, una de sus mayores glorias.

Lo primero que alaba Márquez Torres en el *Quijote* es la «lisura del lenguaje castellano, no adulterado con enfadosa y estudiada afectación» (II, 29). La lisura contrasta con la moda culterana de Góngora y con la estudiosa afectación conceptista de Quevedo, veinte años más joven que Góngora. El censor percibe en el texto crítica social, es decir, sátira; pero hace notar que el autor no ofende a ningún individuo, a ningún grupo y menos a las instituciones oficiales, ya que hace crítica de los vi-

---

[2] «El licenciado Márquez era capellán i maestro de pages de don Bernardo de Sandoval y Rojas, arzobispo de Toledo, inquisidor general; i Cervantes era muy favorecido del mismo» (Mayáns y Siscar, cit. Elias Rivers, «On the prefatory pages of *Don Quixote*, part II», en *Modern Language Notes*, 75 (1960), 214-221. Véase Rodríguez Marín, F., ed. del *Quijote*, apéndice 21, vol. IX, pp. 276-280.

[3] Mayáns y Siscar sospechó que el autor de esta aprobación era el mismo Cervantes. Si es verdad, el gran crítico literario en este caso sería Cervantes, pero al margen del nombre concreto de su autor, lo importante es el nivel de conciencia estética de esa aprobación.

cios en general. El ideal literario es mezclar lo *útil* con lo *dulce*. Otro párrafo probablemente se refiera a los autores de novela picaresca, que inventando vicios inexistentes, se convierten en inductores a los males que desean reprender (II, p. 30).

El 25 de febrero de 1615 (dos días antes de fechar su aprobación) Márquez Torres oyó a «muchos caballeros franceses» hacerse lenguas del prestigio que el autor del *Quijote* tenía en varias naciones europeas, y cuando el licenciado les dijo que Cervantes era pobre, se extrañaron de que España no le sustentase con fondos públicos.

Mayáns sospechó que la aprobación de Márquez Torres era en realidad del mismo Cervantes; pero en ella se encuentra la palabra «crítico», que no aparece en todo el léxico cervantino. Esta palabra se introduce en las lenguas europeas hacia 1590 por influencia de Justo Lipsio, y condensa la conciencia formal de los escritores barrocos. Es natural que el culto capellán Márquez Torres, nacido en 1574, ya en la generación del Barroco, y formado en la universidad, utilizara el término de moda.

Prólogo

El primer motivo del prólogo es el recuerdo de Avellaneda. Cervantes le desprecia, pero se siente herido por él y ventea su enfado. Avellaneda le ha llamado *viejo* y *manco*, y el anciano manco de Lepanto recuerda con orgullo su participación en la batalla y la honra que el soldado porta en sus heridas. También le ha llamado Avellaneda *envidioso* por las alusiones a Lope de Vega en el prólogo y en el capítulo 48 de la primera parte, y ha dicho que las novelas de Cervantes son más satíricas que ejemplares, pero que son buenas (Avellaneda dice «ingeniosas»).

Cervantes demuestra en este prólogo su conciencia del diferente rango en que se mueven él y el autor apócrifo. Si en 1605 mostraba algo de miedo sobre el futuro de su libro, ahora siente compasión por el pobre audaz que se atrevió a competir con él,[4] y le tilda de loco con dos graciosas anécdotas. Avellaneda dice que le va a quitar la ganancia de su libro, y Cervantes, pobre pero digno o al menos resignado, aprovecha la ocasión de inmortalizar a sus mecenas, el conde de Lemos y el cardenal Sandoval y Rojas, que le alimentan en su vejez. Finalmente, en las últimas líneas del prólogo reclama su derecho de padre de don Quijote, como lo había hecho a partir del capítulo 59 de esta segunda parte.

La dedicatoria al conde de Lemos expresa gratitud por su ayuda, pero Cervantes añade una anécdota irónica. El emperador de China le ha llamado para hacerle rector de un colegio de español que quiere fundar. Cuando el conde de Lemos fue de virrey a Nápoles en 1610, mandó a Lupercio Leonardo de Argensola, «rector de Villahermosa», reclutar a unos cuantos escritores para llevárselos a la corte napolitana. Cervantes solicitó ir, pero fue rechazado por el clérigo aragonés.[5] No conocemos las razones

---

[4] Sobre la seguridad de Cervantes en la segunda parte, ver Madariaga, *Guía*, p. 60.

[5] Sobre la corte del conde de Lemos, ver Otis H. Green, «The literary court of the Conde de Lemos at Naples (1610-1616), *Hispanic Review*, 1 (1933), 290-308 y F. Fernández Murga, El conde de Lemos, virrey-mecenas de Nápoles, en *Annali dell'Istituto Universitario Orientale di Napoli, Sezione Romanza*, 4 (1962), 5-27.

de la decisión de Argensola, pero una razón pudo ser la edad de Cervantes —en 1610 cumplía 63 años— y otra, la discrepancia en la concepción de la literatura. Los «cultos» de la generación inmediatamente posterior no consideraron el *Quijote* como una obra genial, sino como algo atrasado en comparación con sus innovaciones formales, fundadas en su saber clásico.

Recapitulación y autocrítica (Capítulos 1-7)

Los primeros capítulos de la segunda parte contienen una especie de recapitulación en que aparecen los personajes conocidos de la primera: el cura y el barbero, el ama y la sobrina de don Quijote, y un personaje nuevo: el bachiller Sansón Carrasco, que hace la crítica de la primera parte del libro. A cada uno de estos interlocutores se le dedica un capítulo, y así se establece la conexión entre las dos partes. Los primeros en aparecer son el cura y el barbero. Su conversación no necesita comentario, excepto notar que el hidalgo sigue en el mismo grado de locura que tenía al final de la primera parte, aunque ahora el coloquio incluye más reflexiones generales sobre rasgos de la conducta humana.

En el capítulo segundo don Quijote le pregunta a Sancho cómo se comentan sus hazañas en el lugar. En este caso, la lealtad del criado con respecto a su señor consistirá en que le diga toda la verdad. Aquí hay una referencia a la convicción de que los reyes y poderosos suelen tener a su lado aduladores y no auténticos consejeros que les informen de la situación real del pueblo. Sancho le resume a don Quijote lo que dicen de él los tres estamentos sociales: el vulgo, los hidalgos y los caballeros.[6] Todos aluden a su pobreza y su locura, pero con respecto al valor, todos encuentran cualidades positivas en el hidalgo: «Unos dicen, "loco pero gracioso"; otros, "valiente pero desgraciado"; otros, "cortés pero impertinente"» (II.2, 56). Como se ve, los que consideraban a don Quijote «valiente pero desgraciado», anticipaban lo que se ha llamado después visión romántica del héroe. Don Quijote le contesta a Sancho que la virtud es siempre objeto de murmuración, y Sancho le dice que efectivamente son objeto de una murmuración excepcional: según el bachiller Sansón Carrasco, recién llegado de la Universidad de Salamanca, se ha publicado un libro donde su autor, Cide Hamete «Berenjena», cuenta todo lo que pasó entre Sancho y don Quijote. El escudero no comprende cómo el autor de la historia pudo saber las cosas que pasaron entre los dos andantes cuando caminaban solos.

Mientras Sancho, mandado por su amo, va a buscar al bachiller Carrasco (c. 3), don Quijote manifiesta su decepción al tener a un moro como autor de su historia, lo cual permite sospechar que no haya sido veraz, y sobre todo que no haya descrito de manera honesta su amor a Dulcinea. Llega Sansón (magistralmente retratado con unas cuantas pinceladas) y le confirma a don Quijote que se ha publicado su historia escrita por Cide Hamete Be-

---

[6] Según las *Relaciones* mandadas a Felipe II en 1575 y 1576, en aquellas fechas apenas había caballeros en los pueblos de la Mancha. En Quintanar había 38 familias hidalgas, pero los únicos caballeros eran los comendadores de las órdenes militares, instalados en los castillos de sus encomiendas. No es verosímil que el pueblo de don Quijote, llamado varias veces aldea, tuviera caballeros. Los caballeros que tenían hacienda en los pueblos solían vivir en Toledo.

nengeli, y que van vendidos más de doce mil ejemplares del libro. Naturalmente, aquí por la boca del bachiller habla orgulloso el anciano Cervantes.

Comienza luego la crítica de la primera parte, pero junto al contenido es necesario recalcar y admirar la maestría de la escena en que se hace (paralela al examen de la biblioteca en I.6): en diálogo, con intervenciones de Sancho, con reflexiones generales sobre la verdad de la historia y sobre si los personajes deben ser retratados como individuos o como símbolos de estructuras universales de la naturaleza y conducta del hombre.[7] Vienen a continuación los puntos concretos en que Cervantes critica su propio libro. Si las críticas surgieron de los lectores, Cervantes las respeta y acepta, y por tanto son suyas; y si se le ocurrieron a él, prueban que reflexionó con insistencia sobre su texto, convertido en taller de escritura. Descubre las siguientes faltas:

1) El exceso de palos a don Quijote
2) La inocente credulidad de Sancho al esperar ser gobernador
3) Las novelas intercaladas
4) La inconsistencia en el robo del asno de Sancho
5) El no haber vuelto a mencionar qué hizo Sancho con los cien escudos de Cardenio encontrados en la sierra.

---

[7] Dice Sansón: «Uno es escribir como poeta, y otro como historiador: el poeta puede contar o cantar las cosas, no como fueron, sino como debían ser; y el historiador las ha de escribir, no como debían ser, sino como fueron, sin añadir ni quitar a la verdad cosa alguna» (II.3, 61).

A las dos últimas preguntas satisface el escudero inmediatamente. De hecho, en la segunda edición del *Quijote* se introdujo el modo como Ginés de Pasamonte le robó el asno a Sancho mientras éste dormía. Sobre los escudos dice que fueron legítimo pago por sus servicios y los ha gastado en necesidades de su familia (II.4, 67-68). Sancho sigue soñando con su ínsula e incluso con un reino, y se siente capaz de regirlos. En el capítulo 53, cuando una invasión de la ínsula le haga ver lo difícil que es gobernar un estado, llegará a la cima de su sabiduría, reconociendo: «Yo no nací para ser gobernador» (II.53, 444).

En el capítulo quinto, Cervantes reproduce una conversación de Sancho con su mujer, que es un genial entremés. Sancho le dice a Teresa que es feliz, pero le gustaría no serlo. Teresa le recrimina su estilo enrevesado (conceptista), y él le explica que es feliz porque va a salir de nuevo con don Quijote, pero esa felicidad va «mezclada con la tristeza del dejarte».[8] En el curso de la conversación, Sancho, influido ya por el lenguaje culto de su amo, habla en un nivel inaccesible a su mujer. Le va poseyendo el sueño de la ínsula y ya ve a Teresa Panza como condesa y a sus hijos emparentados con familias nobles. Sancho tiene aspiraciones; en cambio su mujer es incapaz de volar sobre el horizonte de su pueblo. Aquí parece producirse lo que Madariaga llamó la «quijotización» de Sancho. Yo creo que no se produce ese cambio; por su ilusión de ser conde

---

[8] II.5, 73. Es la misma expresión del primer diálogo de *La Celestina*, cuando Calisto le dice a Melibea que los santos del cielo se gozan *puramente* en la presencia de Dios, mientras él, *mixto*, se goza, pero con el «recelo» de tener que dejarla.

y hasta rey (I.7), Sancho es un quijote desde el principio, pero un quijote siervo que no sale nunca de las humildes aspiraciones de quien no sabe leer ni escribir. Su ilusión no es locura como la del señor, sino necedad e ignorancia. Desde luego, Sancho no tiene ideas propias ni «habla de suyo», repite cosas que ha oído; y lo que ha oído con respecto a los nobles de ejecutoria, es que la presencia sensible da una imagen más vehemente que ningún recuerdo del pasado. Por eso, cuando sus vasallos vean a su hija pasearse como condesa, se irá imponiendo como tal, y nadie recordará su origen villano.

Mientras los dos plebeyos tienen la conversación anterior, don Quijote tiene la suya con el ama y la sobrina. El ama dice que se quejará a Dios y al rey si su amo pretende salir de nuevo a buscar aventuras. Él contesta que si fuera rey no escucharía las impertinencias que a diario se dirigen a los reyes. Se trata de una alusión a los llamados arbitristas, que ofrecían al rey consejos para remediar el mal estado de la nación. De hecho, es a base de un arbitrio como el cura y el barbero comprueban la locura de don Quijote en el primer capítulo de la segunda parte.

El ama le aconseja que se vaya a la corte y no vague por los caminos. Don Quijote le responde con una comparación entre los caballeros andantes y los cortesanos, y él se siente orgulloso de estar entre los primeros, que pelean de veras mientras los segundos se pierden en justas y convenciones ceremoniosas (II.6, 80). En este punto interviene la sobrina denostando de las fábulas de los caballeros andantes, y su tío se esfuerza por convencerla de que esos libros narran verdades. En su discurso va introduciendo más material ejemplar que en la primera parte, aunque en Cervantes esos elementos ejemplares son observaciones de los personajes sobre sus propios actos, y por tanto, lo ejemplar no es sino la conciencia refleja de esos actos. Por eso el discurso ejemplar no es la moraleja abstracta añadida a las acciones, como las consideraciones doctrinales del *Guzmán de Alfarache*. En esta conversación con el ama y la sobrina afirma don Quijote que se puede llegar a ser honrado y rico por las armas o por las letras, pero él tiene «más armas que letras, y nací, según me inclino a las armas, debajo de la influencia del planeta Marte; así que *casi* me es forzoso seguir por su camino» (II.6, 84). El adverbio «casi» es fundamental, porque con él don Quijote-Cervantes sostiene la doctrina católica de la libertad de albedrío, cuando parecía negarla al decir que las estrellas le inclinaban a las armas.

En el capítulo séptimo, Sancho, inducido por su mujer, le pide a don Quijote un sueldo señalado, por si no llega el gobierno de la ínsula. Don Quijote le responde que fijarle un sueldo al escudero vulnera las ordenanzas de la caballería, y si Sancho no las acepta, no puede ser su escudero. Don Quijote y Sansón Carrasco representan en este caso las armas y las letras, y Sansón se ofrece para servirle si Sancho decide abandonarle (II.7, 90). Sancho decide salir con su señor.

La publicación de su historia —primera parte del *Quijote*— es para el caballero y para Sancho el premio a sus hazañas con la merecida fama. A partir del capítulo 30, esa historia publicada orientará la conducta de los duques con su huésped. Pero la importancia de los primeros capítulos reside en que expresan la conciencia refleja y crítica de Cervantes con respecto a su obra. En la reflexión adquiere una idea más precisa de sus propios personajes, como dice por boca de Sansón al valorar el lenguaje de Sancho: «Hay tal que precia más oíros hablar a vos que al más pintado de toda ella [la historia]»[9]

Sancho se define a sí mismo como «algo malicioso... con ciertos asomos de bellaco, pero todo cubierto con la capa de su simpleza, siempre natural y nunca artificiosa» (II.8, 94). En realidad Cervantes está señalando el filón original que ha encontrado al caracterizar a Sancho como un nivel mental con su correspondiente nivel de expresión. Desde esa conciencia decide evitar en la segunda parte los errores cometidos en la primera, como lo dice al principio del capítulo 44. Cide Hamete se reprendía a sí mismo «por haber tomado entre las manos una historia tan seca y tan limitada como esta de don Quijote... y decía que el ir siempre atenido el entendimiento, la mano y la pluma a escribir de un solo sujeto y hablar por las bocas de pocas personas era un trabajo incomportable, cuyo fruto no redundaba en el de su autor, y que por huir deste inconveniente había usado en la primera parte del artificio de algunas novelas, como fueron la del *Curioso impertinente* y la del *Capitán cautivo*... Y así en esta segunda

---

[9] II.3, 62. «Algunos que son más joviales que saturninos dicen: Vengan más quijotadas: embista don Quijote y hable Sancho Panza, y sea lo que fuere» (II.4, 68). «Nunca llegará tu silencio a do ha llegado lo que has hablado, hablas y tienes de hablar en tu vida» (II.20, 194); cf. II.28, 258; II.30, 272; II.31, 277. «La duquesa le dijo que se sentase como gobernador y hablase como escudero, puesto que por entrambas cosas merecía el mismo escaño del Cid Ruy Díaz Campeador» (II.33, 297). II.43, 364. El hablar va unido a la «gracia», cualidad que se asocia con el plebeyo: «Sancho Panza su escudero, a cuyas gracias no hay ningunas que se le igualen» (II.58, 478). Inmediatamente se habla de las «gracias» de don Quijote; lo cual indicaría que no se atribuyen sólo a Sancho. Pero en este caso, se refiere a las «gracias» del loco caballero, que suscitan la risa en muchas ocasiones.

parte no quiso introducir novelas sueltas ni pegadizas» (II.44, 366).

Si la primera parte condiciona el modo de proceder del autor en la segunda e inspira la conducta de los personajes que la conocen —todo ello antes de que Cervantes descubra el *Quijote* de Avellaneda, donde su conciencia crítica y autocrítica alcanzará un nivel todavía más hondo— el libro, superestructura o producto cultural, se ha convertido en subestructura, o sea, en realidad histórica. En la primera parte caballero y escudero se encontraban con sederos, pastores, arrieros o enamorados despechados; en la segunda, con géneros literarios.

Ilusión y alucinación (Capítulos 8-29)

En el capítulo octavo don Quijote y Sancho salen de su pueblo y toman el camino del Toboso para visitar a Dulcinea, obedeciendo al mandato que, según Sancho, había recibido de ella.[10] Se repite el patrón de los caracteres: donde el señor ve galerías y corredores de palacio, el criado ve bardas de corral. Se repite el sentido místico del poder de Dulcinea sobre su amante, como habíamos visto en I.30: «Cualquier rayo que del sol de su belleza llegue a

---

[10] Sancho le había dicho a don Quijote que Dulcinea «le suplicaba y mandaba que, vista la presente, saliese de aquellos matorrales y se dejase de hacer disparates, y se pusiese luego luego en camino del Toboso, si otra cosa de más importancia no le sucediese, porque tenía gran deseo de ver a vuestra merced» (I.31, 384). Cuando Sancho inventa este mensaje va camino del reino de Micomicón, donde espera ser conde. Ésa es «la cosa de mayor importancia» que Sancho inventa para seguir en la aventura de la Princesa Micomicona.

mis ojos alumbrará mi entendimiento y fortalecerá mi corazón, de modo que quede único y sin igual en la discreción y en la valentía» (II.8, 93). La iluminación del ser divinizado alumbrará el *entendimiento* y fortalecerá la *voluntad* del caballero, las dos potencias superiores del alma, cuyos hábitos son respectivamente la discreción y el valor. Sancho contesta desde su mundo material y *sensible*: el polvo del trigo que estaba cribando Dulcinea le cegó en vez de iluminarle. Don Quijote le dice a Sancho que probablemente algún encantador le puso la mota en el ojo para que no viera la belleza de la dama. Esta mención de los encantadores puede explicar el encantamiento de Dulcinea ingeniado por Sancho en el siguiente capítulo.

Habla luego don Quijote de la fama, un bien natural (frente a los bienes sobrenaturales o de la gracia) que es premio de las hazañas honrosas en este mundo, pero inferior a la gloria eterna, «la fama vividora», como dirá después Calderón. Y una vez más, como nota particular de esta segunda parte, el caballero habla de la batalla espiritual que vence a los vicios. Sancho le pregunta por qué no se dedican a ser santos o frailes, puesto que en el cielo hay más frailes que caballeros, y don Quijote, reconociendo que Sancho lleva razón, advierte que en todos los estados puede el hombre llegar a la perfección cristiana.[11]

Don Quijote y Sancho andan toda la primera noche, y al atardecer del día siguiente llegan al Toboso (II.8, 99).

---

[11] Erasmo había dicho que el estado religioso o de fraile no es objetivamente superior al de seglar, según el Evangelio. Don Quijote no plantea aquí ese tema, sino repite la doctrina tradicional de la Iglesia, según la cual, aunque el estado religioso es objetivamente más perfecto que el seglar, los individuos seglares pueden ser más perfectos que los frailes. Y desde luego, en todos los estados se puede uno salvar, como dice don Quijote.

Si necesitan unas 20 horas —una noche y casi un día entero— para llegar desde su lugar a la «ciudad» del Toboso, ahora el pueblo de Aldonza dista del pueblo de los caminantes mucho más que en la primera parte. Allí el caballero y el escudero conocían a Aldonza Lorenzo, y Sancho sabía incluso detalles de su vida (c. 25). En el capítulo 30 le dice Sancho a don Quijote que no ha visto nunca a Dulcinea (I.30, 378), pero el caballero no le toma en serio, pues cree que acaba de volver del Toboso con el mensaje de la señora. Sancho precisa: «Digo que no la he visto tan despacio que pueda haber notado particularmente su hermosura» (ibíd.). En la segunda parte ninguno de los dos conoce a esa Aldonza Lorenzo desde la cual cada uno ha construido el perfil de Dulcinea según su respectivo horizonte mental. En la primera parte, Aldonza era una labradora de buen parecer; en la segunda «es principal y bien nacida, y de los hidalgos linajes que hay en el Toboso, que son muchos, antiguos y muy buenos» (II.32, 293). Es decir, en la primera parte don Quijote tomaba una realidad prosaica y la elevaba según el mundo de su fantasía; su enfermedad era la *ilusión*. En la segunda no hay objeto que sirva de base; don Quijote vive en el mundo conformado sin soporte real; ya no interpreta lo que ve, sino que vive en el espacio del ensueño. Sin embargo, en ese mundo es más cuerdo que en el primero, porque es el de la conducta ejemplar del caballero y el del honor, las realidades ideales que dan nobleza a toda vida humana: don Quijote vive en la *alucinación*. Por eso, si en la primera parte se movía en el contraste entre la ilusión y la realidad, en la segunda se mueve entre géneros literarios o productos de la fantasía. Ahora el mundo ideal de don Quijote y el real y vulgar no chocan, sino que marchan paralelos. Los realistas se burlan del ideal, y en general llevan razón, pero salen burlados porque el ideal es una dimensión innegable de la realidad. El autor somete a investigación esa misteriosa encrucijada en todas las aventuras.

En el capítulo 10, Sancho le hace creer a don Quijote que una tosca labradora encontrada por casualidad en el camino, es Dulcinea. Desde el punto de vista literario es genial el monodiálogo interior del escudero, donde se hace preguntas y se da respuestas en consonancia con el mundo de interés en que se mueve. Ahora don Quijote ve con sus ojos a las aldeanas, y Sancho le jura que una de ellas es Dulcinea. El mundo de la fantasía no se comunica con el real de los sentidos; don Quijote ve con los ojos las ventas como ventas, los leones como leones, y las labradoras como labradoras, pero esas realidades son falsificaciones que los encantadores hacen de sus castillos, sus «leoncitos» y su «emperatriz de la Mancha».

El encantamiento de Dulcinea plantea el tema de los medios posibles para desencantarla. En el capítulo 35 Merlín revela que Dulcinea será desencantada cuando Sancho se dé 3.300 azotes «en ambas sus valientes posaderas», y a partir del capítulo 59 (II, 483) don Quijote le pedirá con insistencia que se azote para que la dama encantada vuelva a su ser. La solución de Merlín nos hace pensar en otro motivo esencial de esta segunda parte: los burladores burlados. Sancho, que inventa el encantamiento de Dulcinea burlando a su señor, será burlado cuando le mandan darse la disciplina. El motivo del encantamiento explica el que don Quijote vea a Dulcinea encantada en el sueño-éxtasis que le sobrecoge en la cueva de Montesinos.

A partir del capítulo 11 comienza el encuentro con géneros literarios; el primero es:

El teatro. Por el camino se encuentran con el carro de comediantes que pasan de un pueblo a otro vestidos para representar el auto de *Las cortes de la muerte.* Don Quijote toma la farsa por realidad y propone acometerlos. Sancho responde con una clara alusión social: «Nunca se tome con farsantes, que es gente favorecida» (II.11, 118). Al final de esta aventura, don Quijote reflexiona sobre la vida como comedia, donde todos jugamos nuestro papel mientras vivimos hasta que la muerte nos iguala, y Sancho aporta la imagen del juego del ajedrez, donde cada figura desempeña su función hasta que todas se mezclan en la misma bolsa. Estamos en el trasfondo que probablemente inspiró *El gran teatro del mundo,* de Calderón. Este capítulo documenta la falta de realismo temporal en el *Quijote.* Si en la segunda salida volvió a su casa en septiembre, la tercera debió de suceder a mediados de octubre. Pues bien, el carro de los comediantes pasa de un pueblo a otro para representar un auto sacramental, porque es la octava del Corpus, es decir, hemos vuelto a junio.

El libro de caballerías. Los capítulos 12 al 16 se encuentran con el libro de caballerías. El lector se queda perplejo cuando descubre a otro caballero, el Caballero del Bosque o de los Espejos, recitando un soneto a la dama de sus pensamientos. Antes, don Quijote le ha visto templar un laúd o vihuela, y Cervantes subvierte con un mordisco irónico el bello acto poético: «según escupe y se desembaraza el pecho, debe de preparase para cantar algo» (II.12, 124). Después, el recién llegado afirma que ha obligado a todos los caballeros, entre ellos los de la Mancha, a confesar que su dama, Casildea de Vandalia, es la más bella del mundo. A esta afirmación responde don Quijote que eso no es verdad, ya que él no ha confesado ni podría confesar jamás que otra mujer es superior a Dulcinea. Como resultado de la disputa convienen en pelear a la mañana siguiente.

El capítulo 13 reproduce un diálogo entre Sancho y el escudero del Caballero del Bosque. Después sabremos que el propósito del nuevo caballero es hacer que don Quijote vuelva a su casa, pero el escudero del bosque, coincidiendo con su amo, le aconseja a Sancho que se retire a su aldea. El banquete y el diálogo de los dos escuderos sobre el vino de Ciudad Real y el significado de ciertos insultos cuando se usan con buena intención es un modelo de gracia como categoría estética, y un bodegón digno de Velázquez por su nitidez plástica. Se hace necesario repetir el calificativo de genial que hemos empleado en otros lugares.

En la aventura con el Caballero de los Espejos (Sansón Carrasco) explica el autor por qué el bachiller animó a don Quijote en el capítulo octavo a salir por tercera vez de su pueblo. Como sólo las leyes de la caballería tenían fuerza sobre él, y eran, por tanto, las únicas que podían obligarle a retornar voluntariamente, Sansón proyectó salir a luchar con don Quijote, esperando vencerle, y exigirle bajo palabra de caballero que se retirase a su aldea sin intentar otra salida durante un año. El bachiller, el cura y el barbero esperaban que en ese año sanaría de su locura.

Tres secretos de la obra se hacen patentes en esta escena:

a) la borrosa frontera entre la comedia y la realidad
b) el burlador burlado: Sansón Carrasco

c) en la primera parte, después de presentarnos la visión de la realidad que tenían don Quijote (ingenio) y Sancho (sentido), entraba el autor (entendimiento) diciéndonos de antemano la verdad (cf. cap. 8: los molinos, y 21: el yelmo de Mambrino). En la segunda, Cervantes le introduce al lector en el mundo de la ficción, le enfrenta con otro caballero que vaga por la Mancha, y sólo después de la batalla le revela que ese caballero es Sansón Carrasco. Este procedimiento de «suspenso» es un rasgo constante de la segunda parte.

La poesía (caps. 16-18). La siguiente aventura es el encuentro con el Caballero del Verde Gabán, que les cuenta a don Quijote y a Sancho su modo de vivir. Se ha dicho que, con algunos retoques, este caballero podía encarnar el ideal del caballero cristiano de Erasmo. Don Diego de Miranda —así se llama— dice que oye misa todos los días y es devoto de la Virgen. Bataillon comenta que estos dos rasgos no serían erasmianos, pero en todos los otros coincide con el caballero del humanista holandés. En mi opinión, esos dos matices que le apartan del erasmismo indican que lo mejor es olvidar a Erasmo en este contexto y ver al Caballero del Verde Gabán como un dechado de buen católico seglar, según los mandamientos y consejos tradicionales de la Iglesia.[12]

El caballero no tiene más que un hijo, que se dedica a escribir poesía y a estudiar a los poetas griegos y latinos.

---

[12] Estudié este tema de manera más extensa en mi artículo «Erasmo y el texto del *Quijote*», en Kurt y Roswitha Reichenberger, *Cervantes en la víspera de su centenario*, 1994, I, pp. 173-195.

Esto es para el padre una desgracia tal, que se consideraría más dichoso si el hijo no hubiera nacido. Esta observación del Caballero del Verde Gabán es un hito en la sensación de inutilidad que el estudio de las humanidades ha producido a través de toda la historia. Por muchos estilos que distingamos en el humanismo, es inexplicable que nadie relacione con Erasmo —el humanista por excelencia— a un hombre que se considera desgraciado porque su hijo se dedica a las humanidades clásicas.

El caballero se encuentra perplejo ante la figura de don Quijote con su alternancia de locura y cordura. Igualmente dudoso queda el hijo, aunque éste decide que el caballero está loco. Pero cuando el joven le lee a don Quijote su primer poema y éste le alaba como consumado poeta, comenta con ironía el autor: «¿No es bueno que dicen que se holgó don Lorenzo —el joven poeta— de verse alabar de don Quijote, aunque le tenía por loco?» (II.18, 175). Ante el elogio todos bordeamos el quijotismo. En el diálogo del caballero con sus huéspedes Cervantes emite ideas importantes sobre la poesía.

El entremés (caps. 19-21). Ya en el camino, don Quijote se encuentra con dos estudiantes y dos labradores que van a las bodas de «Camacho el rico» y de la hermosa Quiteria. Ella quería desde niña a Basilio el pobre, pero el padre le ha buscado esposo más hacendado. Con ese motivo, se plantea una discusión sobre si las mujeres deben casarse por amor o con un legítimo interés. Sancho expresa una vez más el materialismo de su estrecho horizonte: «Tanto vales cuanto tienes, y tanto tienes cuanto vales. Dos linajes solos hay en el mundo, como decía una agüela mía, que son el tener y no tener» (II.20, 193). Basilio, al verse abandonado por Quiteria, escenifica un suicidio fingido, y dice que morirá sin confesión si Quiteria no se casa con él en ese momento cercano a su muerte. Todos aconsejan a la joven que le dé la última oportunidad de salvación, y cuando el sacerdote los casa, Basilio se levanta sano y salvo.

Dos puntos merecen comentario en esta escena. Primero, cuando Basilio se levanta ileso después de casarse, los asistentes gritan: «¡Milagro, milagro!». Él, en cambio, responde: «¡Industria, industria!» (II.22, 200). Cervantes evita en su libro toda mezcla de lo humano y lo divino; es el momento de repetir que en el *Quijote* todo es posible según las leyes de la naturaleza, sin ninguna intervención sobrenatural. El segundo punto es cómo puede ser válido un matrimonio que Basilio ha obtenido con un engaño tan manifiesto. Sin embargo, Basilio se asegura de que el consentimiento de Quiteria en el matrimonio es consciente, libre y sin condiciones. De hecho, Quiteria repite su consentimiento después de descubrirse la estratagema del enamorado, aunque el autor deja a salvo la honestidad de la joven, confirmando que ella no sabía nada de esa estratagema.

El humanismo y el romancero (caps. 22-23). Un licenciado que acompaña a don Quijote trae a un primo suyo, estudioso y «muy aficionado a leer libros de caballerías» (II.22, 205), y se lo presenta al caballero para que le guíe a la Cueva de Montesinos. El nuevo personaje se declara «humanista» de profesión, es decir, dedica su vida a recopilar datos históricos sobre algunos temas. Entre ellos investiga «las libreas», está componiendo un «Ovidio español» (una imitación de *Las metamorfosis* de Ovidio), donde describe el origen de algunos monumentos de España, como la Giralda de Sevilla y las fuentes de Leganitos y Lavapiés, y está compilando un libro sobre el origen de muchas cosas que se le escaparon al erudito Virgilio Polidoro. A todo ello responde Sancho: «Sí, que para preguntar necedades y responder disparates no he menester yo andar buscando ayuda de vecinos» (II.22, 207). Y don Quijote apostilla: «Más has dicho, Sancho, de lo que sabes; que hay algunos que se cansan en saber y averiguar cosas que, después de sabidas y averiguadas, no importan un ardite al entendimiento ni a la memoria» (ibíd.). Aquí no habla don Quijote el loco, sino el cuerdo Cervantes en 1615, o sea en el momento en que toda la vida intelectual de Europa era prácticamente erudición sin pensamiento, y hasta la poesía resucitaba la mitología griega y latina.

Don Quijote baja después a la cueva de Montesinos. Cuando regresa, vuelve dormido. Se trata de un éxtasis en el que está viendo lo que lleva en su mente y en su deseo. Le entró un sueño en la cueva; al despertarse se halló en medio del más deleitoso prado coronado por un suntuoso palacio. De sus puertas sale un venerable anciano, que es el caballero Montesinos, y le dice a don Quijote que le esperaban hacía siglos, porque esa empresa sólo para él estaba guardada. Don Quijote le pregunta si verdaderamente él sacó el corazón de su primo Durandarte para llevárselo a Belerma. Montesinos se lo confirma y luego le lleva a una cámara donde hay un sepulcro sobre el que yace Durandarte, encantado por el sabio Merlín. Montesinos sigue razonando que si Durandarte murió, no se explica cómo puede quejarse después de muerto, como supone el romancero. Montesinos le dice a Durandarte que ya llevó el corazón a su esposa, y que para eliminar los malos olores en el largo camino, lo amojamó en sal. La dueña Ruidera y sus hijas lloraron tanto, que se convirtieron en lagunas, y el escudero Guadiana se convirtió en río. Montesinos le dice a Durandarte que están delante de don Quijote, el caballero que, según Merlín, había de resucitar la andante caballería.

Detrás de unos cristales se ve una procesión de damas llorosas a las que sigue Belerma con el corazón de Durandarte. De tanto llorar y del no dormir tiene ojeras y mal color, aunque hace mucho que pasó la edad del «mal mensil» (II.23, 218). Don Quijote le dice a Sancho que ha visto a Dulcinea en la forma de labradora en que apareció al salir del Toboso. Sancho protesta que no lo puede creer, aunque está seguro de que don Quijote no miente. «Pero lo que más pena me dio... fue que... se llegó... por un lado una de las dos compañeras de la sin ventura Dulcinea» y le pidió seis reales. Don Quijote sólo tiene cuatro y se los da. Cervantes está bordeando el terreno peligroso de la nigromancia, y por boca de Sancho desacredita como locura todo lo que su amo está diciendo. Como en el resto de la obra, cuando se tocan elementos mágicos, entra el autor para tomar distancias, y como quiere guardar la verosimilitud, deja claro al principio del capítulo 24 que todo lo fantástico procede del ingenio sin juicio de don Quijote, «porque convenía y cuadraba bien con las aventuras que había leído en sus historias» (II.24, 223-24). La narración de la Cueva de Montesinos condensa varios romances del ciclo carolingio.

Buscando donde pasar la noche, el guía les dice que hay cerca una ermita con su ermitaño. Se ofrece ocasión para una pulla contra la posible hipocresía del eremita, que sin más crítica se ha visto como prueba del erasmismo de Cervantes. De hecho, la frase «menos mal hace el hipócrita que se finge bueno que el público pecador» (II.24, 225) repite una idea consagrada en la escolástica: el hipócrita, aunque sea malo, no da mal ejemplo; en cambio, el pecador público, además de pecar él, da escándalo, induciendo a los otros a pecar. Es la doctrina de Santo Tomás de Aquino, que cita como autoridad a San Jerónimo.[13]

El cuento y los títeres populares (caps. 24-27). Les alcanza un hombre con un macho cargado de lanzas y alabardas, y le dice a don Quijote que las lleva para algo por ventura nunca visto ni oído. Encuentran también a un joven que va a embarcarse como soldado, y don Quijote le da unos consejos apropiados. Llegados a una venta, don Quijote, curioso por la promesa del hombre del macho, le busca para escuchar su historia, ayudándole incluso a echar pienso a su caballería en la cuadra. El hombre se hace de rogar hablando del «cuento de sus maravillas» y de «cosas que le admiren». Luego cuenta el episodio de los dos regidores que imitaban el rebuzno de un asno y se atrajeron la burla del pueblo vecino, hasta que los dos pueblos llegaron a desafiarse. «Y éstas son las maravillas que dije que os había de contar» (II.25, 233). El cuento es insulso, una caída desde el clímax de expectación provocado por las promesas. Es la única vez en que ni el autor ni los personajes comentan la calidad de la narración. El campesino tiene un nivel de entendimiento parecido al de Sancho en I.20.

---

[13] «Aliquis potest peccatum suum occultare absque simulatione. Et secundum hoc intelligendum est quod Hieronymus dicit, quod "secundum remedium post naufragium est peccatum abscondere, ne scilicet exinde aliis scandalum generetur"» (*Summa Theologica*, II-II, 111, 1).

Inmediatamente se describe la llegada de maese Pedro, conocido del ventero, que va por los pueblos de «La Mancha de Aragón» ganándose la vida con un retablo de la historia de Melisendra y con un mono que responde a las preguntas de los huéspedes, cobrando dos reales por cada pregunta a la que responde el mono. Maese Pedro reconoce a don Quijote y se arrodilla ante él. Una vez más, el lector se encuentra suspenso por este reconocimiento, hasta que el autor explica que el titiritero no es otro que Ginés de Pasamonte, el galeote escritor librado por don Quijote en el capítulo 22 de la primera parte. De nuevo, ante la posibilidad de magia en relación con las adivinaciones del mono, don Quijote da la doctrina católica correcta, diciendo que no se debe uno fiar de los adivinadores, que pueden tener pacto con el diablo.

Entre tanto, maese Pedro ha preparado el retablo que lleva de pueblo en pueblo, y tiene lugar una escena de títeres populares en los que se representa la liberación de Angélica por Gaiferos. La base son los romances del ciclo carolingio. Van pasando cuadros del retablo, mientras un muchacho narra lo pintado. Cuando roza la sátira en una alusión a la lentitud de la justicia, le interrumpen diciendo que continúe su relato sin desviarse. Y cuando el ejército musulmán persigue a don Gaiferos que va huyendo con su dama, don Quijote se involucra en la batalla a favor de los fugitivos, y destruye el retablo. Irónicamente, Sancho, que no ha reconocido al ladrón de su asno, le consuela prometiéndole que don Quijote le pagará lo destruido, y el ladrón Ginés predica la doctrina cristiana según la cual no se perdona el pecado de hurto si no se restituye lo robado (II.26, 246). Don Quijote achaca a los encantadores la trasmutación de los guerreros reales en ficticios, y como buen cristiano, paga los desperfectos del retablo.

La venta estaba en «La Mancha de Aragón», que era una región entre las actuales provincias de Toledo y Cuenca. Cervantes ha fundido de propósito la región manchega de Montearagón con el reino de Aragón para situarnos inmediatamente en las inmediaciones de Zaragoza. Las escenas del retablo se refieren a la historia de esta ciudad, y en este capítulo la venta se sitúa ya a dos días de distancia del Ebro. Parece como si los dos andantes hubieran volado de las lagunas de Ruidera (la cueva de Montesinos) a Zaragoza a lomos de Clavileño; es por tanto inútil la pretensión de clasificar el espacio y el tiempo del *Quijote* según criterios realistas. Curiosamente, ahora está también en Aragón el pueblo de los regidores del rebuzno (II, 251). Don Quijote actúa de pacificador entre los dos pueblos, pero Sancho hace alarde de su destreza en rebuznar, y los del pueblo, creyendo que se burla de ellos, le dan una paliza.

Don Quijote huye del pueblo airado, y cuando Sancho le reprocha el no haberle defendido (cap. 28), él razona desde un principio de Aristóteles: «la valentía que no se funda sobre la basa de la prudencia se llama temeridad» (II.28, 257). Disgustado Sancho con la vida de andante, le pide a don Quijote su salario, y en ese diálogo, cuando el señor trata de fijar el tiempo que el criado lleva a su servicio, aparece lo que podría ser una conciencia de tiempo en la novela; por el cálculo del salario podríamos saber cuántos días llevan por los caminos, pero no hay ningún signo de verosimilitud temporal. Don Quijote le recrimina a Sancho el que pretenda servirle a sueldo, algo que no se lee en ninguna historia de la caballería, y como en otros momentos, el criado reconoce su inferioridad humana, acepta que su señor le llame asno, y le pide perdón.

Dos días después de la escena precedente llegan al río Ebro (cap. 29). Descubren un pequeño barco, y don Quijote, recordando escenas del *Palmerín de Inglaterra* y del *Caballero del Febo*, entra en él pensando que le llaman para socorrer a otro caballero o alguna dama cuitada. Una vez más se enfrentan aquí el «ojo» del criado con el «saber» del señor que impone su ilusión sobre la realidad. Pero, como advierte el autor, «el barco se deslizaba por la mitad de la corriente, sin que le moviese alguna inteligencia secreta ni algún encantador escondido, sino el mismo curso del agua, blando entonces y suave» (II.29, 265). El capítulo 29 termina con esta observación del autor: «Volvieron a sus bestias y a ser bestias don Quijote y Sancho» (II.29, 267). Algunos críticos afirman que en la segunda parte Cervantes va manifestando una progresiva simpatía hacia sus personajes. La frase final del capítulo 29 demuestra que el autor mantiene con respecto a ellos la misma distancia sarcástica que le ha dirigido en todo el texto.

A partir de la tercera salida en el capítulo octavo, hasta el treinta en que llegan al castillo de los duques, la novela sigue el patrón de yuxtaposición, paralelo a los capítulos 7-22 de la primera parte. Se han abierto dos temas que se desarrollarán en las secciones siguientes: el poder histórico y social de la literatura, y el encantamiento de Dulcinea.

VI. El gran teatro
(capítulos 30-57)

Los capítulos 30 al 57 narran y presentan la estancia de don Quijote en el castillo de los duques. El texto no da noticia alguna sobre el título ni la identidad de este matrimonio noble, al que encontramos de caza en un prado junto al río Ebro cerca de Zaragoza. Según Pellicer, Cervantes podía referirse a los duques de Villahermosa y a su estancia en el castillo de Pedrola. Si de hecho Cervantes pensaba en ellos, la sátira tendría destinatarios concretos, pero tiene mayor trascendencia si se refiere en términos generales a la conducta de la nobleza en su tiempo. Lo probable, dada la concepción cervantina de la sátira, es que se refiriese a los nobles ociosos en general, que en tiempo de Felipe III eran la mayoría. Cervantes había luchado por Dios y por su rey al mando del heroico don Juan de Austria, y ahora en su vejez vivía la caída de ideales que se había producido durante los últimos años del siglo XVI y primeros del XVII.

Desde el punto de vista estructural, el castillo de los duques es un paralelo a la venta de la primera parte. Las dos partes, por tanto, comienzan con aventuras de camino, se remansan en unos espacios cerrados (venta y castillo), y continúan con otras escenas que culminan en la vuelta forzada de don Quijote a su casa. En la primera concepción de esta segunda parte, don Quijote estaba ya en las cercanías de Zaragoza; en poco tiempo habría llegado a la ciudad, habría luchado con el caballero de la Blanca Luna, y hubiera emprendido su regreso a casa una vez derrotado. Por tanto, no existirían las aventuras del camino a Barcelona —Roque Guinart y Claudia Jerónima— ni las escenas relativas al *Quijote* de Avellaneda, y desde luego no hubieran sido posibles las historias marítimas de Ana Félix y don Pedro (o Gaspar) Gregorio. El *Quijote* de Avellaneda le forzó a Cervantes a cambiar el itinerario de sus protagonistas y, en consecuencia, a imaginar nuevas aventuras, alargando la narración al salir del castillo de los duques y rompiendo la correspondencia estructural con la primera parte.

Los motivos fundamentales de la estancia de don Quijote en el castillo de los duques son:

- La vida desde la novela. Como los duques ya conocen la historia publicada de don Quijote, se la asimilan y preparan todas las escenas teatrales del castillo según los sueños del caballero y su escudero.
- La vida como teatro. Desde el primer encuentro de los andantes con los duques hasta la despedida, la narración convierte al castillo en un escenario de teatro, que es un museo de cuadros plásticos, unos de pintura estática y otros de pintura en movimiento.
- El gobierno de Sancho en la ínsula
- Desde el punto de vista del autor, los burladores burlados: la dignidad de don Quijote y Sancho Panza frente a los amigos ociosos de la caza y de la farsa.

Teatro

En el capítulo 30 se encuentran don Quijote y Sancho con los duques. Dos puntos principales hay en el primer encuentro: el cuadro plástico y el hecho de que los duques han leído el *Quijote* de 1605, de forma que a las primeras palabras de Sancho, la duquesa reconoce a los personajes. Y cuando don Quijote alaba la belleza de la duquesa, el duque comenta en el estilo arcaico de los libros de caballerías: «¡Pásito, mi señor don Quijote de la Mancha!, que adonde está mi señora doña Dulcinea del Toboso no es razón que se alaben otras fermosuras» (II.30, 271).

Del prado de la cacería se encaminan a la mansión de los duques, donde todo es teatro. Ya el recibimiento escenifica la llegada de los caballeros a los palacios de los reyes, como don Quijote la había soñado y descrito en el capítulo 21 de la primera parte. Y en ese momento de la suprema falsificación, don Quijote «de todo en todo conoció y creyó ser caballero andante verdadero, y no fantástico, viéndose tratar del mesmo modo que él había leído se trataban los tales caballeros en los pasados siglos».[1] Paralelo a la comedia de los señores corre el entremés de los criados: Sancho le pide a la dueña doña Rodríguez que cuide de su burro, y esa petición es para ella una broma de «juglar». Sin embargo, a todas las escenas de

---

[1] II.31, 274. Los duques dijeron a sus servidores cómo habían de tratar a don Quijote «para que imaginase y viese que le trataban como caballero andante» (ibíd., p. 276). Cf.: «El duque dio nuevas órdenes cómo se tratase a don Quijote como a caballero andante, sin salir un punto del estilo como cuentan que se trataban los antiguos caballeros» (II.32, 296).

ficción y juego responde don Quijote con la dignidad del caballero comprometido con causas dignas. En este punto surge el motivo de los burladores burlados, el más repetido durante la estancia de don Quijote y Sancho en el castillo de los duques.

Vestido de corte, don Quijote es invitado por los huéspedes a cenar. Con ellos hay «un grave eclesiástico destos que gobiernan las casas de los príncipes; destos que, como no nacen príncipes, no aciertan a enseñar cómo lo han de ser los que lo son; destos que quieren que la grandeza de los grandes se mida con la estrecheza de sus ánimos; destos que, queriendo mostrar a los que ellos goviernan a ser limitados, los hacen ser miserables; destos tales, digo, que debía de ser el grave religioso que con los duques salió a recebir a don Quijote» (II.31, 278). Creo que éste es el párrafo más acerbo de crítica social en toda la historia del ingenioso hidalgo. Por una parte, el Cervantes que en general hace consistir la nobleza en la conducta, sigue aquí la doctrina tradicional de la nobleza por herencia: «los que no nacen príncipes». El clérigo es una persona de origen plebeyo; sus estudios le han encumbrado hasta permitirle alternar con los grandes y gobernarlos con la confesión, el consejo o los servicios culturales. Pero tiene alma de plebeyo, y por la mezquindad congénita y la pequeñez de miras en una educación pobre, él y los de su clase pueden ser peligrosos como consejeros de quienes necesitan horizonte mental amplio y magnanimidad en sus decisiones. Cervantes expresa una crítica profunda que pone en cuestión el papel de los eclesiásticos en el gobierno de la sociedad civil, pero no se trata de un texto erasmista. Erasmo, el intelectual evasivo y fugitivo, que se relaciona con el mundo a través de la carta, sería para Cervantes uno de esos clérigos pusilánimes. La crítica del clérigo en este caso se sitúa en la diferencia entre grandeza y pequeñez de alma.[2] Aquí culmina la idea cervantina de la pobreza como posible impedimento de la magnanimidad.

En la cena, Sancho cuenta un suceso que pasó en su pueblo, y como en I.20, no es capaz de discernir lo pertinente de lo superfluo. La única persona que gusta del habla de Sancho es la duquesa, con lo cual quizá sugiera Cervantes que bajo los ricos vestidos se esconde una mente plebeya. Don Quijote revela en la conversación que Dulcinea está encantada, algo que los duques no podían saber, ya que el encantamiento lo produce Sancho en el capítulo 10 de la segunda parte del libro, y ellos sólo conocían la primera. El eclesiástico reprende a don Quijote por sus necedades de andante, y el caballero contesta con un discurso que los deja a todos sorprendidos por su inteligencia y dignidad. Entre las cosas que le dice al clérigo, describe su tipo de amor: «Yo soy enamorado, no más de porque es forzoso que los caballeros andantes lo sean; y siéndolo, no soy de los enamorados viciosos, sino de los platónicos continentes» (II.32, 283). Una vez más, si el *andante* es un loco, el *caballero* es ejemplar. El eclesiástico es el primer burlador burlado, pero también lo es el duque inmediatamente después. Las doncellas lavan la

---

[2] En el plano personal es posible que la escena del clérigo refleje la inquina de Cervantes contra Argensola, que le negó la oportunidad de ir a Nápoles al no admitirle en el séquito del conde de Lemos. Cervantes recuerda la decisión de los Argensola en *Viaje del Parnaso,* cap. 3, vv. 163-201, ed. cit., p. 1096. «Que no sé quién me dice y quién me exhorta/ que tienen para mí a lo que imagino,/ la voluntad, como la vista, corta» (vv. 178-180).

barba de don Quijote, y el duque tiene que someterse al mismo lavado para dar la impresión de que la burla es uso ordinario de la casa.

La duquesa le pide a su huésped que describa a Dulcinea y añade que según la historia publicada, «tal señora no es en el mundo, sino que es dama fantástica» (II.32, 290). Como sabemos, don Quijote había elevado a dama de sus pensamientos a una labradora del Toboso, y en la primera parte siempre se da a entender que la conocía. Sin embargo, es cierto que Dulcinea como tal es la creación de don Quijote, al margen de la moza campesina que sirviera de base a su ilusión. Y así como a Cervantes se le impuso don Quijote y por eso se considera su padrastro, el caballero reconoce que Dulcinea no es creación suya, sino que la contempla como ser real; se le impone como se les imponen a sus autores los seres de ficción, símbolos de caracteres humanos universales —«Don Quijote y Hamlet son más reales que Cervantes y Shakespeare», repetirá genialmente Unamuno. En toda esta conversación los burladores salen burlados, ya que al hablar de Dulcinea don Quijote describe las virtudes que deben tener todas las mujeres, y al hablar del linaje afirma que consiste en la virtud y que— frente a los nobles por herencia, que pueden ser villanos en su comportamiento —«Dulcinea es hija de sus obras» (II.32, 291). La duquesa reconoce que ese ideal de mujer existe, y por su boca declara Cervantes el poder de las ideas universales como realidades que se nos imponen.

Cuando don Quijote dice que sus cosas suceden de manera diferente a como les sucedieron a los otros caballeros andantes, el autor está reflejando su conciencia de la novedad de su personaje frente a los protagonistas de los libros de caballerías. Y cuando don Quijote describe el carácter de Sancho, en realidad refleja la conciencia que tiene Cervantes sobre el escudero que va plasmando. La escena en que los criados del duque hacen burla de Sancho, lavándole con agua sucia y secándole con rodillas de la cocina, deja burlados a los criados burladores; y la gratitud que muestra Sancho ante la duquesa, le pone humanamente por encima de los aristócratas que viven en la frivolidad.

El capítulo 33 podría titularse «Sancho, burlador burlado». El escudero le cuenta a la duquesa que es el encantador de Dulcinea y que tiene a don Quijote por loco. La señora le responde que un hombre capaz de engañar y de seguir la locura de su amo no es apto para gobernar la ínsula prometida. Sancho entonces reconoce que, siguiendo a la razón, debiera haber dejado a su amo, pero en las relaciones humanas hay fuerzas que están más allá de la pura razón. Sigue con su señor, porque «he comido su pan», y «sobre todo yo soy fiel» (II.33, 298).

La duquesa le dice a Sancho que Dulcinea está encantada de verdad y que él, creyendo engañar fue el engañado. El escudero recuerda entonces que don Quijote la vio como labradora en la cueva de Montesinos y reconoce que «de mi ruin ingenio no se puede ni debe presumir que fabricase en un instante tan agudo embuste».[3] Cervantes escenifica la bajeza mental de la duquesa, comparable a la de Sancho, bajeza que llega al fondo cuando le promete a Sancho que ella cuidará de su rucio y lo pondrá «sobre las niñas de mis ojos» (II.33, 303). Sin duda,

---

[3] II.33, 301. En el capítulo 70, cuando Sancho ve que las mamonas y pellizcos que le dan resucitan a Altisidora, dice: «Agora sí que vengo a conocer clara y distintamente que hay encantadores y encantos en el mundo, de quien Dios me libre» (II.70, 563).

otra burladora burlada. La sátira cervantina continúa, ahora con respecto a muchos gobernantes: «yo he visto ir más de dos asnos a los gobiernos» (ib., 304).

Siguen las escenas en que se revela que para desencantar a Dulcinea Sancho debe darse 3.300 azotes, y así sale burlado de la burla que él había urdido (c. 35). El capítulo 36 narra la cuita de la dueña dolorida y el proyecto de la carta de Sancho a su mujer. En este capítulo pronuncia la duquesa la famosa frase que mandó expurgar el Índice inquisitorial de 1632: «Advierta Sancho que las obras de caridad que se hacen tibia y flojamente no tienen mérito ni valen nada» (II.36, 320). El inquisidor Zapata mandó borrarla, porque en realidad no es correcta en sentido teológico. Toda obra que sea verdaderamente de caridad se tiene que hacer en gracia, y toda obra hecha en gracia tiene mérito para la propia salvación. Lutero afirmaba que el pecado impregnaba de maldad la naturaleza humana. Los teólogos católicos acentuaban que, a pesar del pecado, la naturaleza sigue siendo criatura de Dios y, por tanto, esencialmente buena, aunque el pecado la haya cubierto de un manto oscuro, como dice Santa Teresa al principio de *Las moradas*. Desde esa bondad natural puede y debe el hombre obrar bien para salvarse, colaborando con Dios. Para Lutero, el hombre no puede colaborar en su salvación, que es obra exclusiva del beneficio de Cristo.[4]

---

[4] «El pecado mortal...causa dos muertes en el ánima...La primera muerte es quitarle la gracia de Dios, que es vida espiritual del alma; porque así como el hombre que tiene vida hace obras de vida, ansí el ánima que tiene la gracia de Dios, hace obras dignas de la vida eterna» (Felipe de Meneses, *Luz del alma cristiana*, p. 679). Américo Castro no entiende el pasaje por no recordar la escolástica. Véase «Cervantes y la Inquisición», en *Hacia Cervantes*, pp. 213-221.

Sancho le escribe a su mujer una carta que sólo se envía más tarde (II.46, 384). Un párrafo de esta carta merece comentario, ya que parece sangre de la herida que lleva en su alma Cervantes, el heroico «manco de Lepanto». Habla Sancho del gobierno que le han prometido, y añade: «Me ha dado gran pena que me dicen que si una vez le pruebo, que me tengo de comer las manos tras él, y si así fuese, no me costaría muy barato; aunque los estropeados y mancos ya se tienen su calonjía en la limosna que piden» (II.36, 322). «Comerse las manos» en sentido figurado, y quizá en sentido literal, porque es lo único que tienen para comer. Moraleja: al final de su vida, el héroe manco de «la más alta ocasión que vieron los siglos» y el escritor «gloria de su nación», tiene que vivir de limosna. De los capítulos 36 al 41 se desarrollan las escenas de la dueña dolorida o condesa Trifaldi, y la de Clavileño. Una vez más, teatro, e ironía y sátira social del autor, utilizando a Sancho como portavoz.

El teatro como realidad

En el capítulo 42 comienza un nuevo tema: el gobierno de Sancho. Para el duque es una burla, pero tiene que escuchar varias lecciones de dignidad del criado plebeyo. Sancho le recuerda al duque que los señoríos de la tierra no son nada, y se purifica para ser digno gobernador prometiendo luchar «por ser tal gobernador que a pesar de bellacos me vaya al cielo» (II.42, 356). Claramente el autor está poniendo la premisa mayor de toda educación de príncipes. Viene luego don Quijote y le da la primera serie de consejos: los espirituales. El primero es mirar a Dios y mirarse a sí mismo, siguiendo palabras muy conocidas de San Agustín: «Conozcate a ti, conózcame a mí, Señor». En ese primer consejo, don Quijote le recuerda a Sancho que guardó puercos en su niñez. Sancho contesta: «Fue cuando muchacho; pero después, cuando hombrecillo, gansos fueron lo que guardé, que no puercos» (II.42, 358). En los estatutos de los colegios de Salamanca se prohibía admitir a cristianos nuevos, a descendientes de herejes, y a los descendientes de pregonero, porquero y verdugo, aunque fueran cristianos viejos. Recordarle a Sancho su oficio de porquero cuando se preparaba para tomar posesión del gobierno, era sugerirle la posible inhabilitación para el cargo.

Los consejos siguen: casar la gravedad del cargo con la suavidad humana en el justo medio de la prudencia; no avergonzarse de venir de linaje de labradores, ya que la nobleza verdadera deriva de la virtud; acoger bien a los parientes y educar a su mujer para que esté a la altura de su cargo; no ceder a las dádivas del rico ni a los lamentos del pobre; mantener la justicia en el fiel de la balanza, pero si se inclina, que sea hacia el platillo de la compasión, no del rigor: «aunque los atributos de Dios todos son iguales, más resplandece y campea a nuestro ver el de la misericordia que el de la justicia».[5]

Después de los consejos que han de adornar al alma, don Quijote sigue con los relativos al cuidado del cuerpo y de la compostura exterior: la limpieza, cuidarse la barba y las uñas, no andar con los vestidos flojos, ser moderado en el comer y beber y no eructar. Y aquí tiene lugar un

---

[5] II.42, 359. Este motivo es uno de los más frecuentes en toda la comedia desde Lope a Calderón.

diálogo gracioso («donaires» llama Cervantes a algunos de estos consejos) entre señor y criado, ya que Sancho no entiende el verbo culto eructar, sino el popular «regoldar». Don Quijote insiste en que sea parco en el uso de refranes; montar bien, pues «el andar a caballo a unos hace caballeros; a otros, caballerizos» (II.43, 362). Y como último y principal consejo, no discutir nunca de linajes, porque siempre se acaba ofendiendo a alguien.

Sancho pide los consejos por escrito, aunque no sabe leer ni escribir. Don Quijote lamenta esa ignorancia, porque el no saber un hombre leer indica, o que es hijo de padres demasiado bajos y por eso no fue a la escuela, o que él fue tan travieso que no logró aprender, aunque le dieron la oportunidad. Pero Sancho sabe por lo menos hacer un borrón que vale como firma. Y como último paso en su purificación para hacerse digno del gobierno, Sancho reconoce sus límites, prefiere la salvación del alma a las ventajas del poder y la riqueza, y le ruega a don Quijote que le quite la ínsula si no le considera digno del cargo. El señor reconoce que esta confesión le hace merecedor de toda confianza (c. 43).

El capítulo 44 comienza con el apóstrofe de Cide Hamete sobre la dificultad de construir una historia extensa con sólo dos personajes. Sancho se va al gobierno, y ahora el autor tiene que alternar entre dos escenarios: el de la ínsula o de Sancho (caps. 44, 45, 47, 49, 51, 53-55) y el del castillo, donde queda don Quijote (caps. 46, 48, 50, 52, 55). La serie referente a don Quijote desarrolla dos temas: el amor teatral de Altisidora, y el teatro hecho vida en doña Rodríguez, que acude al caballero pidiéndole justicia ante un agravio del que son cómplices los duques. La doncella Altisidora finge estar locamente enamorada de Don Quijote; éste defiende su honestidad y su fidelidad a Dulcinea, pero al señalar la continencia del caballero, el autor lanza una flecha irónica a su vejez, debilidad y timidez sexual. A don Quijote le sueltan por la ventana un saco de gatos mientras canta un romance en que le aconseja a la doncella trabajar y ser honesta para vencer su pasión amorosa (caps. 46 y 48).

Doña Rodríguez está ofendida con los duques y acude a don Quijote pidiéndole justicia (c. 48). Su figura es grotesca, como «de una bruja o maga» (II.48, 396), y grotesco es su encuentro con el caballero. De hecho, Cervantes es tan consciente de su cuadro, que comenta: «Aquí hace Cide Hamete un paréntesis, y dice que, por Mahoma, que diera por ver ir a los dos así asidos y trabados desde la puerta al lecho, la mejor almalafa de dos que tenía» (II.48, 399). Doña Rodríguez, viuda, tiene una hija que perdió su honra con el hijo de un labrador rico, vasallo del duque, y el prometido no quiere cumplirle la palabra de matrimonio. La dueña ha tomado el teatro por realidad y le pide a don Quijote que haga valer en el campo el derecho de su hija. El diálogo entre la dueña y el caballero termina en un ataque de golpes y pellizcos a los dos interlocutores. En el capítulo 50 se descubre que quienes atacaron fueron Altisidora y la duquesa, ofendidas por algunos comentarios de doña Rodríguez. Otro día se presentan encubiertas la dueña y su hija mientras don Quijote está comiendo con los duques (c. 52), y éstos, que creían era alguna otra burla de teatro, se quedan «dudosos y suspensos» —como antes el Caballero del Verde Gabán— al ver que la fantasía se ha hecho realidad.

Para hacer justicia a la hija de doña Rodríguez, los duques fingen que un lacayo llamado Tosilos es el desposado infiel y el que luchará con don Quijote. Pero el lacayo, cuando ve a la muchacha, decide pedirle la mano y ella le acepta. El teatro se ha hecho vida y los burladores quedan burlados. Lo mismo les pasa al cura, al barbero y a Sansón Carrasco en el pueblo de don Quijote, cuando leen la carta de la duquesa a Teresa Panza y la noticia de que Sancho es gobernador. No se llegan a convencer, pero se encuentran perplejos ante lo que ven con sus ojos.[6]

Sancho gobernador

Cervantes acentúa la importancia de la salida de Sancho para el gobierno (c. 45), invocando al dios Apolo para que le inspire al relatarla. Cuando Sancho llega a la «ínsula», le llevan a la iglesia e inmediatamente después al juzgado. La primera observación de Sancho es que piensa investigar los «dones», o sea, los que se dan título de caballeros sin serlo de verdad. Vienen luego los casos que Sancho resuelve como juez:

1. El pleito del labrador y el sastre.
2. Los dos ancianos, el uno de ellos con la cañaheja hueca por báculo.
3. La mujer violada por el pastor.

Este último caso fue comentado por Freud, quien acusa a Sancho de ser mal psicólogo. En la relación sexual con el pastor, dice Freud, el deseo subconsciente incli-

---

[6] Capítulo 50. Teresa Panza dice expresamente que a pesar de que veía al portador de la carta y la tenía en las manos, «creía y pensaba que era todo sueño lo que veía y tocaba» (II.52, 438).

naba a la mujer al goce de su cuerpo, aunque tuviera que vencer la resistencia del yo gobernado por el sentido de la honra. En el forcejeo entre el deseo subconsciente y la ley de la conciencia, venció el primero. En cambio, con respecto a los ducados, el plano de lo consciente y de lo subconsciente sumaban sus fuerzas, decididas a no restituirlos. Por eso tuvo la mujer mayor energía en la defensa del dinero que en la defensa de su castidad.

Después de dictaminar sobre los tres primeros casos tienen lugar las burlas (c. 47): las prescripciones dietéticas del Dr. Pedro Recio de Tirteafuera, y la carta del duque, donde le anuncia a Sancho que ha oído rumores de una posible invasión de la isla por algunos enemigos. Conviene observar que, aunque estamos cerca de Zaragoza, el doctor Recio y el próximo negociante son de Ciudad Real, es decir, manchegos. No es que Cervantes se descuide, sino que los burladores se hacen pasar por naturales de la única geografía familiar a Sancho, que es la manchega. Inmediatamente, sin dejarle de comer, entra el pleiteante que introduce el cuarto caso:

4. El labrador de Miguelturra (Ciudad Real), cuyo hijo «endemoniado» se enamoró de la doncella perlática, deforme por las viruelas (II.47, 393), cuadro plástico semejante al de Maritornes, aunque en este caso la deformidad física no se asocia con la moral. El labrador le pide seiscientos escudos a Sancho, y éste le arroja de la sala enfurecido. Las siguientes decisiones no las toma Sancho en el juzgado, sino cuando sale de patrulla por la ciudad. Los episodios son:

5. El jugador y el mirón
6. El muchacho humorista
7. La muchacha adolescente vestida de hombre. Tenía un hermano un año más joven que ella y le pidió que la sacase para ver la ciudad, ya que su padre la había tenido en-

cerrada desde la muerte de su madre. Al comenzar el relato de su travesura, la joven suscita la sospecha de que haya podido perder la honra, pero todo ha sido simple curiosidad sin peligro. Como narración, Cervantes repite el procedimiento —utilizado en la historia del labrador del rebuzno— de crear un clímax de expectación que se esfuma en la nada. En el discurso de la muchacha denuncia el autor las actitudes absurdas de algunos padres sobre la honra, que les llevaban a tener a las hijas encarceladas en su propia casa.

8. El acertijo del puente. El que pase debe jurar a dónde y a qué va; si jura verdad se le deja pasar, pero si jura mentira debe ser ahorcado. Pasa un hombre y dice que va a morir en la horca. Si le matan, ha dicho la verdad y no debe morir; y si le dejan vivir, ha dicho una mentira y debe morir (c. 51). El dilema es insoluble para la razón pura, pero Sancho decide que se le deje vivir, fundando su decisión en el consejo de don Quijote, según el cual la clemencia debe prevalecer sobre el rigor en la práctica de la justicia (II.51, 427).

Por fin ha de acabar la burla del gobierno, y ese final se pinta en el capítulo 53 con la fingida invasión anunciada en la carta del duque. Sancho no sabe moverse con las armas, cae al suelo y le pisan los supuestos invasores. Cuando se levanta, se queda un momento ensimismado y de ese recogimiento sale con una decisión irrevocable: recoge su asno de la caballeriza y se despide del gobierno. En ese momento alcanza la cima de su sabiduría: «yo no nací para ser gobernador».[7] Había vivido en la ilusión, se

---

[7] II.54, 444. «He ganado el conocer que no soy bueno para gobernar, si no es un hato de ganado, y que las riquezas que se ganan en los tales gobiernos son a costa de perder el descanso y el sueño, y aun el sustento» (II.54, 453); cf. 55, 460; 62, 510.

había engañado con las apariencias del poder y la riqueza, y ahora se marcha anhelando la vuelta a «su antigua libertad» (II.53, 444).

En el camino hacia el castillo de los duques encuentra Sancho al morisco Ricote con los compañeros alemanes que van por España pidiendo limosna (*Guelte*: dinero). Con este motivo Cervantes da su opinión sobre la expulsión de los moriscos. Por una parte, la conducta de la mayoría de ellos merecía, según Cervantes, la expulsión. Pero junto a los culpables de apostasía religiosa y connivencia con los corsarios de Berbería, algunos eran españoles leales y buenos cristianos. Este sector le produce a Cervantes profunda compasión, y de hecho, Ricote y su hija Ana Félix reciben el premio de esa lealtad, siendo admitidos en España con todos los honores. En el discurso de Ricote condena Cervantes la «libertad de conciencia», es decir, el derecho a vivir en la herejía, que prevalece en Alemania (II.54, 451). Se le ha querido pintar a Cervantes como hombre liberal y tolerante, atribuyéndole una actitud crítica ante la expulsión de los moriscos. El texto no muestra tal actitud, entre otras razones porque quizá no le hubiera sido lícito expresarla. Lo que sí muestra es lástima por los muchos justos que pagaron junto a los pecadores. Cervantes, sin embargo, tiene una opinión muy negativa de los moros desde el tiempo de su cautiverio, y en el texto del *Quijote* afirma, por boca del personaje morisco, que muchos eran cristianos falsos.

Lo que no aparece en la obra de Cervantes es «racismo» en el sentido de que todos los moriscos tengan una inclinación natural a la apostasía religiosa. Zoraida y Ana Félix son dos modelos de fidelidad cristiana, dignas

186

de mezclarse en matrimonio con un hidalgo heroico y con un mayorazgo. Cide Hamete Benengeli y el morisco que traduce su historia para Cervantes, son creaciones irónicas, pero no dejan de ser «autores» de la historia del caballero manchego. Cervantes termina identificándose con Cide Hamete como escritor. El arriero que contrata los favores de Maritornes es «de los ricos de Arévalo» y algo pariente de Cide Hamete, o sea, morisco. Es posible que a ese grupo pertenezcan también Juan Haldudo, el barbero del pueblo, al que Sancho recuerda que «algo va de Pedro a Pedro», y Camacho el rico, cuyo linaje no era tan limpio como el de Quiteria. En el *Quijote* no hay alusiones a conversos judíos, sino del islamismo.[8] Cervantes parece juzgarlos mejor o peor según el grado de su fidelidad cristiana.

A Sancho le anochece antes de llegar al castillo de los duques, y él y su rucio caen en una sima. Allí pasa toda la noche hasta que al día siguiente oye sus lamentos don Quijote, que ha salido a tomar el aire. Parece claro que ese hoyo significa el abismo al cual se despeña Sancho desde el vuelo de sus ilusiones. «Desdichado de mí, y en qué han parado mis locuras y fantasías» (II.55, 455). Si el gobierno era la cima de su encumbramiento, la caída en el abismo le hace recobrar la sabiduría, viendo lo fugaz de las dichas humanas. El comportamiento de Sancho en el gobierno, sobre todo su honradez, asombra a todos los involucrados en la burla. El mayordomo, lugarteniente

---

[8] I.16, 201; I.47, 563; «Algunos curiosos que tienen de memoria los linajes de todo el mundo quieren decir que el de la hermosa Quiteria se aventaja al de Camacho; pero ya no se mira en esto, que las riquezas son poderosas de soldar muchas quiebras» (II.19, 178).

del duque en todo el entremés de Sancho, acaba por confesar en serio: «Cada día se veen cosas nuevas en el mundo: las burlas se vuelven en veras y los burladores se hallan burlados».[9]

¿Qué significa el gobierno desde el punto de vista del texto completo? Dentro del gran teatro que es el castillo de los duques, el gobierno de Sancho es el entremés. Pero del gobierno de burlas salen algunas veras. Además de los ocho casos que resuelve, deja ordenanzas que se distinguen por su buen juicio. En varios de los casos que Sancho juzga hay observaciones satíricas sobre la justicia de la época: las dilaciones y los impuestos que arruinaban a los trabajadores (II.45, 380). Critica las casas de juego y la sospecha de que muchos nobles se beneficiaban de ellas (II.49, 408). Al mismo tiempo, los importunos pleiteadores le enseñan a Sancho que gobernar no es sólo acumular poder, riquezas y reconocimiento social, sino continuo trabajo y desvelo.

La pregunta fundamental que suscita el comportamiento de Sancho en la ínsula es la de su grado de inteligencia. En todo el texto del *Quijote* se le llama necio y simple, pero aquí parece desmentir ese juicio. Sin embargo, Cervantes es perfectamente lógico. Todos los casos que Sancho resuelve como gobernador son análogos a otros de los que ha oído hablar. Su inteligencia en la

---

[9] II.49, 406. Otro caso de burladores burlados: «Los consabidores de las burlas que se habían de hacer a Sancho fueron los que más se admiraron, porque aquel suceso y hallazgo no venía ordenado por ellos, y así estaban dudosos esperando en qué pararía el caso» (II.49, 410). Igualmente burlado quedó el maestresala del duque cuando, haciendo la ronda de noche con Sancho, descubrió a la bella adolescente que quería ver mundo y se enamoró de ella (II.49, 415).

segunda parte se funda en lo que *ha oído*. Además, según los filósofos, el entendimiento se movía en el terreno de los conceptos universales, y el sentido en los casos o imágenes particulares. La inducción y la deducción, operaciones mentales en que se va respectivamente de lo singular a lo universal o viceversa, son privativas del entendimiento; en cambio, Sancho procede por «ejemplos», en los que se utiliza la experiencia de un caso particular para resolver otro igualmente particular. El ejemplo es el nivel mental de la inteligencia-sentido, el nivel del criado.

El capítulo 56 narra el final de la historia de Tosilos y la hija de doña Rodríguez, y el 57 otra ficción amorosa de Altisidora. Al final, caballero y escudero dejan el castillo y enderezan su camino a Zaragoza.

* * *

Cervantes parece haber quedado muy satisfecho de sus invenciones en el castillo de los duques, ya que, a su juicio, las burlas de éstos a don Quijote son «tan propias y discretas, que son las mejores aventuras que en esta grande historia se contienen» (II.33, 304). Pero, si la invención es loable, la imagen de unos nobles dedicados al jugueteo representa una visión triste de la nobleza: «Y dice más Cide Hamete: que tiene para sí ser tan locos los burladores como los burlados, y que no estaban los duques dos dedos de parecer tontos, pues tanto ahínco ponían en burlarse de dos tontos» (II.70, 565).

Toda la sección del castillo de los duques se puede resumir en la encrucijada vida-teatro y teatro-vida. Cervantes dramatiza la pregunta esencial del yo humano: escena primera: sin conciencia (teatro) no soy persona (vida); escena segunda: la conciencia me puede falsificar y hacer de mi ser (vida) ilusión (teatro). Y tercera escena: debo preocuparme por mi identidad, pero la excesiva preocupación me puede llevar al más enervante narcisismo: todo en su justo medio.

VII. Para mí tan sola nació don Quijote (capítulos 58-74)

Nuevos planos de la locura

El capítulo 58 es un testimonio palpable de la ejemplaridad que he señalado como nota nueva de la segunda parte del *Quijote* en comparación con la primera. El capítulo se centra en cuatro temas:

El canto a la libertad
La caballería humana y la divina
La belleza corporal y la espiritual
La gratitud.

En los cuatro apartados hay consideraciones éticas, pero, como ya he dicho, no son sermones añadidos por el autor con motivo de algún hecho, sino reflexiones derivadas de la situación de los personajes o ideas emitidas por los personajes en su diálogo. Los comentarios ejemplares respaldan la tesis de Croce, para quien las ideas puestas en boca de un personaje literario no están allí como conceptos sino como rasgos caracterizadores de su emisor.

Al salir del castillo de los duques, don Quijote entona un himno a la libertad. Vuelve la experiencia de resurrección que sintió el antiguo cautivo de Argel al ser redimido, pero con un matiz nuevo: la libertad no es sólo redención del cautiverio, sino la capacidad de vivir libre, con medios económicos propios, pues no es libre quien vive de limosna. Cervantes había logrado la liberación de la esclavitud física, pero vivía en esclavitud personal, dependiente de la protección del conde de Lemos y del cardenal Sandoval y Rojas, arzobispo de Toledo. Aunque les expresa su agradecimiento, se encuentra herido; no puede explicarse por qué le ha tocado esa cruz después de haber corrido tanto por tierra y mar en servicio de Dios y de su rey. Sin embargo, si la pobreza le llevó a concebir el *Quijote*, nosotros podemos repetir con el caballero del embajador francés: «Si la necesidad le ha de obligar a escribir, plega a Dios que nunca tenga abundancia, para que con sus obras, siendo él pobre, haga rico al mundo».[1]

Lo primero que encuentran don Quijote y Sancho al reanudar su viaje, es un grupo de hombres que llevan unas imágenes para la iglesia de su pueblo. Los santos son San Jorge, San Martín, Santiago, patrón de España, y San Pablo. Don Quijote recuerda algunas hazañas asociadas con cada uno de ellos, y una vez más su saber suscita la admiración de Sancho: «Quedó Sancho de nuevo como si jamás hubiera conocido a su señor, admirado de lo que sabía» (II.58, 473). Después de ver las imágenes de los caballeros andantes a lo divino, don Quijote hace esta consideración: «Ellos conquistaron el cielo a fuerza de brazos, porque el cielo padece fuerza (Mateo, 11.12), y yo hasta agora no sé lo que conquisto a fuerza de mis trabajos;

---

[1] Aprobación de Márquez Torres, II, 31.

pero si mi Dulcinea del Toboso saliese de los que padece, mejorándose mi ventura y adobándoseme el juicio podría ser que encaminase mis pasos por mejor camino del que llevo» (II.58, 473).

Para algunos críticos la frase citada indica que Cervantes le va anunciando al lector la curación de don Quijote y, en consecuencia, va mostrando mayor simpatía hacia su personaje. Yo no veo señales de tal anuncio y simpatía. Las observaciones sobre los santos son propias de un hombre cuerdo; pero la alusión al desencanto de Dulcinea denuncia una locura de doble fondo. Como lectores de toda la obra, sabemos que el caballero está loco, con su locura entreverada de cordura. Pero en su mundo de la caballería, que para el autor y los lectores es su primer plano de locura, don Quijote se considera cuerdo. Para él los locos e ignorantes son los que no creen en la caballería andante, y más después de haberse visto como verdadero caballero en el castillo de los duques. Ahora bien, don Quijote se siente enloquecido por el dolor de tener a Dulcinea encantada y convertida en tosca labradora. Esta locura admitida por él como primera, es para el autor y los lectores la segunda; por eso la llamo locura de doble fondo. La frase: «mejorándose mi ventura y adobándoseme el juicio», hace que la recuperación de su juicio dependa del desencanto de Dulcinea. Es decir, la «cordura» a la que don Quijote quiere volver es al estado normal de locura en el que ha vivido durante toda la obra. Desde luego, pone en duda el sentido de la caballería andante y quizá se aviniese a ir a la Corte, como le habían propuesto varios amigos. Otro aspecto ejemplar de esa escena es la condena de los agüeros por parte de Cervantes, postura clara en toda su obra.

193

Cuando don Quijote y Sancho se quedan solos, comentan el enamoramiento de Altisidora. Sancho le recuerda a su amo que si la hermosura es el resorte que incita al amor, no comprende cómo Altisidora se haya podido enamorar de don Quijote, nada apuesto en su figura física. El señor le reconoce que no se siente hermoso en el cuerpo, pero tampoco es deforme, y la belleza del cuerpo es secundaria en comparación con la del alma. Lo importante para un hombre no es ser guapo de cara, sino ser una bella persona.

Finalmente, se encuentra don Quijote con la fingida Arcadia: las muchachas y mancebos, hidalgos jóvenes y ricos que se solazan en el campo representando églogas de Garcilaso y de Camoens. Por primera vez permite don Quijote la comparación de otra belleza con la de su dama. La muchacha dice que en toda España le dan la palma de la hermosura a Dulcinea, y él responde: «Con razón se la dan, si ya no lo pone en duda vuestra singular belleza» (II.58, 478). Las doncellas conocen también la primera parte del *Quijote* e invitan al caballero a pasar algún tiempo con ellas y sus amigos. Don Quijote ensaya un nuevo paso honroso (semejante al del capítulo 4 de la primera parte), y su gesto gallardo hace que se vea arrastrado por una manada de toros que llevan los mayorales a una plaza.

El *Quijote* apócrifo

En el capítulo 59 el caballero le recuerda a Sancho que debe darse los azotes para el desencanto de Dulcinea, y Sancho le da largas. Pero el motivo central de este capítulo es que en él descubre Cervantes la «*Segunda parte del ingenioso hidalgo don Quijote de la Mancha* (1614), obra de Alonso Fernández de Avellaneda. En casi todos los capítulos siguientes introduce escenas en las que ridiculiza el libro.[2] Quienes ven a don Quijote en persona o han leído la primera parte de Cide Hamete Benengeli, no reconocen al protagonista del libro espurio. Esto significa que en la conciencia de Cervantes uno de sus mayores logros era la caracterización de sus personajes. El *Quijote* de Avellaneda influye en Cervantes de dos maneras: le fuerza a cambiar el itinerario del caballero, y le permite llegar a un nuevo grado de conciencia sobre su propia creación, al comparar su texto con el apócrifo.[3]

Ya he comentado que la necesidad de llevar al caballero a Barcelona para no repetir el itinerario del falso, le fuerza al autor a inventar nuevos episodios que llenen el camino de ida y el de vuelta. En uno de esos episodios, el bandolero generoso Roque Guinart le escribe una carta (II.60, 504) a don Antonio Moreno, amigo suyo en la ciudad, que recibe a don Quijote en la capital catalana. A la vuelta, después que el caballero de la Blanca Luna le derrota y le impone la obligación de volver a su pueblo durante un año, los duques le llevan a don Quijote secuestrado a su castillo para representar la comedia de la muerte de Altisidora. Es lógico suponer que estas escenas no estaban en el primer esbozo de la segunda parte.

---

[2] II.61, 507; II.62, 509, 521; II.70, 566.
[3] Martín de Riquer señala dos pasajes en que Cervantes parece repetir motivos de Avellaneda. Pero, suponiendo que se hubiera inspirado en ellos, en Cervantes tienen una función distinta.

Fuerza y alma de criado

Los azotes de Sancho para desencantar a Dulcinea se convierten en un motivo recurrente a partir del capítulo 59.[4] Como Sancho dilata la penitencia, don Quijote decide azotarle él mismo, pero el criado tiene mayor fuerza física, se defiende y llega a poner su rodilla sobre el pecho del caballero. Éste, viendo cómo se subvierte la jerarquía de señor y criado, le recrimina por atacar a su «amo y señor natural», y Sancho responde con la frase: «Ni quito ni pongo rey, pero ayúdome a mí, que soy mi señor», parodiando la frase que pronunció Bertrand Dugesclin cuando ayudó a Enrique II de Trastámara contra el rey don Pedro I en el castillo de Montiel (1369). La respuesta de Sancho significa que él no subvierte la relación señor-criado, sino que la acepta, pero la ley de legítima defensa está por encima del respeto a las jerarquías sociales. Sin embargo, a pesar de su mayor fuerza física, Sancho posee alma de siervo, y uno de sus rasgos, como aparece en toda la obra, es la cobardía. Inmediatamente después de esta escena, Sancho se retira de don Quijote y percibe que algo extraño le toca la cabeza; son los pies de bandoleros ahorcados que penden de los árboles. Temblando de miedo llama en su auxilio al viejo caballero, que es físicamente más débil, pero tiene valor, o sea, corazón de señor (II.60, 493). Algún hispanista influido por el marxismo vio en esta escena la rebelión de los oprimidos frente a la jerarquía social representada por don Quijote. El grito de Sancho tiritando de miedo prueba que el criado acepta su condición de criado.

---

[4] II.59; II.60, 492; 63, 524; 67, 547; 68, 552; 69, 561; 71, 570; 72, 579.

Tras el encuentro con los bandoleros muertos, les asalta una turba de bandoleros vivos. Son los sicarios de Roque Guinart, personaje histórico.[5] Guinart le dice a don Quijote que no esté triste, porque ha caído «en manos que tienen más de compasivas que de rigurosas» (II.60, 495). El bandido catalán hace prevalecer la clemencia sobre el rigor en su aplicación de la justicia, como don Quijote le aconsejaba a Sancho al partir para gobernar la ínsula (II.42). Mientras hablan don Quijote y Roque, aparece Claudia Jerónima contando la historia trágica de sus celos. El mismo Roque lleva a don Quijote y a Sancho hasta la playa de Barcelona, y Cervantes aprovecha la ocasión para describir las galeras que tantos recuerdos le traían. Sale a recibir a don Quijote don Antonio Moreno, «caballero rico y discreto» (II.62, 508), y lo primero que proclama al ver a don Quijote es que se trata del auténtico y leal, el de Cide Hamete-Cervantes, «no del falso, el ficticio ni el apócrifo» (II.61, 507).

Barcelona, teatro

En Barcelona, como en el palacio de los duques, se dan una serie de aventuras teatrales hasta que aparecen nuevos personajes. La primera escena es la de la cabeza encantada, aunque no se juega con ella hasta el capítulo 62, 515-516. Es una escena análoga a la del mono adivino del capítulo 25, y suscita parecidos comentarios so-

---

[5] Ver Riquer, M. De, «Rocaguinarda, el Roque Guinart cervantino», en *Para leer a Cervantes*, pp. 331-352.

bre la magia. De hecho, en este caso entran en juego los inquisidores. Don Antonio y sus amigos le sacan a don Quijote a pasear, con un rótulo que lleva su nombre. Él se admira de que todos le conozcan y lo atribuye a prerrogativa de la caballería andante. Un castellano se enfrenta con él en términos parecidos a los del clérigo en la casa del duque. Por la noche le hacen bailar a don Quijote en un sarao de la descansada burguesía, y él cae como un mártir en su pasión: «Era cosa de ver la figura de don Quijote, largo, tendido, flaco, amarillo, estrecho en el vestido, desairado [moviéndose sin gracia], y sobre todo, no nada ligero» (II.62, 513).

Otro día sale a pie a pasear por la ciudad y entra en una imprenta. En ella declara don Quijote que sabe algo de italiano y se sabe de memoria algunas estrofas del *Orlando furioso* de Ariosto. Hace luego unas atinadas observaciones sobre la dificultad de traducir y se lamenta de cómo los editores abusan de los autores. Pasando adelante ve a un oficial corrigiendo un pliego de un libro que se titula *Luz del alma*. Don Quijote pronuncia las palabras que se han citado con mucha frecuencia: «Estos tales libros, aunque hay muchos deste género, son los que se deben imprimir, porque son muchos los pecadores que se usan, y son menester infinitas luces para tantos desalumbrados».[6] Ya Bowle en el siglo XVIII identificó este libro con *Luz del alma cristiana* del dominico Fr. Felipe de Meneses, publicado por primera vez en Valladolid en 1554,

---

[6] II.62, 520. Si buscásemos verosimilitud moderna, recordaríamos que don Quijote no tiene un solo libro de piedad en su biblioteca. Por otra parte, aquí todavía es y se siente caballero andante, y resulta curioso que no pregunte si se imprimen libros de su profesión.

y que probablemente Cervantes escuchara leer de pequeño. Se ha dicho que esta obra es erasmista, pero sólo coincide con Erasmo en ser un catecismo sencillo que rehuye las cuestiones especulativas de la teología y en algunas ideas que son doctrina común de la Iglesia, como la crítica a las ceremonias puramente externas: «Allá en esa tu ciudad... la imagen de cristiandad que no tenía más de ser imagen y figura y ceremonia exterior, se volverá en nada».[7]

Erasmo dedicó su vida al estudio del Nuevo Testamento en su lengua original. Meneses explica el origen del protestantismo por los vicios de Lutero y por el estudio de la Biblia en sus lenguas originales: «Cayó Babilonia. Babilonia, aquella confusión de vicios, de sensualidad y apetitos desordenados sin rienda, que esto es lo que destruyó a Alemania y la hizo venir a lo que es, y juntamente con eso aquel demasiado estudio de lenguas y procacidad en ellas, para que muy de veras se pueda decir Babilonia, que quiere decir confusión de lenguas [Génesis, 11, 9]...Considerando yo muchas veces este discurso que aquí he hecho, y a mi juicio es probable, de la perdición de Alemania, y por otra parte volviendo los ojos a nuestra España, confieso que me toma grandísimo pavor y miedo no sea della lo que fue de Alemnia, porque veo lleva las mismas pisadas» (I.6, 359).

España está ya tan corrompida en las costumbres como Alemania. Dada la ignorancia religiosa en España, los luteranos podrían venir y difundir su doctrina. «Y esto que yo digo tengo por cierto que nos hubiera enseñado la experiencia, si Dios por su misericordia no hubiera

---

[7] *Luz del alma cristiana*, libro I, capítulo 1. Ed. Velo, p. 321.

puesto a España un muro de fuego que es el sancto oficio de la Inquisición: el cual detiene a estos pintores [el demonio a través de los luteranos] que no osen entrar acá, que si no fuera por esto ninguna dubda tengo, sino que ya los tuviéramos dentro» (I.6, 362). Bastan estos dos motivos: explicar el protestantismo por el proyecto de los humanistas y el encomio de la Inquisición, para poner el libro de Meneses entre los adversarios y no entre los seguidores de Erasmo.

No se conoce ninguna edición de *Luz del alma cristiana* publicada en Barcelona, y puede ser que Cervantes aluda en general a algún libro de piedad, como hará don Quijote en su lecho de muerte: «Ya conozco sus disparates y sus embelecos [de los libros de caballerías], y no me pesa sino que este desengaño ha llegado tan tarde, que no me deja tiempo para hacer alguna recompensa, leyendo otros que sean luz del alma» (II.74, 587).

En Barcelona le llevan a don Quijote a visitar las galeras, escena que no hubiera sido posible en Zaragoza. Al describirlas, hace gala Cervantes de su conocimiento de la vida marinera con su léxico privativo, y quizá narre la escaramuza en la que fue cautivado en 1575.[8] Viendo cómo un cómitre azota a la chusma de galeotes, don Quijote le recuerda a Sancho que debiera darse los azotes para desencantar a Dulcinea; pero una nueva aventura de mar le impide a Sancho responder. Desde el control de Montjuich se divisa un bergantín que, según el general de las galeras, puede ser de corsarios argelinos. Le per-

---

[8] II.63, 525. Ver M. de Riquer, «Las cuatro galeras de Cataluña», en *Para leer a Cervantes*, pp. 317-325. y «Cervantes en Barcelona en 1610», ibíd., pp. 359-374.

siguen, y del bergantín disparan dos tiros que matan a sendos soldados españoles. El general promete ahorcar a todos sus navegantes. Pero el arráez es «uno de los más bellos y gallardos mozos que pudiera pintar la humana imaginación» (II.63, 525). El general decide cumplir su promesa de matar al joven corsario; le ata las manos y le echa un cordel a la garganta, pero en ese momento entra el virrey, «y viéndole [al mozo] tan hermoso y tan gallardo y tan humilde, dándole en aquel instante una carta de recomendación su hermosura, le vino deseo de escusar su muerte».[9] Es importante señalar esta carta de recomendación escrita por la belleza del muchacho joven, porque Calderón lo aprovechará en *La vida es sueño*, cuando la belleza de Rosaura, vestida de hombre, se convierte en la primera instancia de civilización para el violento Segismundo, y le inspira un precioso poema de amor cortés:

Ojos hidrópicos creo
que mis ojos deben ser,
pues cuando es muerte el beber,
beben más, y de esta suerte,
vendo que el ver me da muerte,
estoy muriendo por ver (*La vida es sueño*, vv. 227-232).

El joven arráez resulta ser Ana Félix, la muchacha expulsada de España por morisca, pero sincera cristiana, que vuelve ahora para seguir en su patria y en su religión.

---

[9] II.63, 526. Al final del capítulo se repite: «Tanta fue la benevolencia y caridad que la hermosura de Ana Félix infundió en su pecho [del virrey]» (ibíd., 531).

Para que la casualidad y la admiración imperen sin límites, allí mismo, delante del virrey, aparece un anciano peregrino que resulta ser Ricote, el vecino morisco de Sancho y padre de Ana Félix. Ella cuenta sus amores con el mayorazgo don Pedro Gregorio (en II.63, 530 le llama Gaspar), que se ha quedado en Argel, pero en traje femenino para no ser violado, ya que los reyes musulmanes prefieren los efebos a las mujeres. Un renegado español, que viene a España para reconciliarse con la fe católica, vuelve a Argel para rescatar a don Pedro.

Dos cosas interesan en esta historia. En primer lugar, el ejemplo extremo de un hecho que, sin ser físicamente imposible, es prácticamente inverosímil. Y en segundo lugar, el discurso de Ana Félix sobre la expulsión de los moriscos, que en este caso parece ser discurso del autor. Como en el capítulo 54, Cervantes sostiene la licitud de la expulsión, aunque filtra una cierta lástima por los buenos cristianos que fueron también expulsados, y por el desgarrón que significó para todos los moriscos abandonar la única patria que tenían y conocían, para ser perseguidos y robados por los musulmanes de África.[10]

La última batalla y la vuelta a la aldea

Una mañana salió don Quijote armado a pasear por la playa, y se le enfrentó otro caballero que le retó a pelear con la condición de que si don Quijote quedaba vencido, tenía que retirarse a su casa y no volver a empuñar las armas en todo un año. El rival se llamaba el Caballero de la

---

[10] II.63, 527-531; cf. II.65, 540.

Blanca Luna. La llegada de este caballero los sorprende a todos, ya que ninguno está en el secreto, y por tanto, todos salen burladores burlados. Por supuesto, también sale burlado el lector, que se encuentra con un nuevo don Quijote. Ya conocemos al Caballero de los Espejos, que resultó ser Sansón Carrasco; aquí se repite la manera de introducirle, y el enigma no se revela hasta el capítulo 65. El Caballero de la Blanca Luna derrota al de la Mancha, y le impone volverse a su casa y no salir como caballero andante durante un año.

Camino de su pueblo, don Quijote y Sancho encuentran a Tosilos, y les cuenta que cuando decidió casarse con la hija de doña Rodríguez en vez de pelear en el simulacro de desafío ingeniado por el duque, éste mandó que le dieran cien azotes, y la joven fue encerrada en un convento. Pero don Quijote le dice a Sancho que no se trata del verdadero Tosilos, sino de un fantasma, obra de los encantadores. Después decide don Quijote hacerse pastor, al menos durante el año del forzado descanso, y como pastores vivirán él y Sancho la edad dorada (II.67, 548). El proyecto se repite en el capítulo 73, demostrando que el caballero persiste en su locura. Por tanto, no se nota ninguna evolución en él y ningún acercamiento de Cervantes a su personaje. En un momento dice el autor: «Después que le vencieron, con más juicio en todas las cosas discurría, como agora se dirá» (II.71, 574), y Sancho parece corroborar ese cambio, al menos indirectamente: «Abre los brazos y recibe también tu hijo don Quijote, que si viene vencido de los brazos ajenos, viene vencedor de sí mismo» (II.72, 580). Pero la curación sólo llega como el despertar de un éxtasis poco antes de la muerte (II.74).

Amo y criado continúan su viaje, los dos utilizan refranes al hablar, pero don Quijote dice que los suyos son parcos y acomodados a la situación, mientras Sancho los ensarta sin sentido. Una piara de cerdos pasa sobre ellos e inmediatamente después son secuestrados por diez hombres de a caballo y cinco de a pie (II.68, 555). Sin hablar palabra los llevan al castillo de los duques. Allí asistimos a otra comedia con diferentes escenarios, que parece imitar y parodiar los autos de fe de la Inquisición. Un «grave ministro» le echó encima a Sancho «una ropa de bocací negro, toda pintada con llamas de fuego, y quitándole la caperuza, le puso en la cabeza una coroza, al modo de las que sacan los penitenciados por el Santo Oficio» (II.69, 558). Supuestamente, Altisidora ha muerto de amor, y el cuerpo de Sancho tiene virtud de resucitarla si se deja dar unos cuantos pellizcos, mamonas y alfilerazos. Sancho se resiste, pero al final cede y se produce el «milagro». Cuando Sancho inquiere de Altisidora cómo es el infierno, ella dice que sólo llegó a la puerta y allí vio a una docena de diablos jugando a la pelota con libros. No dejaban ninguno sano —los escritores sólo encuentran bueno lo suyo— pero en particular deshicieron y trituraron una *Segunda parte de Don Quijote de la Mancha*, cuyo autor no era Cide Hamete Benengeli.

En el capítulo 70 Sancho se considera el médico más desgraciado del mundo, ya que la mayoría se hacen ricos matando, y él no ha salido de la pobreza, aunque su cuerpo tiene virtud hasta para resucitar a los muertos. Don Quijote le pide que ahora se azote para desencantar a Dulcinea, ya que en ese momento está activa su capacidad de curar. Como último acicate, le dice que ponga precio a los azotes, y entonces Sancho, siempre tan remiso a cumplir con la promesa de la disciplina, «abrió los ojos y las orejas de un palmo» (II.70, 570), tasó cada uno de los azotes a cuartillo (y luego a medio real), y la suma ascendía a 1.650 reales. Sancho ahora tiene prisa por cumplir su promesa, pero en vez de azotar su cuerpo azota a los árboles que le rodean, hasta el punto de que don Quijote siente compasión por él y le pide que no se dé tantos golpes.

Alojados en una venta, ven pintadas en las cortinas escenas de Elena y de la reina Dido, y Sancho advierte: «Yo apostaré que antes de mucho tiempo no ha de haber bodegón, venta ni mesón, o tienda de barbero, donde no ande pintada la historia de nuestras hazañas» (II.71, 574). En estas palabras de Sancho saborea Cervantes la popularidad obtenida por su libro, refleja una vez más su conciencia del valor plástico de su texto, y profetiza el futuro del *Quijote* como tema de pintura, de ilustraciones gráficas, de teatro, y con el tiempo, de cine.

El día siguiente lo pasan en la venta, que está ya cerca de su pueblo. Entre los huéspedes llega un caballero, al que un criado llama don Álvaro Tarfe. Don Quijote recuerda que ese nombre aparece en el libro de Avellaneda. De hecho es el caballero que le acompaña en su viaje por la Alcarria hasta Sigüenza, y le deja luego internado en el hospital del Nuncio de Toledo. La manera como don Quijote le interroga es otro golpe genial como tantos ya señalados en todo el libro: «Y digame vuestra merced, señor don Álvaro, ¿parezco yo en algo a ese tal don Quijote que vuestra merced dice? —No por cierto, respondió el huésped; de ninguna manera» (II.72, 577). Sancho se encarga de dictaminar que su amo y él son los verdaderos personajes con esos nombres, y los otros son burlería y cosa de sueño. Don Álvaro Tarfe hace una declaración jurada ante notario de que hasta ese momento no había conocido al verdadero don Quijote.

Por fin llegan a su pueblo. Sancho había puesto sobre la cabeza de su burro la coroza inquisitorial y echado sobre el lomo la túnica de bocací pintada de llamas de fuego que le regalaron la noche que resucitó a Altisidora. Es imposible no pensar en la Inquisición y en una actitud satírica de Cervantes, aunque no podamos medir el espesor de la sátira, que puede ser una broma inocente plasmada en un cuadro surrealista, una asociación del tribunal con los asnos, o cualquier otra postura intermedia. Sin duda, los lectores del tiempo no vieron falta de respeto contra el tribunal; de lo contrario, el libro y su autor hubieran sufrido represalias. El caballero derrotado les propone al cura y al bachiller Carrasco hacerse pastores, y ellos se pasman «de ver la nueva locura de don Quijote» (II.73, 584).

Y «como las cosas humanas no sean eternas», llegó la muerte del hidalgo. Una calentura le tuvo seis días en la cama. Un día durmió más de seis horas seguidas, el sueño le regó el cerebro, y se levantó bendiciendo a Dios que le había restituido el juicio.[11] Reconoce que ha estado loco, pero no quisiera confirmar su vida loca con una muerte loca, sino compensar en el tiempo que le queda cuanto sea posible del tiempo en que estuvo en el error. Por eso dirá en su epitafio

---

[11] Aquí me parece que el sueño es un dormir profundo con efecto curativo, no un sueño de soñar, como el de la cueva de Montesinos. El profesor Giuseppe Mazzocchi piensa que debemos imaginar ese sueño como rico y animado, con revelaciones que no se describen. Véase su magnífico artículo, «La morte di don Chisciotte e le *artes bene moriendi*», en *Il Confronto Letterario*, 12 (1995), 586-587. El artículo informa sobre las interpretaciones que dieron de la muerte de don Quijote Unamuno, Thomas Mann, Nabokov, Borges, etc.

Sansón Carrasco: «Acreditó su ventura/ morir cuerdo y vivir loco» (592). Los amigos no creen en su nuevo estado de cordura, y le aluden a la caballería y a la vida pastoril. Pero él los desengaña y hace su testamento. Paga todas sus deudas y deja varias mandas. El grueso de la hacienda se lo deja a la sobrina con la condición de que para casarse tiene que aplicar un estatuto de limpieza de sangre: si el pretendiente de Antonia Quijano sabe lo que son libros de caballerías, queda inhábil para el matrimonio, o ella debe perder la herencia.

Se suele afirmar que al recobrar la cordura, don Quijote deja de ser el héroe que había sido en la novela. Pero esto es atribuir a Cervantes una dicotomía burda entre locura y cordura. Si esa dicotomía fuera más sutil: la convergencia y divergencia de bondad realista y bondad ilusa y utópica, entonces la recuperación de la identidad del hidalgo como «Alonso Quijano, a quien mis costumbres me dieron el nombre de Bueno» (II.74, 588), es consecuente y no menos heroica. Como la escritura es la convergencia de inspiración y esfuerzo, la bondad es la aceptación consciente de una fuerza que nos lleva. Cervantes ha ridiculizado y castigado en el libro la fuerza sin control de la conciencia (ingenio sin juicio), y ensalza al final la armonía recobrada del entendimiento del hidalgo.

De padrastro a padre

A lo largo de todo el libro Cervantes jugó con la experiencia de la escritura como inspiración, por eso era padrastro más que padre de don Quijote. Cide Hamete es escritor árabe, y por eso no es capaz de escribir un libro de bella literatura en la tradición greco-romana del Renacimiento y del

Barroco, sino «la historia de un hijo seco, avellanado, lleno de pensamientos varios» (I, prólogo). Pero cuando aparece el *Quijote* de Avellaneda, se acaba el juego. Escribir es el resultado de inspiración, pero también de mucho desvelo, y el autor es padre de su texto, sin que nadie le regale nada. De hecho, ya en el prólogo de la primera parte el autor es un padre que engendra y quiere a su hijo aunque sea feo. De las novelas ejemplares dice: «mi ingenio las engendró y las parió mi pluma, y van creciendo en los brazos de la estampa».[12]

La obra de Avellaneda es para Cervantes un espejo con el que compara la suya, y al compararlas, adquiere un nuevo nivel de conciencia con respecto a sus personajes y a su libro. Pero en el todo del *Quijote,* el encuentro con el apócrifo aporta una dimensión nueva que nos deja estupefactos por su casualidad y por la genial reacción del autor. Un motivo básico de la segunda parte era el de los burladores burlados; pues bien, Avellaneda es la Némesis que castiga al burlador de burladores Miguel de Cervantes. Él jugaba con los muñecos de su retablo, y ahora se lo rompe y desbarata un caballero andante, obligándole a defenderse entrando como personaje del retablo. El Barroco se definirá como un nivel de autoconciencia crítica del escritor sobre su texto y como entrada del pintor en su cuadro (Las Meninas). La polémica con Avellaneda envuelve y enrosca a Cervantes en su propio texto de un modo más profundo que la mera conciencia de autor en los escritores barrocos.[13] A Cervantes no se le puede clasificar como escritor barroco porque su involucración en el texto no fue un

---

[12] «Prólogo al lector», en *OC,* ed. F. Sevilla Arroyo, p. 514a.
[13] Ver mi libro *Calderón. Pensamiento y teatro*, 2ª ed., Sociedad Menéndez Pelayo, Santander, 2001, pp. 61-67.

juego de estilo sino una experiencia de vida: la defensa de su propio yo y de su obra. Si el Barroco nos remite a formalismo y deshumanización del arte, la diatriba con Avellaneda es en Cervantes un grito de venas abiertas.

«Para mí tan sola nació don Quijote, y yo para él; él supo obrar y yo escribir». Don Quijote queda definitivamente enterrado para que nadie le resucite. Aunque en realidad, las interpretaciones alegóricas, si no le han exhumado, le han descubierto muchas aventuras, sobre todo religiosas y políticas, durante sus tres salidas. Pero Cervantes afirma que nos ha dado un texto definitivamente cerrado.[14]

El apóstrofe a la pluma coincide con el final de *Hamlet*. El príncipe está a punto de morir y se lamenta del nombre «vulnerado» que deja a la posteridad. El fiel Horacio, su discípulo amado, se siente más romano (estoico) que danés (cristiano), y como estoico, se dispone a morir con su príncipe-amigo bebiendo el resto de veneno que aun queda en la copa. Hamlet le dice:

> Si por mí sentiste algún cariño,
> Abstente de la dicha por un tiempo
> Y vive con dolor en el cruel mundo
> Para contar mi historia.[15]

---

[14] Cervantes cerró expresamente su texto y lo selló con la muerte de su protagonista. En cambio, las novelas picarescas son textos abiertos—el texto autobiográfico no se puede acabar, como decía Ginés de Pasamonte—e interrumpidos. Pues bien, los críticos para quienes la «ambigüedad» es una cualidad estética, atribuyen a Cervantes un texto abierto, y ven la picaresca como texto cerrado y supuestamente dogmático. Son «visiones» de algunos hispanistas, que no merecen refutación sino simple mención en nota.

[15] W. Shakespeare, *Hamlet*, V.2. Trad. Ángel-Luis Pujante, Espasa-Calpe, Madrid (Col. Austral, A 350), p. 209.

Hamlet sabe que la buena o mala fama del noble depende del historiador, y nombra a Horacio su Juan evangelista. Suponiendo que Cervantes comenzase a escribir el *Quijote* hacia 1600, en 1615 llevaba quince años bregando con su pluma en el taller de construcción de su libro. Al final, a pesar de los distintos niveles de autocrítica y de conciencia, entre el miedo al fracaso y la sorpresa del triunfo, quizá se encontrara perplejo ante su propia creación. Pero sabía que la escritura era un trabajo de investigación de realidad, y se despidió agradecido de la pluma que le sirvió para cavar en lo real y descubrir cosas por ventura nunca vistas ni oídas. Él también fue consciente del poder de la escritura: los libros de caballerías enloquecieron a don Quijote y a los principales personajes de la primera parte; su libro enloqueció a los duques y a Avellaneda, y Avellaneda le enloqueció a él. Pero también hay libros que no hacen daño a terceros, y otros que son «luz del alma». Para bien o para mal, el libro es una fuerza histórica.

* * *

Los signos fundamentales de este capítulo han sido:

1. Al salir del castillo de los duques, don Quijote entona un himno a la libertad, que es el himno cuerdo del autor. Pero en el capítulo 59 surge el motivo de los azotes de Sancho. Este hecho es hondamente significativo, pues demuestra que don Quijote sigue en su mundo alucinado. Cree en el desencanto de Dulcinea hasta el final, y la alucinación sigue cuando decide hacerse pastor.

2. El argumento se dilata con la ida a Barcelona, la estancia en casa de D. Antonio Moreno, y las escenas del

210

bello joven moro que resulta ser Ana Félix. El argumento de la novela como tal se reanuda con la reaparición de Sansón Carrasco en la persona del Caballero de la Blanca Luna, que por fin derrota a don Quijote.

3. Lo fundamental de toda esta sección, desde el capítulo 59, es la guerra del autor con el usurpador que publica la «Segunda parte». Esa guerra produce un nuevo nivel de conciencia en Cervantes sobre su propia obra.

4. La muerte de don Quijote cierra el círculo del hidalgo que se vuelve loco y recobra el juicio, y cierra el libro sellándolo para que ningún usurpador se atreva a inventarle nuevas salidas o partes. Don Quijote muere para todo posible autor. Ya sólo es posible desplegar su grandeza con nuestra lectura inteligente, o profanarle (al personaje) y profanarlo (al libro) con interpretaciones fantásticas.

II
SOBRE EL *QUIJOTE*

VIII. SÍNTESIS

El análisis ha comentado sucesos, conceptos o logros artísticos en el orden que el texto nos imponía; pero más allá de ese orden, necesitamos descubrir la jerarquía objetiva de los distintos conceptos y motivos del texto como obra de arte literario. Esa ordenación que clasifica los motivos más hondos y los más superficiales en una especie de pirámide es la función de la síntesis. Las preguntas de síntesis sobre el *Quijote* se pueden articular en torno a tres núcleos:

ESTRUCTURA: Forma exterior; La verdad antes y después; Palabra y cuadro.
PERSONAJES: Método de caracterización; Don Quijote; Sancho; Dulcinea; El autor y su relación con el texto.
LA MAESTRÍA DE LA OBRA MAESTRA.

1. ESTRUCTURA

Forma exterior

En la «historia» de 1605 el ingenioso hidalgo pierde el juicio y se hace caballero andante. Realiza dos salidas, la

215

primera (caps. 1 a 6), que parece fue originalmente una novela corta, como las ejemplares, termina en el capítulo sexto con la quema de los libros de caballerías. En la segunda salida (caps. 7-52) Sancho acompaña a don Quijote como escudero, el diálogo entre los dos protagonistas alterna con la narración, y el autor entra en su texto inventando aventuras y yuxtaponiéndolas unas con otras.

La estructura de yuxtaposición es típica de la novela primitiva, en la que no hay un argumento propiamente dicho. Cuando la novela tiene un argumento, cada episodio surge en conexión lógica con otros anteriores y posteriores. En cambio, cuando no lo tiene, el autor está obligado a entrar constantemente, añadiendo un episodio después de otro, sin que exista una secuencia interna entre ellos. En esta sucesión de aventuras, la única decisión de don Quijote es seguir en el camino y acometer a los supuestos enemigos, pero el contenido de las aventuras lo decide el autor, inventando una situación —los molinos, el vizcaíno, los encamisados o los galeotes— a la que el caballero reacciona. El protagonista es, pues, más pasivo que activo.

Hasta el capítulo 22 las escenas del *Quijote* siguen el procedimiento de yuxtaposición, e incluso se sugiere que el orden de los episodios podría ser distinto: «Autores hay que dicen que la primera aventura que le avino fue la del Puerto Lápice; otros dicen que la de los molinos de viento...» (I.2, 81). Como se ve, las aventuras aludidas pueden cambiar de lugar. Sin embargo, como he notado en el análisis, la sucesión de las aventuras ofrece una cierta lógica, de forma que hoy es imposible imaginarlas en distinto orden. La estancia con los pastores y la historia de Marcela se enlazan como postura del autor frente a la novela pastoril y sentimental, y en los capítulos 16 y 17 se describe la venta que será el escenario de la mayoría de sucesos desde los capítulos 32 al 47 de la primera parte. Los capítulos 19 y 20 están conectados por la necesidad que tienen don Quijote y Sancho de proveerse de comida y de beber agua. El barbero del capítulo 21 tendrá un papel importante en la venta (I.44), y la entrada en Sierra Morena, donde surge la aventura de la princesa Micomicona, está motivada por la necesidad de huir de la Santa Hermandad después de libertar a los galeotes en el capítulo 22. Ginés de Pasamonte reaparece robando el rucio de Sancho (I.23), y Cardenio, Luscinda, don Fernando y Dorotea son los andantes cuyo tuerto endereza don Quijote. Quizá lo único que se pudiera suprimir o cambiar de lugar fuera la batalla contra las manadas de ovejas. La reaparición (cap. 31) de Andrés, el joven pastor vapuleado por Juan Haldudo de Quintanar (I.4), sólo se justifica como una ocasión para maldecir a la caballería andante.[1]

La venta (capítulos 32-47) es el centro de reunión y encuentro de todos los viajeros, y por tanto, un núcleo fundamental en la estructura de la primera parte. Al no tener la novela un argumento que actúe como foco de unificación de los distintos episodios, la venta se convierte en ese foco, el escenario de la comedia humana.

Las novelas intercaladas se pueden justificar señalando cómo se entrelazan con el texto del *Quijote*. Decíamos

---

[1] I.2, 81-82. «En lo material, la obra no tiene otro plan que el capricho de Rocinante» (Madariaga, *Guía*, p. 73). Sin duda don Salvador se dejó llevar de la donosa ocurrencia, pero exageró, y por tanto, no dijo nada. Algunos estudiosos conjeturan que Cervantes cambió el orden de ciertos episodios, pero nosotros sólo podemos leer el texto que tenemos y como lo tenemos. Ver el excelente libro de José M. Martín Morán.

que Cardenio muestra una tendencia a compartir a Luscinda con don Fernando; pues bien, Anselmo lleva esa tendencia a un nivel de enfermo; es un Cardenio en superlativo. Cuando el cura toma la novela entre las manos es Cardenio el que anima a su lectura, y esa lectura llena unas horas mientras don Quijote duerme, hasta que en sueños da la batalla contra los cueros de vino tinto, que para él —de nuevo, en el sueño— son el gigante Pandafilando (c. 35). La historia del cautivo está igualmente bien traída: en una venta confluyen los más extraños viajeros y es verosímil la coincidencia de un oidor que va a las Indias con un cautivo que vuelve de Argel. Sin embargo, al margen de la maestría con la que Cervantes enhebra esas novelas en el todo de su texto, él mismo criticó su inclusión y no siguió el procedimiento en la segunda parte (II.44), distinguiendo entre las historias que se relacionaban con don Quijote, y las intercaladas, totalmente independientes del caballero.

En el *Quijote* no hay un argumento en el sentido de la novela moderna (compárese con *Gloria* de Galdós o con *Tiempo de silencio* de Luis Martín Santos). Para producir un argumento sería necesario que los dos se embarcaran en una acción; ellos, en cambio, reaccionan a las acciones de otros, y estas reacciones contribuyen a presentarnos su respectivo carácter con rasgos más y más precisos. El centro de la novela está, pues, en los caracteres más que en sus actos. En cambio, Cardenio y Luscinda, don Fernando y Dorotea, son y viven en función del conflicto de amor cruzado que los une y los separa. Ahí se da un argumento; pero esas dos parejas aparecen en el capítulo 23 y desaparecen en el 47 (I, 559); son *un* argumento que quizá hubiera podido dar origen a una novela independiente, pero no constituyen *el* argumento del *Quijote*.

Al principio de la segunda parte del libro (1615) reaparecen los personajes principales de la primera, y entra uno nuevo, Sansón Carrasco, que da noticia de la publicación de la «historia» de don Quijote. Todo libro, producto de la mente, se convierte en una realidad histórica y social con capacidad de influencia en la vida de los lectores y hasta como factor económico (basta pensar en los recursos que todavía genera y mueve el *Quijote*). Pues bien, el libro de 1605 se ha convertido en realidad objetiva que condiciona en la segunda parte las reacciones de los personajes que lo han leído. Hasta el capítulo 29, las realidades que encuentran Don Quijote y Sancho están fundadas en géneros literarios. Las escenas del castillo de los duques y del gobierno de Sancho (caps. 30-57) forman una comedia montada sobre los sueños que don Quijote expresaba en la parte primera (caps. 21 y 50). Y la encrucijada o diferencia de realidad y discurso literario alcanza su clímax cuando Cervantes, que se ha sumergido en el misterio de la ficción hecha realidad, conoce el *Quijote* de Avellaneda (caps. 59-74) y se convierte en protagonista y víctima de su mismo juego, pero no víctima novelesca, sino extratextual y real.

Las dos partes del *Quijote* de Cervantes se corresponden en la estructura exterior:

Primera:	Segunda:
Primera salida (Pról-cap. 6)	Recapitulación de la 1ª parte (Pról.-cap. 7)
Aventuras yuxtapuestas (7-22)	Aventuras yuxtapuestas (8-29)
Argumento y resolución en la venta (23-47)	Castillo de los duques (30-57)
Teoría de la novela, y final (47-52)	Lucha con Avellaneda (reflexión sobre *su* novela), y final (59-74),

La verdad antes y después

En la primera parte, las batallas ocurren porque don Quijote sobrepone a los objetos percibidos las imágenes que sus lecturas han depositado en su fantasía. En todos los casos el autor les dice a sus lectores la «verdad» al principio de todos los enfrentamientos. En cambio, en la parte segunda el autor no declara la verdad antes de las aventuras, sino después. Primero le sorprende al lector con situaciones o hechos al parecer inesperados, y después le explica lo que realmente acontecía. En el capítulo 12 de la segunda parte, el lector se encuentra con el Caballero de los Espejos, andante como don Quijote. Los dos disputan sobre la belleza de su amada respectiva, y sólo cuando se ha terminado la batalla (en el capítulo 14), revela el autor que el nuevo caballero era el bachiller Sansón Carrasco, que se había disfrazado de caballero andante para vencer a don Quijote y obligarle a volver a su pueblo. El procedimiento se repite en toda la segunda parte: en los capítulos 64 y 65, el Caballero de la Blanca Luna resultará ser de nuevo Sansón Carrasco, y el lector se encuentra igualmente sorprendido en el aparente suicidio de Basilio en las bodas de Camacho, en el modo como Maese Pedro reconoce a don Quijote, en el encuentro del morisco Ricote con Sancho, en el episodio de la cabeza encantada, y en otros casos. A este modo de introducir las aventuras, envolviendo al lector en el engaño, lo llamé en *Nuevas meditaciones del Quijote* estructura de suspenso. El suspenso se combina con la yuxtaposición, ya que sigue la entrada constante del autor inventando las aventuras a las que reaccionan los protagonistas, pero no hay una acción con desarrollo lógico interno que constituya un argumento.

Otro aspecto del suspenso es el motivo de los burladores burlados, tantas veces señalado en el análisis de la segunda parte. Los supuestos inventores de las burlas hechas a don Quijote y Sancho se encuentran sorprendidos por sus reacciones, y en algunos casos por desenlaces inesperados, como el enamoramiento del mayordomo de la ínsula cuando descubre a la joven descarriada (II.49, 413), y la reacción del lacayo Tosilos en el episodio de la hija de doña Rodríguez (II.56, 464).

Un tema importante de la segunda parte, con el cual se intenta superar la mera yuxtaposición de episodios, es el encantamiento de Dulcinea. Sancho finge la treta en el capítulo 10; el motivo se vuelve a mencionar en el 23, cuando don Quijote dice haber visto a su señora encantada como labradora en la cueva de Montesinos. La duquesa le hace ver a Sancho que quizá fuera él el encantado (II.33), y Sancho se encuentra burlado cuando Merlín anuncia que debe darse 3.300 azotes para desencantar a Dulcinea. A partir del capítulo 59 hasta el final, don Quijote le intima a que cumpla su promesa, y en el capítulo 71 le ofrece medio real por cada azote.

En la historia de la novela se puede hablar de tres criterios de estructuración: *la yuxtaposición, el suspenso y la intensificación.* En el primer tipo los episodios quedan unidos por el hilo de un protagonista que reacciona ante los hechos casuales; es el caso de la novela picaresca y de la primera parte del *Quijote.* El suspenso no elimina la yuxtaposición, pero es un experimento nuevo, ya que no sólo sumerge a los personajes en la aventura, sino también al lector. Y desde luego, como he advertido, ya en la primera parte trata Cervantes de superar la mera yuxtaposición, entrelazando las distintas aventuras de don

Quijote y las historias de otros personajes con la suya. En la segunda, ese entrelazamiento se produce en torno a ciertos motivos-núcleo que constituyen la malla estructural y dan unidad a los diferentes episodios: la literatura como realidad, el suspenso como procedimiento del autor, el encanto y desencanto de Dulcinea, y los burladores burlados. Lo que Cervantes no llega a utilizar es la estructura de intensificación, típica de la novela moderna, desde *La Princesse de Clèves* (1678).

Palabra y cuadro

Un motivo muy repetido en nuestro análisis ha sido el carácter pictórico de muchas escenas. Pintura, plástica y escena son términos teatrales. De hecho, el *Quijote*, obra de diálogo, de diálogos y de nítidos cuadros plásticos, es un gran retablo compuesto de diferentes cuadros. Sansón Carrasco dice que tanto el moro como el cristiano «pintaron muy al vivo» la historia (II.3, 60). En aras de la brevedad he clasificado los distintos aspectos de ese retablo en el siguiente esquema:

Ut pictura poesis en el sentido lingüístico. Cervantes se esforzó por utilizar un lenguaje gráfico, siguiendo la doctrina de Quintiliano sobre la hipotiposis o enargia. Las variables de ese lenguaje han sido puestas de relieve en los estudios estilísticos, sobre todo en el clásico libro de Helmut Hatzfeld, *El Quijote como obra de arte del lenguaje* (1928).

Los personajes: Las fotografías de don Quijote «caballero de la triste figura», de Sancho, Cardenio, del caballero del verde gabán, de la duquesa como bella cazadora en su

222

palafrén. Casi todas las mujeres del *Quijote* son extremadamente bellas, pero el autor no las pinta sino que utiliza el topos de lo inefable: son hermosas, honestas y discretas más allá de toda ponderación. En cambio sí adquieren potencia plástica los retratos de las mujeres deformes: La Tolosa y La Molinera (I.2), Maritornes (I.16) y Clara Perlerina en II.47, 393. En el caso de las mozas del partido y de Maritornes, la tosquedad y la fealdad física van unidas a la tosquedad espiritual.

Situaciones: Don Quijote y Sancho sobre sus cabalgaduras en el ancho horizonte manchego, dialogando, vomitando el uno sobre el otro (con perdón, está en I.18), la subversión de la figura ideal con algún detalle degradante, como el Caballero de los Espejos escupiendo mientras se prepara para cantar en el laúd, o la duquesa con dos fuentes en las piernas por las que desagua sus malos humores. El manteamiento de Sancho, los requesones cayendo por la cabeza de don Quijote, etc.

Escenas: el vizcaíno, los pastores, la venta, los «encamisados», el reencuentro de Dorotea-Fernando/Luscinda-Cardenio, las escenas de batalla en la venta, don Quijote en el carro, Dulcinea encantada, el carro de *Las cortes de la muerte*, la batalla con el Caballero de los Espejos, la figura del león, Sancho en el árbol con el vestido roto (II.34, 306), Sancho saliendo al gobierno (II.44, 368), Doña Rodríguez y don Quijote (II.48, 397).

Novelas en la novela: Marcela, Historia de Dorotea; etc. Cada una de las novelas tiene sus propias imágenes, y a su vez enriquece el carácter plástico del *Quijote* como todo.

Teatro en la novela: La boda de don Fernando y Luscinda, con Cardenio escondido en el hueco de la ventana;

el entremés de Camila en *El curioso impertinente*; la danza de Cupido y el Interés en las bodas de Camacho; el retablo de Maese Pedro; el palacio de los duques; la fingida Arcadia; las escenas de Barcelona. Esto es importante porque algunos episodios del *Quijote* parecen auténticos entremeses o posibles comedias.

El papel de la comedia en el origen de la novela moderna: Cárcel de amor (1492). La comedia como diálogo se inserta en el género del «Roman» medieval, que es fundamentalmente narrativo, y esa fusión, consagrada en el *Quijote*, será típica de la novela moderna. La pura narración del pasado se enriquece con la representación en presente, y el diálogo no se da entre personajes épicos, sino cómicos.

Ut pictura poesis, pero ahora no como hipotiposis (en el sentido de Quintiliano) sino en el sentido de Horacio: el poema es como un cuadro en el cual cada elemento debe estar en el lugar o plano que le corresponda, según un criterio de perspectiva decidido por la importancia de ese elemento en el todo. La historia de los protagonistas es el plano de fondo, y en otro más cercano al lector-espectador se sitúan argumentos secundarios y las aventuras concretas. Se da además una mezcla de géneros literarios, sin llegar a la conciencia del argumento propiamente dicho, típica de la novela moderna.

El autor como personaje: el prólogo (escena teatral); su presencia en el tono irónico; en reflejos de su propia biografía; la lucha con Avellaneda y la apropiación de su texto.

Este esquema, que sin duda se puede enriquecer y se debiera desarrollar en detalle, muestra el papel de la imagen en el *Quijote*. La imagen da fuerza sensorial a las ideas. De esa forma, la gran obra es lengua-cuadro, pensamiento profundo hecho imagen sensible en la obra de arte. Con razón identificó Cervantes la función de pintar y escribir: «El pintor o escritor, que todo es uno» (II.71, 574).

2. LOS PERSONAJES

Método de caracterización

En el *Quijote* muchos personajes aparecen y desaparecen en una aventura; otros juegan un papel durante algún tiempo y también desaparecen. Ninguno de estos individuos se define como carácter, aunque presenten algunos rasgos de su personalidad (Cardenio) en relación con una o varias aventuras del protagonista. El ideal cervantino de la caracterización se define en los personajes constantes del libro, que son cuatro: don Quijote, Sancho, Dulcinea y el autor. El cura, el barbero, el ama y la sobrina, aunque están presentes en las dos partes, quedan como figuras de fondo, y de ellos sólo el cura presenta algunos rasgos caracterizadores: es irónico, aficionado a la lectura, buen crítico literario, teórico de la novela y el teatro, y «tracista», es decir, ingenioso para urdir estratagemas. Don Quijote y Sancho se definen desde su primera aparición con rasgos que no van a cambiar. Al contrario, desde muy pronto el lector puede predecir la reacción de cada uno de estos personajes a los estímulos recibidos en consonancia con el carácter que tienen desde el principio. Dulcinea no actúa ni habla; su carácter es el que crean el amo, el criado y el autor. Y el autor habla en su texto de varias maneras que trataremos de precisar después. Como veremos enseguida, los personajes del *Quijote* no se caracterizan según criterios psicológicos en el sentido preciso del término, sino según criterios ontológicos.

Fiammetta (1342?) de Boccaccio es la primera narración que se distingue del «roman» medieval por el diálogo y la introspección, e inicia el camino hacia la novela moderna.[2] Dramatiza el amor que Fiammetta, mujer casada, siente de manera instantánea por el joven Pánfilo. Los nombres: Llamita (Fiammetta) y Todo-amor (Pánfilo), connotan encarnaciones de sentimientos ideales más que personas concretas. En sus nueve capítulos la novela despliega la pasión adúltera de los amantes, la esperanza y temor de Fiammetta durante la ausencia de Pánfilo, y su desesperación cuando se ve abandonada. La novela tiene rasgos modernos: se trata de monólogos y diálogos interiores y de un amor adúltero que la protagonista declara con toda libertad, subvirtiendo lo que se esperaba de la dama noble, especialmente si era casada, como lo era Fiammetta. Por supuesto, esta subversión procede de la ironía de Boccaccio frente a los amores ideales cantados por los poetas. Y sin embargo, esos rasgos modernos están incorporados a una estructura de nueve capítulos, donde el quinto es mucho más largo que los otros, precedido y seguido por cuatro. Esa simetría es semejante a los cuadros de Giotto y del primer Renacimiento, y la experiencia intemporal —antigua y moderna— del amor se explica como un dardo de Cupido o

---

[2] Menéndez Pelayo llama a Boccaccio «padre indisputable de la novela moderna en varios de sus géneros» («La cultura literaria de Cervantes», ed. cit., p. 333).

como diálogo con la diosa Venus. Fiammetta está, pues, inserta en el universo teológico medieval.

La Princesse de Clèves (1678) de Mme. de Lafayette comienza también por un enamoramiento instantáneo, y la mujer enamorada se debate entre dos fuerzas que la arrastran: la pasión hacia el amante frente al deber para con su marido. En este sentido, la obra es también premoderna. Pero la autora despliega en su texto la lucha entre la pasión y la obligación, y pinta el amor como un sentimiento íntimo, y sobre todo con un elemento desconocido por Cervantes: la progresiva intensificación con el paso del tiempo. El amor está ya en sumo grado en el primer encuentro de Mme. de Clèves con M. de Némours, pero desde ese principio se intensifica la lucha íntima entre pasión y deber, y esa intensificación del contenido produce el orden lógico de la estructura, de manera que elimina en gran medida la casualidad, aunque ésta no se puede eliminar nunca del todo en la novela, sea antigua o moderna. Por primera vez existe aquí un argumento como centro del texto, y un desarrollo de los sentimientos que se puede llamar psicológico.

Entre el cosmos *teológico* de Boccaccio y el *psicológico* de Mme. de Lafayette, Cervantes se sitúa en un plano *ontológico*. Del mismo modo que Cervantes secularizaba la experiencia de la escritura, atribuyendo la inspiración de las musas a su Cide Hamete interior, así seculariza los elementos trascendentes de nuestra persona, como el amor, y en vez de colocarlos en seres externos (teología), los encuentra dentro del yo humano. El amor en sentido teológico es una flecha de Cupido o una tentación del demonio; en cambio, como experiencia humana, es un sentimiento personal que surge del individuo y al mismo tiempo se le impone como una fuerza superior. La prueba es que muchas veces no se puede olvidar un amor, aunque se quiera. En el *Quijote* el amor aparece en una serie de variables que son propiedades esenciales del amor (ontología), pero no como un sentimiento personal con altibajos, dudas, celos y reacciones provocadas por la persona amada (psicología).

Existen distintos tipos de amor, ya documentables en la literatura medieval y luego en el Renacimiento y el Barroco: amor udrí, cortés, platónico, caballeresco, místico y del *dolce stil nuovo*. El primero, típico de la poesía árabe, no interesa aquí. El amor cortés es el amor sincero, que se entrega a la persona querida y la ensalza. Es el amor realista, y porque es sincero —sin sinceridad no hay amor— es fino y respetuoso. El amor platónico es una metafísica de progresiva elevación del alma desde la figura material al plano del espíritu. El amor caballeresco —típico de los libros de caballerías— es sincero como el amor cortés, pero, a diferencia del amor cortés, es explícito en lo sexual. Finalmente, el amor místico es la entrega a Dios por ser el creador y padre que da sentido al mundo, la entrega a todo cuanto hay de bien en el mundo, e incluso la aceptación del mal, aunque nosotros no entendamos cómo lo permite la Providencia. El «dulce estilo nuevo», como llamó Dante a la poesía de algunos italianos del siglo XIII, se puede considerar como una derivación de la mística, que ve en la amada una fuente de luz y amor en correspondencia con las potencias superiores del hombre: el entendimiento y la voluntad.

Don Quijote dice una vez que su amor a Dulcinea es del que llaman platónico, pero en realidad es amor cortés, ya que no excluye el cuerpo —aunque tampoco lo busque nunca— y es un sentimiento personal sincero e inconmovible. En cambio, el amor caballeresco —el de Amadís, don Galaor o Tristán— es totalmente rechazado por Cervantes, y es uno de los puntos que encuentra más dignos de crítica en los libros de caballerías y en la *Celestina*.

Casi todas las vivencias de amor que aparecen en el *Quijote*, y otras que los personajes cuentan, comienzan de manera repentina. La hermosura de la mujer cautiva los ojos y el corazón del enamorado (Aldonza, Marcela, don Fernando, Eugenio y Tosilos). En cambio, el pastor que busca el matrimonio en I.12, Cardenio y Basilio, han crecido junto a las mujeres queridas, y por tanto el amor se ha ido conformando según la edad de los amantes. Lo que no hay en ningún caso es un proceso de intensificación del sentimiento amoroso, como en *Werther, Le Rouge et le noir* o *Pepita Jiménez*, que daría lógica interna a la estructura de la novela y crearía un argumento.

Don Quijote

Las coordenadas del carácter de Don Quijote son: la locura como rotura del entendimiento que desgaja el ingenio del juicio, el cambio de personalidad (Alonso Quijano se convierte en don Quijote), la ilusión y la alucinación (primera y segunda parte respectivamente), el bien absoluto como meta de todos sus actos, el amor casto, el valor para enfrentarse con el mal, el autoconsuelo en las derrotas, el retorno a la cordura, la condena de los libros de caballerías, y la muerte cristiana.

Don Quijote aparece como un hidalgo de 50 años. De su vida anterior sólo sabemos que tuvo una hermana, madre de su sobrina, y llevaba doce años enamorado de Aldonza Lorenzo, del Toboso, aunque sólo la había mirado cuatro veces y con mucho recato. Como observó Unamuno, Alonso Quijano había sido profundamente tímido, y quizá su anhelo de fama fuera para llamar la atención de aquella moza del Toboso que tanto le desveló.

Al comenzar el libro, don Quijote aparece como un hidalgo pobre y en un «lugar» culturalmente retrasado, aunque desde el principio encontramos un clérigo y un barbero lectores de libros, y luego hidalgos, caballeros y un bachiller por Salamanca (II.2). En varios capítulos don Quijote muestra una cultura extensa y refinada: por supuesto, ha leído muchos libros de caballerías, y tiene muchos de poesía. Se sabe de memoria algunos romances viejos y varios sonetos y otros versos de Garcilaso, escribe poemas, en el episodio de Altisidora sabe tocar la vihuela, y cuando habla de temas teológicos y éticos lo hace con la precisión de un escolástico. En I.23, don Quijote le dice a Sancho que «todos o los más caballeros andantes de la edad pasada eran grandes trovadores y grandes músicos: que estas dos habilidades o gracias, por mejor decir, son anexas a los enamorados andantes» (I, 283). Y estas gracias son las que él muestra en II.62, donde declara: «sé algún tanto del toscano, y me precio de cantar algunas estancias del Ariosto» (II, 518). Parece indiscutible que la cultura de don Quijote es la cultura de Cervantes.

En su librería no hay un solo libro de religión. Ahora bien, el respetable fondo teológico de sus referencias religiosas demuestra que conocía bien el catecismo católico, incluso con algunas sutilezas de las diferentes escuelas teológicas. Cervantes no mencionó la existencia de libros religiosos en la biblioteca del hidalgo. A mi parecer, la mejor explicación de este hecho se infiere de su propia observación en el prólogo de la primera parte: el no mezclar lo humano con lo divino.

La locura de don Quijote no tiene sentido psicológico sino ontológico. Se le rompe el entendimiento en sus dos componentes: pierde el juicio, que es la capacidad de hacerse cargo de la realidad con sus sinuosos contornos, y le queda suelto el ingenio, la función creadora de absolutos. Los teólogos decían que una persona loca se salvaba o se condenaba según el estado —de gracia o de pecado— en que se encontrase en el momento de sucumbir a la demencia. Don Quijote se vuelve loco, pero antes era «Alonso Quijano el Bueno»; por eso, al perder el juicio se le dispara una bondad sin límites y quiere deshacer entuertos, liberar cautivos, amparar necesitados y restaurar la edad de oro; es, pues, un carácter absoluto, comprometido con todo cuanto sea noble. De ahí que, a pesar de su locura, suscite compasión en sus interlocutores y lectores. En la segunda parte Cervantes presenta de manera más explícita que en la primera esa doble dimensión: la locura y la bondad. Como he señalado, hay más material ejemplar, y todos los burladores de don Quijote se encuentren burlados y perplejos, porque en este caso se cumple el refrán popular: los niños y los locos dicen las verdades.

La locura produce en la personalidad del hidalgo un vuelco que se certifica con un nuevo nombre para sí mismo. Con su nueva identidad sale a los caminos; en la primera parte va dirigido por la ilusión, y en la segunda por la alucinación. Los psicólogos definen la ilusión como una interpretación errónea de las percepciones de los sentidos; la alucinación, en cambio, es la construcción de imágenes o ideas sin fundamento sensible. En la primera parte don Quijote se encuentra con unos molinos, frailes, señoras, ventas y rebaños, que eleva respectivamente a gigantes, demonios, damas secuestradas, castillos y ejércitos. Cuando no se produce la ilusión, como en el caso de los pastores, don Quijote introduce el discurso de la edad de oro (ilusión) que contrasta «con esta nuestra edad de hierro». Las aventuras repiten el patrón que he señalado en el capítulo segundo: percepción de un objeto, elevación al plano de la fantasía, derrota, imputación de sus errores a los encantadores, y vuelta a empezar. Tanto la caída en la locura como la vuelta a la lucidez tienen lugar de manera brusca, como un éxtasis místico, no como un proceso lento de recuperación.

La locura le pone a don Quijote fuera del plano ético dentro del cual actuaban generalmente los caracteres de las obras literarias. Don Juan, los pícaros y los personajes de la comedia se salvan o condenan según su comportamiento.[3] Don Quijote está en una dimensión anterior a las categorías del bien y del mal, en la frontera entre la realidad y la ilusión, la realidad y el deseo, realidad y discurso. Y el contraste del mundo loco del caballero con el cuerdo de su circunstancia y del autor, crea el dinamismo serio (la lucha de realidad e ilusión), los contrastes cómi-

---

[3] El profesor Agustín Redondo acentúa que en el *Quijote* no hay prácticas religiosas. Es verdad, y yo creo que hay dos razones: primera, no mezclar lo humano con lo divino; segunda, don Quijote está loco y es, por tanto, «incapaz de sacramentos», como se decía en la parla eclesiástica. En cambio, cuando vuelve a la cordura, confiesa y recibe la comunión antes de morir, como buen católico. «Acercamiento al Quijote desde una perspectiva histórico-social», en AA. VV., pp. 291-292.

cos (la caída de las ilusiones) y la gracia irónica de la obra (presencia del autor).

La locura así definida es el secreto y fondo de la hondura de don Quijote como símbolo de experiencias humanas, y de su consiguiente universalidad como personaje clásico. Si sólo atendemos al idealismo y la bondad del caballero, surgen las visiones románticas del héroe sublime enfrentado con un mundo vulgar. Unamuno, por ejemplo, compara a don Quijote con San Ignacio de Loyola y Santa Teresa, a quienes considera caballeros andantes a lo divino. Estas visiones le amputan al personaje de Cervantes su locura, o sea, el lado de error y hasta de ridículo con que el autor le pinta. Toda interpretación de don Quijote que no cuente con su locura y con la distancia que el autor mantiene con respecto al «extremado» caballero, falsifica el texto.

La nota constitutiva del hombre es la reflexión sobre sí mismo. A esta condición la llamamos también trascendencia. El amor, la conciencia de nuestra capacidad y el sentido de la obligación se nos imponen como fuerzas a la vez internas y exteriores a nuestro yo: el amor que no podemos olvidar, la lucha entre el querer y el poder al escribir, la vida como proyección o como obligación de entrega heroica a una causa. Ésta es la realidad humana, que pinta Cervantes: el entendimiento. Pero esa dimensión trascendente se puede convertir en fantasía loca, y ése es el caso de don Quijote, según Cervantes. Por eso, la verdad de don Quijote como símbolo de la naturaleza humana no está en el dilema de idealismo frente a realismo, sino en su «locura entreverada», o sea, en la encrucijada entre la ilusión legítima que es una dimensión esencial de la existencia, y las ilusiones paranoicas.

Sancho

En mi libro *Nuevas meditaciones del Quijote* describí a Sancho con tres notas: Sancho criado, Sancho sentido, Sancho lengua. Este esquema, que me sigue pareciendo válido, se puede enriquecer con datos del texto que matizan cada uno de los tres rasgos. En torno a la rúbrica de criado hay que poner la bajeza de su nacimiento, la pobreza, el miedo y falta de valor, aunque tenga más fuerza física que su amo, la carencia de sentido del honor (él está dispuesto a huir del peligro cuando no le ven, I.20), el interés, la «bellaquería» y la agudeza como medios de autodefensa frente al señor y frente al hambre. En el lado positivo, la sumisión y la fidelidad.

Sancho-sentido. Se ha dicho que don Quijote simboliza el idealismo y Sancho el realismo. Me parece un tópico falso. Don Quijote, como he dicho, simboliza el punto de encuentro del idealismo certero y el utópico, y Sancho es realista sólo donde se necesita el testimonio de los sentidos: él ve los molinos, los rebaños de ganado y «la cosa que relumbra» en la cabeza del barbero (I.21), pero «no sabe leer ni escribir», y por tanto, tampoco tiene el entendimiento requerido para ver y pensar la realidad. En la primera parte, el sentido que le dirige es la vista; en la segunda el oído.[4] El trato con don Quijote le va educando, de forma que cuando habla con su mujer (II.5), el nivel mental de Sancho es muy superior al de ella. Incluso hace citas de Aristóteles (sin sa-

---

[4] Sobre este punto puede verse mi artículo «Ver, oír, Sancho sentido», en Grilli, Giuseppe, ed., *Actas del II Congreso Internacional de la Asociación de Cervantistas*, Nápoles, Società Editrice Internazionale Gallo, 1995, pp. 335-346.

ber de quién son), pero siempre en frases que ha «oído» a don Quijote, al cura, o al «predicador» de la cuaresma.

Desde ese nivel mental, Sancho es simple, ignorante y «gracioso». Esta palabra denotaba los donaires de la mente plebeya que no tenía dignidad o «gravedad». Varias veces se habla en la segunda parte de las «gracias» de don Quijote, aludiendo a su locura, y entonces el caballero se convierte en figura del donaire.[5] Cuando Sancho encanta a Dulcinea, exhibe otra cualidad de la inteligencia servil: la agudeza fundida con la simplicidad (II.70, 564, cf. 568). La simplicidad le hace crédulo hasta convertirle desde el principio en un Quijote del interés, como su amo era un Quijote del bien y de la fama. En el texto no se produce una «quijotización» de Sancho, como dijo Madariaga. La ilusión de la ínsula es ya el primer móvil de Sancho cuando se pone al servicio de su amo, y el interés ha sido su rasgo más frecuente en el análisis del texto. El desarrollo mental del criado no le eleva nunca al nivel del amo. No hay, pues, «quijotización»: Sancho, soñando con la ínsula y el condado, es desde el principio un Quijote simple, como su señor es loco, pero nunca se igualan.[6]

---

[5] Por supuesto, en algunos casos gracia tiene el sentido positivo de discreción: «El cuento es muy bueno, y vos, buen Pedro, lo contáis con muy buena gracia» (I.12, 165); «Tanta era la gracia con que Dorotea contaba sus desventuras» (I.36, 455). «Un mayordomo del duque, muy discreto y muy gracioso (que no puede haber gracia donde no hay discreción)» (II.44, 367). Calló Mercurio y a poner empieza/ con gran curiosidad seis camarines,/ dando a la gracia ilustre rancho y pieza» (*Viaje del Parnaso*, c. 2, vv. 433-534, ed. cit., p. 1194).

[6] «Quedó tan contento Sancho cuanto el cura admirado de su simplicidad, y de ver cuán encajados tenía en la fantasía los mesmos disparates que su amo, pues sin alguna duda se daba a entender que había de venir a ser emperador» (I.29, 363, cf. II.13, 130).

Sancho-lengua. Al nivel social e intelectual de Sancho le corresponde su nivel de lengua. Lo más llamativo en su lenguaje es el uso de los refranes. Pero, como he advertido en el comentario, la primera sarta de refranes de Sancho no aparece hasta el capítulo 25 (I, 302). Los refranes son sólo un aspecto del hallazgo genial de Cervantes con respecto al lenguaje de Sancho. Es una cosecha de formas populares de hablar, que incluyen refranes y expresiones que no son refranes: ¿Cómo clasificar «De mis viñas vengo»? Significa que uno viene de fuera y no sabe nada de lo que se está disputando en un determinado lugar. Pero el pueblo labrador no viene de despachos o mercados, sino «de sus viñas». El lenguaje de Sancho presenta errores de léxico —presonaje por personaje— pero lo central está en el uso del lenguaje como nivel mental del pueblo, lenguaje «gracioso», es decir, ágil, rico en imágenes y asociaciones tan originales y audaces, que en muchos casos resultan auténticas greguerías o metáforas vanguardistas. Cervantes apreció la belleza de ese lenguaje y lo plasmó en sus entremeses y en Sancho: «Eso juro yo, dijo Sancho, para el puto que no se casare en abriendo el gaznatico al señor Pandahilado. Pues ¡Monta que es mala la reina! ¡Así se me vuelvan a mí las pulgas en la cama!» (I.30, 376). «No hay para qué darme priesa a que ensille a Rocinante, albarde el jumento y aderece el palafrén, pues será mejor que nos estemos quedos, y cada puta hile y comamos» (I.46, 552). Verdaderamente, quien fue capaz de «imitar» esta lengua del pueblo, tenía que sentir repugnancia por el tosco artificio del Sancho de Avellaneda.

El rasgo que unifica y da coherencia a todos los otros de Sancho es su fidelidad. En su nivel mental, él es Sancho el bueno, como lo era Alonso Quijano. Es cobarde, no tiene sentido de la honra, es codicioso aunque sin robar, y dos veces (a la vista de Dorotea y de Altisidora) alude a que él no sería tan mirado como don Quijote si alguna princesa o doncella le ofreciera sus favores.[7] En este sentido comparte los malos hábitos del criado literario, como se manifiestan en la *Celestina* o en los pícaros, pero la bondad, que en este caso es la fidelidad a su señor, le distingue de todos los criados y pícaros de la literatura del siglo de oro, y sella la originalidad de su carácter frente a ellos.

Dulcinea

Dulcinea es el personaje que mueve todos los hilos de la novela sin aparecer en ella. García Lorca fundará todo el dinamismo de *La casa de Bernarda Alba* en Pepe el Romano, el «hombre» que no aparece nunca en la escena. Pues bien, el «hombre» que agita los corazones de las hijas de Bernarda, juega un papel análogo al de Dulcinea en el *Quijote*. Dulcinea es una creación imaginativa dentro del texto imaginativo. Y como la crean tres novelistas: Don Quijote, Sancho y el autor, Dulcinea es una y trina. Al comentar el capítulo 31 he presentado la Dulcinea que crean respectivamente el señor y el criado, cada uno según su horizonte mental. Pero además hay

---

[7] Sobre Dorotea, lugar citado; sobre Altisidora: «Mándote yo, dijo Sancho, pobre doncella, mándote, digo, mala ventura, pues las has habido con una alma de esparto y con un corazón de encina. ¡A fe que si las hubieras conmigo, que otro gallo te cantara!» (II.70, 569).

la Dulcinea creada por el autor, en la que veo los siguientes rasgos:

1. Es una instancia de la ironía de Cervantes. Don Quijote es un tímido sexual, y cuando se imagina que Maritornes, doña Rodríguez o Altisidora tratan de seducirle, la fidelidad a Dulcinea es el pretexto para no relacionarse con ninguna otra mujer.

2. Es una instancia para caracterizar el horizonte mental de don Quijote y de Sancho, como vemos en el capítulo 31. Uno la ve como dechado de toda perfección, el otro como «moza de chapa, hecha y derecha y de pelo en pecho» (c. 25).

3. Como análisis de experiencias humanas, Dulcinea es creación del amor. Todo enamoramiento sincero construye una Dulcinea a partir de una Aldonza. Si la Aldonza es zafia, el amante creador de Dulcinea es un quijote loco. Si la Aldonza de carne y hueso es buena y sensible, el amante es cuerdo.

4. Desde el punto de vista estructural, Dulcinea es la fuerza que mueve directamente a don Quijote, y a través del caballero a todos los personajes que se relacionan con él. En la segunda parte, es fundamental el motivo del encantamiento y desencanto de Dulcinea.

5. El aspecto más importante de Dulcinea en la historia literaria es la presencia del amor del caballero a una mujer concreta, sin la más leve alusión al sexo. En las obras maestras de la prosa española del siglo XVI, comenzando por la *Celestina* y en las novelas picarescas (*Lazarillo, Guzmán, El Buscón*), la mujer es fundamentalmente objeto sexual. Y en los libros de caballerías, Cervantes ironiza sobre las doncellas andantes que vivían ochenta años

sin dormir bajo techado, y morían «tan vírgenes como la madre que las había parido».

Si el arte, según Horacio, debía fundir lo útil con lo dulce,[8] lo dulce en muchos casos era el desvestido, la alusión erótica. Dulcinea es la forma genial como Cervantes introduce a la mujer y al amor en la obra literaria descartando todo tipo de alusión sexual. Aunque don Quijote dice que su amor a Dulcinea es platónico, lo dice en el sentido de que es honesto. En la primera parte no huye del cuerpo de la dama hacia un amor de la forma o del espíritu (platonismo), sino que se centra en la persona, pero elevándola, como hace todo amor verdadero. Según la clasificación de los tipos de amor que he mencionado, el de don Quijote es el amor cortés en su extrema pureza. En la segunda parte declara que Dulcinea no es la Aldonza Lorenzo de un pueblo manchego, sino una imagen ideal creada por su mente. Ahora quizá se pueda hablar de amor platónico. Con Dulcinea Cervantes logra la «dulzura» del texto literario introduciendo el amor, pero sin la más leve alusión a los aspectos sexuales. El otro aspecto de la «dulzura» en la obra literaria es la «gracia» con la que se cuenta una historia.

El autor en su texto

Los hispanistas han contado el número de supuestos autores en el *Quijote*, y han catalogado hasta diez o doce.

---

[8] Aut docere volunt aut delectare poetae
aut simul et jucunda et idonea dicere vitae…
omne tulit punctum qui miscuit utile dulci (Horacio, *Ars poëtica*, vv. 333-343).

Son trabajos encomiables como ejemplos de lectura atenta del texto, pero no explican nada de su sentido humano y artístico. ¿Cambiaría algo en el valor de la obra de arte si en vez de catalogar diez autores sólo se pudieran enumerar siete? No hay más que un autor del *Quijote,* el Cervantes de carne y hueso; todos sus personajes son individuos «de la especie Cervantes».[9] Ahora bien, el escritor se encuentra a sí mismo desplegado en dos: el que inspira (Cide Hamete) y el que se esfuerza en construir un libro hijo del entendimiento (Cervantes). Esta primera dualidad es la persona humana: yo y conciencia, esfuerzo e inspiración, colaboradores en toda escritura. A partir de esta experiencia, se pueden inventar los autores que se quieran, como Cervantes lo hace genialmente al contar las historias de Marcela y de Cardenio.

El autor aparece de varias maneras en el *Quijote*: recordando su *Galatea* (I.6); recordado por el cautivo y orgulloso de su conducta en Argel: «Tal de Saavedra» (I.40, 486); pero sobre todo aparece como padrastro y padre del *Quijote* y de sus personajes. Los motivos centrales de la vida de Cervantes parecen ser:

- la pobreza en la niñez y durante toda su vida,
- la educación tardía en la escuela de López de Hoyos, de Madrid (1567-1568),
- la experiencia italiana (1569-1575),
- la «batalla naval» (7.X.1571), su manquedad y expediciones en África hasta 1575.
- El cautiverio (1575-1580),

---

[9] J. Ortega y Gasset, *Meditaciones del Quijote,* en *OC,* I, 327.

- el sentido de resurrección al recobrar la libertad perdida (1580),
- la desilusión por no encontrar reconocimiento a sus servicios,
- la reconciliación con la voluntad divina (miembro de varias cofradías religiosas en los últimos años), y envolviéndolo todo, la orgía de
- creatividad.

El *Quijote* «se engendró en una cárcel» (Prólogo). Se ha recordado la estancia de Cervantes en la cárcel de Sevilla o en la Cueva de Medrano, de Argamasilla de Alba. Pero la cárcel de Cervantes fue el cautiverio de Argel. Allí vivió la experiencia de convulsión y arbitrariedad que plasma en las ilusiones y caídas de sus criaturas, especialmente de don Quijote. El cautiverio, como he señalado, es la amputación de la capacidad de proyectar, rasgo esencial de la vida humana. Sólo desde esta experiencia del cautiverio podemos repetir y revivir como lectores la experiencia radical de la que nació el libro.

Cervantes decidió escribirlo con un fin educativo: desterrar libros que supuestamente volvían locos a sus lectores, por ser inverosímiles y deshonestos. Aunque las palabras que siguen las pronuncia el bachiller Carrasco, sin duda reflejan la conciencia que Cervantes tenía de su propio texto, o al menos de su intención: «La tal historia es del más gustoso entretenimiento que hasta agora se haya visto, porque en toda ella no se descubre, ni por semejas, una palabra deshonesta ni un pensamiento menos que católico» (II.3, 64).

Cervantes no refleja nunca simpatía por don Quijote. Desde el primer capítulo hasta el penúltimo de la segunda parte, el hidalgo es un loco digno de sarcasmo. En toda la primera parte, el caballero ataca a los representantes de la vida real, y éstos reaccionan haciéndole objeto de risa o de golpes. El cura, el barbero y el canónigo se compadecen de él cuando habla, pero le condenan cuando actúa como caballero andante, puesto que la intención del autor es condenar los libros de caballerías. En el capítulo 51, hasta el canónigo azuza al pastor Eugenio para que siga golpeando a don Quijote. En la segunda parte Cervantes le llama «extremado» (II, 23), «bestia» (II, 29), y sólo le trata con respeto en el capítulo último, cuando narra su vuelta a la cordura. Los otros personajes suelen portarse bien con él, excepto los duques, que le tratan bien en lo material, pero siguiéndole el humor de loco. En Barcelona don Quijote es el hazmerreír de los burgueses que en apariencia le agasajan, y finalmente es derrotado por el Caballero de la Blanca Luna.

Pero en algunas ocasiones, sobre todo en la segunda parte, el autor critica con la misma virulencia a los burladores, que quedan burlados por la dignidad del caballero. Los duques son para Cervantes más locos y tontos que su víctima. El castellano que en Barcelona le atribuye a don Quijote el poder de volver locos a todos los que tratan con él, parece ser la voz del autor. Pero el que sus enemigos sean tontos no le redime al caballero de una locura a la que ha llegado por la imprudencia de leer libros malsanos, olvidando el cuidado de su hacienda.

El equívoco de Cervantes con respecto a don Quijote consiste en que se acerca a él con sarcasmo en cuanto *andante*, pero no se puede reír de él en cuanto *caballero.* «Después que soy caballero andante, le dice don Quijote al canónigo, soy valiente, comedido, liberal, biencriado...»[10] ¿Se iba a reír de estas virtudes el hombre que se gloriaba de las heridas recibidas en Lepanto luchando por su fe y por su rey? El estupor que produce don Quijote en la segunda parte consiste en el choque de estos dos aspectos: la *errancia* es locura, pero la *caballería o caballerosidad* es el dechado de la perfección humana seglar.

Hasta el momento he señalado los aspectos de la presencia de Cervantes como autor del texto leído. Pero ¿hay más? Cervantes llama a la batalla de Lepanto «la más alta ocasión que vieron los siglos pasados, presentes ni esperan ver los venideros» (2ª parte, prólogo). Después vivió la derrota de la Armada Invencible (1588), y coincidiendo con la decadencia personal de su vejez, veía a su alrededor una España de nobles dedicados a medrar en la corte, no a defender la cristiandad. Los sonetos al duque de Medinasidonia (1596) y al túmulo vacío de Felipe II en Sevilla, denuncian como hueras muchas apariencias de la España de 1600. Esa denuncia la hace Cervantes de manera explícita y directa en los sonetos mencionados, e indirectamente a través de los personajes de su obra: «Yo he visto muchos asnos ir a gobiernos», dice Sancho. En el *Viaje del Parnaso* se queja abier-

---

[10] I.50, 586. Antes había dicho: «La virtud es tan poderosa que, por sí sola, a pesar de toda la nigromancía que supo su primer inventor, Zoroastes, saldrá vencedora a todo trance» (I.47, 559). Cf. II. 32, 283 La diferencia entre andante y caballero aparece dos veces en la segunda parte: «Muchos son los andantes» (Sancho).—«Pero pocos los caballeros» (Don Quijote, II). «El duque mi señor, mi marido, aunque no es de los andantes no por eso deja de ser caballero» (II.33, 300).

tamente de que el mismo rey no ha respondido con justicia a sus méritos:

> Alguno murmuró, viéndome ajeno
> del honor que pensó se me debía,
> del planeta de luz y virtud lleno.[11]

Lo que parece imposible de demostrar es que Cervantes encarnase en don Quijote su sensación de la decadencia de España. En definitiva, en la lucha de don Quijote
con la vida prosaica de cada día, vence la prosa de la vida,
y don Quijote acaba reconociendo su locura. Cervantes,
el entendimiento, toma una postura crítica frente a los
cuerdos, pero al final está con ellos frente al pobre hidalgo enloquecido. Cuando Cervantes escribe el *Quijote*
parece haber llegado a esa sabiduría en la cual aceptamos
nuestra vida como es; si hemos peleado en buenas lides,
podemos estar orgullosos, aunque no hayamos logrado
éxitos. En la primera parte tiene miedo, porque su obra
no responde a la moda dominante, pero en el prólogo de
la segunda se presenta satisfecho, ha conseguido ese reconocimiento que en su conciencia íntima estaba seguro de
merecer: «la olímpica serenidad de su alma, no sabemos si
regocijada o resignada».[12]

Los estadios de la escritura del *Quijote* son distintos
momentos en los que Cervantes va cobrando una conciencia más y más clara de su propia obra. Y el último estadio es la comparación con el texto de Avellaneda. Ante

---

[11] *VP*, c. 4, vv. 98-100, ed. cit., p. 1199.

[12] M. Menéndez Pelayo, «La cultura literaria de Cervantes», ed. cit.,
p. 118.

el nuevo *Quijote* hace él mismo un pionero ensayo de literatura comparada. Todos los niveles de la conciencia del autor se condensan en la ironía, que a mi parecer es la clave del valor excepcional del *Quijote* como obra literaria. El tema ofrece campo para un estudio extenso, pero debemos contentarnos con el índice de ese estudio.

La ironía

Cervantes se propone que su libro sea «hijo del entendimiento», no de la fantasía loca, y desde luego, no del nivel mental de Sancho. El entendimiento opera en dos direcciones: la invención y el juicio. El juicio analiza lo creado en el momento de la invención, y decide si ese discurso refleja realidad, ya que sólo como reflejo de realidad tendrá sentido. La ironía es la función crítica de la inteligencia, y por tanto, implica una justa distancia con respecto a la realidad. Ahora bien, el primer objeto con que se enfrenta el pensamiento es su propia actividad de pensar. Por eso, la ironía, antes que crítica de objetos exteriores al pensamiento es la conciencia crítica con respecto a sí mismo. Esa conciencia opera ya cuando formulamos tesis sobre un objeto, es decir, la inteligencia es reflexiva y se critica a sí misma (juicio) ya en el momento de la invención. Y además de esa autocrítica simultánea, se da y debe dar la autocrítica posterior a la invención. Cuando yo escribía estas líneas hace meses era consciente de que necesitaba volver sobre ellas. Ahora, al corregirlas deseando reflejar de manera más transparente la realidad de la ironía, mi juicio está obrando en un momento posterior al de la creación primera. Como autocrítica simultánea o como corrección constante de nuestras invenciones para reflejar mejor la realidad, la estructura de la ironía es siempre la misma: es la función reflexiva, crítica y autocrítica, de la inteligencia. Esa potencia reflexiva es la que nos da la capacidad de corregirnos a nosotros mismos.

Mi descripción de la ironía está respaldada por una gloriosa tradición. La inteligencia humana, decía Santo Tomás, se distingue de los sentidos animales, porque «vuelve sobre sí misma en una vuelta completa». Esta frase resume la concepción que los filósofos han tenido del entendimiento desde Platón hasta nuestro tiempo, pasando por la reflexión de Husserl, la más extensa y sistemática que existe sobre el tema. Inteligencia es auto-reflexión; la ironía supone conciencia, y por tanto, distancia con respecto a nosotros mismos, a nuestras obras y a cualquier objeto con el que nos enfrentamos. Contrarios a la ironía son la inconsciencia, la sumisión (la mente esclava) y todo tipo de fundamentalismo, o sea, el entusiasmo que abraza irracionalmente algún valor sin mantener la debida distancia. En cambio, el entusiasmo fundado en la admiración consciente del valor de una obra o la entrega consciente a una causa, no se opone a la ironía. Es el caso de místicos como Santa Teresa y San Juan de la Cruz.[13]

En el *Quijote* Cervantes se muestra distante de sus personajes, excepto cuando aparece el libro de Avellaneda, y en ese momento abraza con entusiasmo *su crea-*

---

[13] El texto místico no admite ironía con respecto a Dios, pero el místico acentúa constantemente su indigencia, y en este sentido es profundamente irónico respecto de sí mismo.

ción, no la locura y simpleza de don Quijote y Sancho. Existe también la distancia crítica del autor con respecto a formas de conducta de la sociedad. Este tipo de ironía es la sátira, que permanece siempre en el plano general, sin ofender a nadie en particular. Otro aspecto central de la ironía en el *Quijote* es la conciencia crítica, según se va componiendo la obra. Al final de cada historia narrada en la primera parte, entra algún personaje haciendo crítica literaria del contenido y del modo de contar.[14] En otros momentos (I.47-48, II.3, II.40, II.44) entra el autor confesando su perplejidad ante las dificultades de una narración fingida extensa, cuyas partes estén bien acompasadas, como hija del entendimiento. Conviene advertir que el *Quijote* es por una parte la historia de unos protagonistas, y al menos en la misma medida, un taller de experimentación sobre cómo se hace una novela. Será difícil encontrar un texto donde la función creadora y la crítica se entrelacen de manera tan honda, y aquí honda es sinónimo de genial.

La ironía en un texto se da en dos círculos: el de los personajes entre sí, y el del autor con el lector. El estudio adecuado del tema exige un libro que todavía no existe. Quizá en ese libro el orden ideal, desde el aspecto más positivo al negativo, pudiera ser: la ironía como creación refleja (la elaboración consciente de la obra de arte); la ironía como autocrítica y la ironía como crítica. Dentro de este apartado, estarían la postura frente a la sociedad, la parodia y el sarcasmo. Aquí vamos a seguir en lo posi-

---

[14] Sólo hay tres excepciones: los cuentos de Sancho en I.20 y II. 31, 279, y el del labrador del rebuzno en II.25 En los tres casos, los campesinos no son capaces de seleccionar lo narrable y darle un orden adecuado: les falta el arte de la invención y de la disposición (el ingenio y el juicio).

ble el orden del texto; por eso comenzamos por la parodia, y terminamos en lo más positivo, dándole un apartado especial a la creación de la obra de arte. Con excepción de este último aspecto, el tema de la ironía se ordena en cuatro apartados:

1. El juicio frente al ingenio
2. La verdad frente a la mentira
3. La realidad discurso, y el discurso realidad
4. La conciencia de la escritura.

1. Bajo la primera categoría podemos incluir todos los casos de parodia de los libros de caballerías, la relación del autor con don Quijote, y todas las aventuras en que la fantasía del personaje se encuentra derrotada por la realidad. En el capítulo primero, el autor ni siquiera recuerda el pueblo del que aspira a ser famoso caballero; don Quijote es un hidalgo de la Mancha, no un esforzado y valeroso caballero de Gaula o de Grecia, y es «ingenioso» y viejo cuando sale como caballero novel. Cuando rompe el yelmo de cartón no quiere probarlo por segunda vez, Cervantes le da señales al lector de la capacidad de autoengaño del protagonista y de todos nosotros, cuando preferimos no enfrentarnos con la realidad. Cuando el caballero sale de su pueblo, eleva todo lo que le circunda en el mundo real a su mundo de fantasía. Un pícaro andaluz es para él uno «de los sanos de Castilla», y las mozas del partido, doncellas. La primera aventura pretende librar a Andrés de los palos de su amo, y atrae sobre él más palos. Cuando don Quijote y Sancho se van encandilando con el sueño del reino, caen a la realidad, no teniendo para comer más que un poco de queso duro (I.11), y buscando

un castillo donde alojarse, llegan al hato de los pastores (I.12). Cervantes hace ironía de la «triste figura» de su caballero, y cuando éste quiere desnudarse para que Sancho le vea hacer algunos actos de penitencia, el criado le ruega «por amor de Dios» que no lo haga (I.25, 316).

Pero don Quijote no es el único loco en el libro. El autor convierte su primera parte en un manicomio de soñadores enloquecidos por los libros de caballerías. En la segunda, Sansón Carrasco paga con una caída peligrosa la locura de pretender curar a don Quijote de la suya. En esta aventura, se da otra caída: el amante está templando un laúd para cantar a su amada, pero necesita limpiarse la garganta y lanza unos...esputos (II.12). En el capítulo 18, el joven poeta tiene a don Quijote por loco; pero cuando el caballero le dice que es el mejor poeta del mundo, toma el elogio en serio. Todas las instancias de burladores burlados en el palacio de los duques son ejemplos de ironía con respecto a locos y tontos.

Sancho sólo es objeto de ironía cuando sucumbe a los sueños de su amo y aspira a ser conde o gobernador, sin más preparación que su enjundia de cristiano viejo. Él mismo se cae de las ilusiones cuando el buen juicio le hace confesar: «Yo no nací para ser gobernador». Cuando don Quijote le dice que sólo ponga mano a la espada si les atacan villanos, no caballeros (I.15), el sujeto de la ironía es más el caballero que su criado.

2. En este apartado entran todos los ejemplos de crítica social o sátira que el autor brinda con su propia voz o a través de los personajes. Un estudio sistemático de este tema debiera establecer secciones claras y aportar los textos pertinentes de toda la obra de Cervantes, teniendo en cuenta la evolución que quizá se descubra entre los di-

ferentes textos. Las dos secciones básicas serían: el gobierno (monarquía, monarca concreto, clases dirigentes, y medidas concretas del gobierno en torno a 1600) y la ética social: conducta de los distintos estamentos y de grupos e individuos con particular influencia en la sociedad, como los caballeros, el clero y la relación entre ricos y pobres, hombre-mujer, amos y criados.

Limitándonos a escenas del *Quijote*, la ironía comienza con el clero. El cura Pero Pérez es «hombre docto, graduado en Sigüenza». Hacia 1600 la universidad española ya no existía más que en el nombre y la rutina. La de Sigüenza era una de las llamadas «menores», o sea, mucho peor que Salamanca y Alcalá, que ya estaban en horrible decadencia, comparadas con lo que habían sido hasta 1572.[15] Ser hombre docto graduado en Sigüenza, y escrita la frase por un autor nacido en Alcalá, es una pulla tan punzante como graciosa. Los clérigos «rara vez se dejan mal pasar» en la comida, como ocurre con los benedictinos (I.8), los encamisados del capítulo 19, y el ermitaño de II,24, 225. A veces los clérigos utilizan una casuística sutil que permite justificar lo ilícito. Don Quijote ironiza sobre ella cuando dice: «Modos hay en la caballería andante para todo». Objeto de sarcasmo es el eclesiástico capellán de los duques (II.32), y quizá lo sea también la misma Inquisición, en el escrutinio de la biblioteca de don Quijote (I.6), y en el sambenito y la coroza que Sancho le pone a su burro.[16]

---

[15] En 1572 fue apresado el gran maestro de Salamanca Fr. Luis de León. Tomo esa fecha como símbolo visible del derrumbe del sistema universitario español, que había dado pruebas de cierta creatividad intelectual durante cincuenta años.

[16] II.69, 558, y II.73, 582.

Cervantes no parece aceptar el abismo entre los ricos y los pobres ni la relación de la honra con los bienes materiales. Los hidalgos son pobres, y muchos labradores, ricos. Los padres de Dorotea lo son tanto, que sus paisanos los van elevando a hidalgos e incluso a caballeros (I.28, 348). El viejo soldado «estropeado» a consecuencia de la lucha por su religión, por su nación y por su rey, vive de limosna, mientras los duques y los burgueses de Barcelona no tienen más oficio que matar el tiempo con burlas, entreteniéndose entre «cabrillas y cabrones» (II.36).

Es posible enumerar otras alusiones críticas del autor a las costumbres sociales. Por ejemplo, la del matrimonio de los hijos, y en particular de las hijas, por decisión de los padres (I.12), o los médicos que se hacen ricos matando, mientras Sancho no sale de pobre, a pesar de su virtud de resucitar muertos (II.70).

3. El tercer capítulo de la ironía se ocupa de la relación entre la realidad y nuestro conocimiento de esa realidad, que se da formulado en lengua o discurso. La cultura es la reflexión sobre la realidad, que a su vez se convierte en realidad histórica con impacto social y económico. Los libros vuelven loco de manera especial a don Quijote, y todos los personajes que le rodean están igualmente tocados de su locura. En la primera parte del *Quijote* el discurso de las armas y las letras es una reflexión sobre el poder de la cultura (letras) en la historia (armas). El impacto de la primera parte sobre los sucesos de la segunda, los géneros literarios convertidos en realidad social, y el impacto del engendro de Avellaneda sobre Cervantes, constituyen un análisis ontológico y existencial de las relaciones entre realidad y discurso, el gran misterio del yo humano, que ha mantenido en vilo a grandes pensadores, como Unamuno.

4. Como derivación formal de la experiencia ontológica, la gran ironía de Cervantes con respecto a la literatura anterior es el *Quijote* mismo. Ya en el prólogo se define el libro como la historia de un hijo seco y avellanado, en contra de la «gaya ciencia» que se compone en los amenos campos donde murmuran las fuentes. En el análisis hemos visto que incluye y deconstruye todos los géneros narrativos precedentes. Esos géneros eran:

Poema épico-romancero
Historia
Libro de caballerías
Novela sentimental
«Égloga» o novela pastoril
«Novella» (novela ejemplar)
«Romanzo» (Épica de ficción como el *Orlando furioso* de Ariosto)
Picaresca
Esbozo de carácter, como *Claros varones de Castilla*, de Fernando del Pulgar.[17]

Con respecto a las historias de caballeros, son irónicas todas las instancias de parodia y la crítica de sus fantasías, como las doncellas andantes que se pasaban la vida en el campo y morían vírgenes (I.9, 141). En esta sección hay que introducir la crítica literaria de cada una de las histo-

---

[17] De esta lista los únicos géneros no incluidos en el *Quijote* son el poema de Ariosto, aunque está muy presente, y lo que he llamado esbozo de carácter, como son las semblanzas de Fernán Pérez de Guzmán o la obra de Pulgar. Las semblanzas de Maritornes y Sansón Carrasco no se parecen a las aludidas, pero coinciden parcialmente en el aspecto del retrato físico.

rias contadas en el texto, la crítica formal de la novela caballeresca y de la comedia nueva en los capítulos 47 y 48, la autocrítica de la primera parte del *Quijote* al principio de la segunda, y las constantes reflexiones sobre la escritura a través de todo el libro.

Enumerados los aspectos fundamentales de la ironía, como la mirada lúcida —crítica y autocrítica— del entendimiento a la realidad, nos queda por determinar el grado de distancia de Cervantes con respecto a esa realidad. Aquí es imposible evitar la impresión subjetiva. Para muchos, Cervantes oculta un resentimiento amargo. Yo considero que su actitud es la expresada por Antonio Machado: «Hay en mis venas gotas de sangre jacobina, pero mi verso brota de manantial sereno». La amargura del desengaño se templa con la resignación que da la madurez intelectual, con el abandono en una Providencia misteriosa para nuestra inteligencia, y con el orgullo legítimo de haber realizado hazañas excepcionales en las armas y en las letras. Parece mirar a la realidad con una visión entusiasta y al mismo tiempo desencantada por tantas falsificaciones: visión del entendimiento sin fantasías, que dio origen al libro «hijo del entendimiento».

El realismo

La ironía es el secreto del realismo del *Quijote*, tomando el término en su sentido más positivo como plasmación de la verdad. La novela picaresca había presentado la baja realidad en contraste con el mundo fantástico de la caballería. Pero, si Cervantes rechaza el género caballeresco por falso en el plano ideal, también rechaza el picaresco por seleccionar lo más bajo de la realidad. El mundo del *Quijote* es el espacio en que se contrasta el ideal del caballero con la España de su tiempo: labradores, arrieros, frailes o disciplinantes, pastores, la Babel de una venta, barcos de pesca y aceñas (no bateles, como los del *Caballero del Febo*), nobles en su mansión de recreo, bandoleros, burgueses, y galeras en los puertos.

En comparación con los libros de caballerías, que son su modelo más cercano, el *Quijote* es un permanente contraste del mundo de la fantasía con la realidad cotidiana. Desde el mundo cristiano, campesino y menestral de la España histórica —«esta nuestra edad de hierro»— Cervantes deconstruye la fantasía, el paganismo de la novela pastoril y sentimental y el mundo del honor anti-cristiano: el duelo, la lucha insensata, el poner a sus amadas en lugar de Dios. *El Quijote*, dijo certeramente Américo Castro aludiendo a la sal que Durandarte le puso al corazón de su primo Montesinos para llevárselo a Belerma, es una gran «salazón de mitos».[18]

Para percibir la virtualidad humana y artística de la «salazón», además de comparar el *Quijote* con las historias caballerescas, es instructivo compararlo con el *Persiles* del mismo Cervantes. En esta obra se inventa un mundo de relaciones ideales, espacio inmenso, ideal religioso, y las aventuras admiran bordeando lo inverosímil. Crea un universo literario, pero es una obra plana: no hay choque de la realidad y la ilusión, ni buceo en el misterio de las relaciones entre la realidad y la lengua; le falta la ironía.

Puede darse una obra maestra sin ironía, por la verdad humana que despliega y por la forma en que lo hace (*El Edipo en Colono* de Sófocles o el *Cántico espiritual* de San

---

[18] Castro, «Los prólogos al Quijote» [1941], en *Hacia Cervantes*, p. 268.

Juan de la Cruz), pero en el *Quijote,* la ironía constituye el núcleo de su realismo o despliegue de la verdad.

En un aspecto más superficial y derivado, frente a la imaginación fantástica, el realismo consiste en que todas las aventuras sean posibles según la naturaleza, y su engarce no necesite de ningún milagro. Como he dicho en el capítulo 2, Cervantes evita lo que es metafísica y físicamente imposible (poniéndolo solamente en la imaginación loca de don Quijote, I.21 y I.50), y se goza en escenas que admiran y alegran, porque son «moralmente imposibles». Muchas escenas del *Quijote* parecen inverosímiles: en la primera parte los encuentros en la venta; en la segunda, la mansedumbre de los leones (II.18), la caída de Sancho en la sima y la presencia de don Quijote en los alrededores; el encuentro de Sancho con Ricote y toda la historia de Ana Félix.[19] Sin embargo, todas son posibles según la naturaleza, aunque sean muy extrañas.

3. OBRA MAESTRA DE ARTE

La ironía, como función crítica de la inteligencia, se realiza en la parodia, en la crítica y autocrítica, y en la creación. Ya en las funciones paródica y crítica aporta la ironía complejidad a la obra maestra. Ahora bien, por encima de la parodia de lo falso y de la autocrítica, funciones negativas, está la función positiva o creadora del entendimiento, que produce la obra de arte. Se impone, pues, definir en qué consiste la maestría de la obra maestra como creación.

---

[19] El *Persiles* es una cadena de historias prácticamente inverosímiles.

Acabamos de mencionar que el rasgo más visible del *Quijote* es el contraste entre el mundo fantástico de la caballería o de la bella literatura, con la vida cotidiana. Hay una constante confrontación del mundo del caballero con los pastores y labradores de los pueblos y con los arrieros y trajinantes de los caminos y ventas de la Mancha, de Aragón y Cataluña. El núcleo del argumento de la primera parte —la historia de Cardenio y don Fernando con sus respectivas esposas— parece contradecir esta tesis, ya que ese núcleo tiene mucho de novelesco, como muestran sus andanzas y encuentros. Y sin embargo, también en esta historia el mundo novelesco se hace real en la pintura de relaciones humanas (amistad, pasión, deslealtad, timidez) y en torno al conflicto religioso y social de un matrimonio entre un duque (don Fernando) y una labradora (Dorotea).

Varias veces he repetido que el texto de Cervantes no debe interpretarse desde criterios psicologistas. Entiendo por psicologismo el análisis moroso de experiencias interiores del yo, las íntimas contradicciones y vacilaciones, la descripción de sentimientos de amor o de duda, el encuentro con dilemas como pasión frente a deber, y la dificultad de tomar decisiones por timidez o escrúpulos. En el *Quijote* no se describe este tipo de experiencias interiores, excepto en algunas alusiones a la conducta de Cardenio y de Anselmo. La obra comienza por un bautismo del protagonista y de su mundo, es decir, por una transformación de la identidad. El hombre nuevo vive en guerra —flotando entre la vida y la muerte— con el mundo que le rodea, ama de manera absoluta a una perfección imaginada, se mueve entre la realidad cotidiana y los fantásticos encantadores, lucha con el gigante en un sueño que para él es vida, y «encantado» en ese sueño vuelve a su casa en la carreta de los bueyes.

En la segunda parte, la vida como sueño se realiza en la forma de ser y escribir, que se traduce en la paradoja constitutiva del yo humano: sin la conciencia refleja de mi yo no soy persona, y al mismo tiempo, esa conciencia refleja me puede falsificar. Hasta la salida del castillo de los duques el yo de don Quijote es un punto dinámico de encuentro del yo consciente y su posible falsificación. Y a partir del capítulo 59, ese drama de don Quijote, fingido irónicamente por el truchimán Cervantes, se hace drama de Cervantes, cuando tiene que abrirse paso entre el enjambre de moscas de Avellaneda, como Orestes entre el zumbido de sus remordimientos en *Las moscas* de Sartre.

Este resumen de la novela explica por qué me parece que su grandeza está por encima de toda psicología y se instala en la más honda ontología. Frente a las obras planas ideales o picarescas, la de Cervantes realiza y analiza la escala entre los dos planos. La ironía tira para abajo del ideal iluso, porque antes el entendimiento creador ha descubierto en la obra de arte la fuerza que tira de nosotros hacia arriba: la legítima ilusión que constituye la existencia humana. Lo que se dramatiza en el Quijote es, en última instancia, la encrucijada de yo auténtico y la conciencia de ese yo con su posible falsificación: la percepción certera de nosotros mismos frente a la paranoia; la difícil frontera de la realidad y el deseo, y la ilusión como esperanza juiciosa frente a las ilusiones de la fantasía. En esa dramatización consiste la maestría del Quijote, que lo convierte en un clásico perenne.

¿Son estas consideraciones especulación abstracta o nueva alegoría imaginada por mí? El drama de realidad y conciencia o discurso, que Cervantes genialmente analiza, nos golpea hoy en la profanación sacrílega de la lengua que perpetran los políticos, los comerciantes y los políticos-comerciantes. La lengua tiene tal poder, que las mentiras repetidas de manera desvergonzada se acaban imponiendo. Esa lengua es hoy nuestra biblioteca de libros de caballerías. El Quijote es el espacio en el que se dramatiza ese poder de la lengua como identidad y como instrumento de falsificación. Don Quijote se vuelve loco por los libros; Sancho repite la lengua heredada con absoluta conformidad, y como no sabe leer ni escribir, es más discreto cuanto más dócil.

La grandeza de la obra artística no consiste en su crítica de instituciones o modos de vida, sino en la creación de un mundo nuevo. En el *Quijote* se realiza la idea de arte de Heidegger: «la verdad puesta en obra y por obra». Puesta por obra en el sentido activo de la expresión, o sea, buceo en la constitución del ser humano más allá de cualquier raza, cultura o confesión religiosa. Por eso es una obra clásica, inteligible en todos los tiempos y lugares. Y puesta en obra, es decir, en este libro concreto que lleva tatuadas en sus páginas las huellas de la búsqueda, la duda, la corrección, la voluntad de estilo y una serie de situaciones y expresiones genialmente logradas.

La calidad de una obra de arte se mide por su verdad, complejidad, perfección formal y originalidad. En el *Quijote* la verdad se pone por obra en la locura como encrucijada de la realidad y la ilusión.

La ironía, en la relación del autor con sus personajes, con su sociedad, con su propio libro y con el tema de la realidad e ilusión, y en la relación muchas veces irónica de los personajes entre sí, realiza la complejidad.

La perfección formal no se distingue de la calidad del contenido. La prueba es que «los olvidos» de Cervantes y las muchas imperfecciones que se han notado en el *Quijote*, sólo se perciben cuando se les aplica un grado particular de atención que nos distrae de la obra como todo. Desde la parodia del lenguaje caballeresco, la imitación del lenguaje popular en Sancho y el discurso llano y trasparente del autor, todo es perfecto. Pero además está la plasticidad de todo el texto, que incitó la observación de Flaubert: «Esos caminos de España, presentes en todas partes, aunque nunca se los describe».

La originalidad proviene de las tres cualidades señaladas o se puede decir que es algo anterior a ellas y las explica. La obra literaria corriente surgía del murmurar de las fuentes y la amenidad de los campos. El *Quijote* es algo único, porque es la historia de un hijo seco y avellanado, lleno de pensamientos varios nunca imaginados de otro alguno. Es análisis de realidades.

El momento de creación de la obra es también consciente, y en ese sentido, irónico. Pero la dimensión creadora se realiza según la naturaleza del entendimiento humano, que funde lucidez y opacidad. Queremos decir ciertas cosas (lucidez), pero decimos lo que podemos (opacidad). Escribir es traducir (trabajo personal) a Cide Hamete Benengeli (inspiración).

IX. RECEPCIÓN
Y SIMBOLISMO

Al leer aventuras concretas del *Quijote* hemos visto en ellas estructuras universales del yo humano. La maestría de la obra consiste en que no se agota en la anécdota, sino que encarna en ella verdades sobre la identidad y conducta de todos los hombres. Esa encarnación de verdad universal en las anécdotas constituye el simbolismo de la obra. Pero el simbolismo legítimo está a veces a un paso de la «insulsa alegoría», como decía Menéndez Pelayo. Desde mediados del siglo XIX existen lecturas del *Quijote* como crítica de la Inquisición, de la monarquía y del catolicismo. Valera, Clarín y Menéndez Pelayo rechazaron estas lecturas en consonancia con su rechazo del «arte docente» y de la novela que llamaban de tesis y de tendencia.[1] En 1905, al conmemorarse la publicación de la primera parte, los intelectuales y periodistas, embargados por las angustias de 1898, se prodigaron en ocurrencias

---

[1] Valera, art. cit., pp. 1084-85; «No se busque en la obra de Pérez Galdós el pesimismo-tesis...Aparte de la tendencia social de esta novela [Marianela] queda lo más interesante en ella» (Clarín, *Solos de Clarín*, Madrid, Alianza, 1971, p. 268).

simbólicas y alegóricas.[2] Esos trabajos prestaban atención casi exclusiva al personaje de don Quijote, y alguna atención, aunque menor, a Sancho —«símbolo del pueblo»— como es notorio en Unamuno. En diálogo con Unamuno intentó Ortega y Gasset un nuevo camino de interpretación en *Meditaciones del Quijote*, de 1914. Vamos a estudiar los hitos fundamentales de la primera recepción y luego brevemente las visiones de Unamuno y de Ortega y Gasset. La de Ortega, además del valor de sus ideas, inspiró *El pensamiento de Cervantes*, de Américo Castro (1925).

Muchas lecturas «simbólicas» ven el *Quijote* como la expresión condensada de las actitudes, los valores compartidos y hasta del «ser» del español o de todos cuantos quepan bajo la denominación de idealistas. Esas interpretaciones emiten juicios globales sobre el «significado» de los personajes, olvidando otros aspectos del libro, como la estructura, la expresión, la ironía, etc. Las lecturas simbólicas, aunque sean certeras como visiones de aspectos parciales, terminan siendo simplistas, si no despliegan «todo el texto» (ver introducción) como obra de arte humano. Y la alegoría, que identifica a cada personaje o acción con un concepto o ideal, destruye la complejidad de la obra, es decir, su carácter artístico. Cuando Unamuno dice que don Quijote es el caballero de la fe en busca de la fama, Dulcinea la gloria, y Sancho el pueblo español y el Simón Pedro de su amo, está haciendo alegoría. Y esos conceptos

---

[2] La más importante fue la *Vida de don Quijote y Sancho*, de Unamuno, que pretendía una lectura al margen o en contra de la erudición. Rodríguez Marín, que se proclamaba discípulo de Menéndez Pelayo, demuestra que Unamuno interpreta mal algunos pasajes, y apostilla: «Para tratar de cosas como éstas, lo primero ha de ser enterarse, aunque haya que transigir un poquillo con la erudición» (*Don Quijote de la Mancha*, cap. 4, I, 117).

serán importantes en el pensamiento de Unamuno, pero son hijos secos y avellanados frente a la riqueza de matices, el movimiento y la gracia de los personajes de Cervantes.

Ahora bien, estas condensaciones esquemáticas que hacemos los intérpretes de la obra literaria ¿no son también una especie de alegoría? No lo son, porque nuestras tesis y esquemas son repetidas invitaciones al lector para que vuelva siempre a la riqueza del texto. Como dije en la introducción, el lector tiene que situar la lectura del estudio crítico entre dos lecturas del *Quijote*, y ese estudio será tanto más valioso cuanto más ayude a entender, admirar, y así gozar con «placer inteligente» (Ortega y Gasset) el libro estudiado. Por eso la palabra central de mi lectura es «despliegue», esfuerzo por des-arrollar el significado y densidad del texto en toda su riqueza. Desde esta lectura ideal —despliegue y síntesis— debemos ver y valorar los simbolismos y alegorías que se han descubierto en nuestro texto clásico. Naturalmente, mi visión, a pesar de mi compromiso con la mayor objetividad posible, estará condicionada por mi limitada capacidad de ver. Como he dicho en otro lugar, nuestra más fuerte ideología es la ignorancia.

La intención de Cervantes y su conciencia del posible simbolismo del *Quijote*

Cervantes se movió a escribir su libro con el propósito negativo de desterrar unas lecturas perjudiciales, y con dos propósitos positivos: engendrar el libro más ingenioso, gallardo y discreto que pudiera imaginarse, y darles a sus lectores «el más gustoso entretenimiento que hasta ahora se haya visto, y ni una palabra deshonesta ni un pensamiento menos que católico» (II.3, 64). En función de estos fines caracteriza el autor a todos sus personajes y sus actos respectivos. El primer receptor de un texto es su propio autor. Cervantes es, pues, el receptor de la primera parte, escrita por su *alter ego* Cide Hamete Benengeli. El prólogo de 1605 muestra la conciencia que tenía de su papel de «padrastro» de don Quijote, como personaje y como libro. Cuando el caballero le pregunta a Sancho cómo le juzgan sus paisanos, Sancho le responde que el vulgo le tiene por grandísimo loco y al criado por no menos mentecato. Pero además del vulgo, están los hidalgos y caballeros, más capaces de opinar sobre «la valentía, cortesía, hazañas y asumpto» [proyecto de restaurar la caballería andante] de don Quijote, y éstos discrepan en sus juicios: «Unos dicen: loco pero gracioso; otros, valiente pero desgraciado; otros, cortés pero impertinente» (II.2, 56). Como se ve, excepto el vulgo, todos caracterizan al caballero como una fusión de cualidades negativas y positivas. Unos sólo veían lo cómico de la obra; pero otros admiraban al caballero como dechado de valor, aunque sujeto a un adverso destino, anticipándose al juicio que se suele atribuir a los románticos del siglo XIX. Y los terceros, aunque le tenían por loco (impertinente), no dejaban de apreciar su cortesía-bondad. Esas tres opiniones reflejan la conciencia de Cervantes sobre su personaje. Don Quijote es complejo para Cervantes, como lo es para nosotros. El quijotismo es:

- Idealismo loco (ingenio sin juicio)
- Idealismo de caballero (ingenio con juicio, dechado de nobleza)
- Compromiso con el bien (Alonso Quijano, «el Bueno»)

Cervantes ridiculiza al primero, pero ensalza al segundo en contraste con la mezquindad de sus burladores. El idealismo (ingenio) puede ser patológico, pero es siempre admirable. En cambio, el pragmatismo es necesario (juicio), pero bordea en general la bajeza de miras o la corrupción. En el tema del amor, Cervantes es irónico con la timidez de don Quijote, pero no es ni puede serlo con su honestidad, porque también él, Cervantes, repudia incluso las meras alusiones sexuales.[3]

Con respecto al lugar del *Quijote* en su tiempo, Cervantes describe a su hidalgo como un hombre desfasado de su situación histórica. Este desfase se ha interpretado como la pugna de la Edad Media contra la modernidad. Sin duda Cervantes es consciente de que la caballería andante es de otra época. Las armas de fuego han borrado la diferencia entre el soldado cobarde y el caballero valeroso, y entre la fecha de Lepanto (1571) y las intrigas del Duque de Lerma en torno a 1600, ha visto la transformación del antiguo caballero (al menos don Juan de Austria y algunos de sus capitanes) en adulador cortesano. Pero, aunque Cervantes fuera consciente del cambio de la sociedad española durante su propia vida, creo imposible demostrar que viera ese cambio como el salto decisivo de la historia desde la Edad Media a la modernidad en el ámbito europeo. La palabra «moderno/a» aparece tres veces en la primera parte del *Qui-*

---

[3] Don Juan Valera dice algo parecido a esto ¡en 1864! (Op. cit., p. 1074). Pero el ensayo de Valera se ha olvidado con el tópico de que llama a Cervantes ingenio lego. Le llama «ingenio casi lego» (op. cit., 1085a), pero es en comparación con los teólogos de su tiempo e incluso con los poetas barrocos, todos formados en la universidad (p. 1084b).

jote, y seis en la segunda.[4] En I.9 la palabra tiene sentido puramente cronológico: la historia del caballero tenía que ser «moderna» (I.9, 141), ya que algunos de los libros examinados en el escrutinio del cura y el barbero eran recientes. Cuando el adjetivo «moderno» no tiene significado exclusivamente cronológico, tiene sentido peyorativo. Incluso cuando se alaba el linaje de Dulcinea como origen de futura nobleza (I.13), se dice: «aunque moderno», o sea, le falta el prestigio que otorga la antigüedad. En la segunda parte, la palabra se le aplica tres veces al autor del *Quijote* apócrifo, indicando que su libro no será digno de memoria. Dado el significado peyorativo de la palabra, no creo que Cervantes vislumbrase la «modernidad» como una nueva época histórica preñada de cambios positivos. Las categorías históricas de su tiempo eran simplemente «antigüedad» igual a clásico y respetable, y «moderno» para lo discutible o digno de rechazo.

Hoy descubrimos que el rasgo más constante, mejor documentado y más significativo del *Quijote* es el buceo —dramatización, estudio, despliegue— en la dudosa línea de convergencia y divergencia entre la legítima ilusión y las locas ilusiones. Algún lector podrá decir que eso es el simbolismo descubierto por mí en el *Quijote*, pero no está demostrado que así lo viera Cervantes. Como sabemos que el texto no coincide siempre con la intención del autor, si el texto respalda mis ideas, sería secundario el

---

4 I.9, 141; 13, 177; 33, 409; II.1, 42; 19, 183; 31, 277; 59, 487, 490; 72, 576. Datos tomados de la ed. del Profesor F. Sevilla Arroyo, ed. digital del *Quijote*, Universidad de Alicante, 2002. Las páginas de la ed. de Murillo han sido añadidas por mí. Modernos aparece en I.9, 141; 13, 176; II.8, 96; 16, 154.

que Cervantes fuera más o menos consciente de lo señalado por mí. Pero creo que si él no hubiera percibido ese significado —y, por consiguiente, no hubiera intentado manifestarlo— ese tema no sería el signo básico y más repetido de su libro. Todos los que tratan con don Quijote quedan perplejos en el puente que une y divide los extremos de locura y cordura: «Con gran furia y muestras de enojo, se levantó de la silla, dejando admirados a los circunstantes, haciéndoles dudar si le podían tener por loco o por cuerdo» (II.58, 480).

El simbolismo en los lectores

Cuando se habla de la recepción del *Quijote* se aducen los testimonios sobre la reacción de los lectores a la primera parte. Pero la obra se publicó en dos partes, que son dos libros diferentes. En el segundo, Cervantes critica al primero, toma nueva conciencia de lo realizado, y da nuevo rumbo a la obra y a sus personajes. Cuando nosotros hablamos hoy de la recepción del *Quijote*, nos referimos a la obra total; por tanto sería una falacia tomar como recepción solamente los testimonios sobre la parte primera.

Ya al principio de la segunda se documenta que los lectores vieron en el libro un cierto simbolismo: «La historia es tan trillada y tan leída y tan sabida de todo género de gentes, que apenas han visto algún rocín flaco, cuando dicen: "Allí va Rocinante"» (II.3, 64). Antes he citado las palabras en que Sancho predice que en poco tiempo decorarían con sus retratos las paredes de las posadas. Estos testimonios y otros sobre la salida de quijo-

266

tes en cortejos carnavalescos demuestran que la primera lectura simbólica del *Quijote* se basó en su dimensión plástica.

Las nobles doncellas que se solazan en la floresta con églogas de Garcilaso y de Camoens también han percibido los rasgos de la conducta humana que simbolizan don Quijote y Sancho: «¡Ay, amiga de mi alma, dijo entonces la otra zagala, y qué ventura tan grande nos ha sucedido! ¿Ves este señor que tenemos delante? Pues hágote saber que es el más valiente, y el más enamorado y el más comedido que tiene el mundo, si no es que nos miente y nos engaña una historia que de sus hazañas anda impresa y yo he leído. Yo apostaré que este buen hombre que viene consigo es un tal Sancho Panza, su escudero, a cuyas gracias no hay ningunas que se le igualen. Así es la verdad, dijo Sancho: que yo soy ese gracioso y ese escudero que vuestra merced dice, y este señor es mi amo, el mismo don Quijote de la Mancha historiado y referido» (II.58, 478). Para estas receptoras, don Quijote encarna (simboliza) el valor y el amor comedido, y Sancho la gracia.

Avellaneda

Fuera del texto mismo de Cervantes, el primer documento decisivo sobre la recepción del *Quijote* es el de Avellaneda. Don Quijote y Sancho salen de Argamasilla de Alba (Avellaneda dice Argamesilla), y se encaminan a Zaragoza, donde les ocurren algunas aventuras semejantes a las del *Buscón* de Quevedo en Alcalá. De hecho, Avellaneda tiene como horizonte más visible el

267

mundo universitario; pone latines incluso en boca de Sancho, y pertenece a la generación de jóvenes cultos atacados en el prólogo y posiblemente en los capítulos 47 y 48 de la primera parte de Cervantes. Dentro de ese mundo, Avellaneda introduce pasajes, escenas y alusiones extremadamente vulgares, que Cervantes evita por principio.

El *Quijote* de Cervantes es un libro denso; el de Avellaneda un libro plano. Denso significa: rico en ideas y alusiones a pesar de su aparente sencillez; ironía directa del autor que muchas veces habla a dos voces, e ironía indirecta, hablando con el lector por encima del discurso de los personajes (Recordar el capítulo anterior). Los planos de la ironía producen otra cualidad en el texto: la gracia. Como ejemplo de la densidad del gran texto frente a la superficialidad del espurio, basta comparar los prólogos. En el cervantino hemos encontrado un profundo análisis de la escritura, de la naturaleza de todo texto como hijo e hijastro de su autor, el escribir como diálogo, y las alusiones a los culteranos y conceptistas de su tiempo. El prólogo de Avellaneda es un ataque personal típico de los vejámenes de la época, y juegos de palabras sin ninguna gracia, como el siguiente,: «Con la copia de fieles relaciones que a su mano llegaron; y digo mano, pues confiesa de sí que tiene una sola».[5]

---

[5] Prólogo, ed. Riquer, p. 8. «Y pues Miguel de Cervantes es ya de viejo como el castillo de San Cervantes...» (ibíd., p. 10). En un momento dice Sancho que su padre tenía el don «a la postre». D. Álvaro le pregunta si se llamaba Francisco, Juan o Diego Don: «No, señor, dijo Sancho, sino Pedro el Remendón» (cap. II, p. 56). Y esta insulsez pareció tan graciosa que «rieron mucho del dicho los pajes y don Álvaro» (ibíd., p. 57).

El Sancho-pueblo cervantino, con los rasgos que le hemos descubierto en el capítulo anterior, es en Avellaneda un vulgar zafio. Compárese el habla del Sancho de Cervantes con estas expresiones del apócrifo: «¿Quiere saber, señor don Tarfe, lo que hizo la muy zurrada (Dulcinea) quando la llevé essa carta que ahora mi señor quiere leer? Estávase en la cavalleriza, la muy puerca, porque llovía, hinchendo un serón de basura con una pala; y quando yo le dixe que le trahía una carta de mi señor...tomó una gran palada del estiércol que estava más hondo y más remojado, y arrojómelo de boleo, sin dezir agua va, en estas pecadoras barbas» (Cap. II, p. 49). El Sancho espurio es un infradotado cuyo único ideal es comer, y don Quijote le trata siempre como a un necio vulgar. En realidad, aunque hablan, no se da nunca un verdadero diálogo entre ellos.

El don Quijote de Avellaneda es un loco absolutamente inverosímil, furioso y sin ningún momento de lucidez, y al mismo tiempo interlocutor inteligente en muchos casos. La primera aventura es un ataque a Sancho, por las princesas que supuestamente tiene cautivas en su castillo (cap. III). Es una escena absurda, pero el autor explica después que fue fingida y sólo quería mostrar su gran esfuerzo y maña» (cap. III, p. 79). En la primera salida, caballero y escudero divisan una venta que don Quijote toma por castillo. Si en Cervantes don Quijote toma dos veces las ventas por castillos ¿Cómo se diferencia la locura del personaje en los dos autores? En las aventuras del *Quijote* cervantino hemos visto una estructura: visión (A), elevación ilusa (B), y caída e imputación del error a los encantadores (C). En el de Avellaneda no hay más que una sarta de disparates sin estructura ni lógica. El amo y el criado llegan a otra venta-castillo, se encuentran a dos pasajeros, y don Quijote los toma por caballeros a los que algún soberbio jayán ha quitado los caballos y una doncella. Envía a Sancho para que haga de espía del castillo, y como Sancho no vuelve a tiempo, llega su señor y amenaza a todos los presentes si no le entregan inmediatamente al escudero, preso allí por encantamiento, según don Quijote. Al ruido sale Sancho y le invita a cenar una buena olla. Y sigue el diálogo entre amo y criado con una serie de retruécanos insulsos.

El libro de Avellaneda es un «libro». Una invención de escenas absurdas atribuidas a un personaje no creado por su autor. Vuelve al nivel de los libros de caballerías, nivel superado por Cervantes al contrastar el mundo de la fantasía con el estudio de la realidad o experiencia humana.

Calderón

Otros testimonios de la recepción de la primera parte del Quijote en la literatura, se pueden ver en el precioso análisis del profesor Alberto Navarro.[6] Se trata de simples parodias que no suponen una lectura profunda del texto de Cervantes. El primer lector competente que entendió el *Quijote* y se imbuyó de él, fue Calderón.

------

[6] *El Quijote español del siglo XVII*, caps. 9 y 10. Véase también Riley, *Introducción al 'Quijote'*, cap. 15. El propio Cervantes alude a la recepción: «Diéronmela [una carta], y venía en ella un soneto malo, desmayado, sin garbo ni agudeza alguna, diciendo mal de *Don Quijote*» («Adjunta al Parnaso», en *OC*, ed. cit., p. 1219a).

Calderón tiene en muchas de sus obras alusiones humorísticas a la de Cervantes. En *El alcalde de Zalamea* presenta a un hidalgo-Quijote, enamorado de Inés, la hija del alcalde. En este paso se manifiesta la riqueza del labrador que trabaja, frente al hidalgo empobrecido, porque la nobleza de herencia o privilegio que no se mancha las manos, va cediendo ante la economía del productor. Las innumerables referencias humorísticas a los escritos cervantinos muestran que Calderón estuvo familiarizado con ellos, se asimiló el análisis de la existencia humana que constituye el mensaje del *Quijote*, y plasmó su lectura en *La vida es sueño*. Dos motivos centrales de Calderón están igualmente en Cervantes: el poder civilizador de la belleza, aunque se encuentre en hombres jóvenes (Dorotea vestida de hombre, don Gaspar o Pedro Gregorio, Periandro en el *Persiles*), y ante los sucesos inesperados, la sorpresa en el señor y el miedo en el criado. Voy a señalar los paralelos que he percibido entre *La vida es sueño* y el *Quijote*. Creo que el número y la coincidencia de expresiones no dejan lugar a dudas de que Calderón se inspiró en Cervantes, y por tanto, representa un jalón fundamental en la recepción de su novela. Y al mismo tiempo, el modo como Calderón utiliza el *Quijote* en *La vida es sueño* es tan personal, que sería pueril llamar al libro de Cervantes «fuente» de la comedia. Se trata de un trasfondo, presencia y horizonte. Calderón conoce el texto cervantino profundamente, ha entendido su mensaje, está de acuerdo con su visión de la existencia humana, y ha expresado su idea de manera original.

QUIJOTE

El hipogrifo de Astolfo (c. 25)

Santa amistad que con ligeras alas... las empíreas salas (c. 27).

Pero como no saben que sé yo que en saliendo deste daño he de caer en otro mayor, quizá me deben de tener por hombre de flacos discursos, y aun, lo que peor sería, por de ningún juicio» (c. 27).

La fuerza de la imaginación de mis desgracias... vengo a quedar como piedra» (c. 27).

Quedé falto de consejo, desamparado a mi parecer de todo el cielo, hecho enemigo de la tierra que me sustentaba, negándome el aire aliento para mis suspiros, y el agua humor para mis ojos; sólo el fuego se acrecentó, de manera que todo ardía de rabia y de celos» (c. 27).

Estas sierras, por las cuales caminé otros tres días sin senda ni camino alguno (c. 27).

Entrando por estas asperezas, del cansancio y del hambre se cayó mi mula muerta (c. 27).

Dorotea se presenta como «mozo», pero ya Cardenio al verle la cara, dice: «esta persona, ya que no es Luscinda, no es

LA VIDA ES SUEÑO

Hipogrifo violento v. 1

Cuando las etéreas salas (127).

Porque no sepas que sé que sabes flaquezas mías (181-82).

Vacilante y discursivo (793).

Quedé muerta, quedé yo... que es decir que quedó toda la confusión del infierno cifrada en mi Babilonia (2800-03).[7]

Que yo sin más camino que el que me dan las leyes del destino (11-12)

Quedate en este monte donde tengan los brutos su Faetonte. (9-10)

Pero véate yo y muera... Con cada vez que te veo

humana sino divina» (c. 28).
Cf. el caso de Ana Félix en II. 63, 526.

Tu vasalla soy, pero no tu esclava; ni tiene ni debe tener imperio la nobleza de tu sangre para deshonrar y tener en poco la humildad de la mía; y en tanto me estimo yo, villana y labradora, como tú, señor y caballero (28, I, 352-53).

Le rogué me acompañase a la ciudad donde entendí que mi enemigo estaba» (28, I, 355).

Desafialle en razón de la sinrazón que os hace, sin acordarme de mis agravios, cuya venganza dejaré al cielo, por acudir en la tierra a los vuestros (I.29, I, 361).

Cuando Dorotea le describe su desgracia a don Quijote, ella despliega su dolor ante la traición de Fernando, aunque en términos caballerescos, como reina destronada, que en realidad es esposa abandonada y deshonrada.

El rey mi padre, que se llamaba Tinacrio el Sabidor, fue muy docto en esto que llaman el arte mágica

nueva admiración me das,
y cuando de miro más
aun más mirarte deseo (223-26).

¡Una dama
que padre no ha conocido
tanto valor ha tenido?
—Sí—¿Quién te alienta?
—mi fama (2632-35).[8]

Por mejor consejo toma
que le siga, y que le obligue,
con finezas prodigiosas,
a la deuda de mi honor (2831-34).

Vive Dios, que de su honra
he de ser conquistador
antes que de mi corona (2989-91).

Cf. Rosaura y Clotaldo hablando
a dos voces, en vv. 2492-2665.

Sabio Tales, docto Euclides...
Ya sabéis que yo en el mundo

---

[7] En su primer monólogo (vv. 103-172) Segismundo es contrario al aire, el agua y la tierra, y queda hecho fuego.

[8] Mejor paralelo al texto de Cervantes lo ofrece *El alcalde de Zalamea*: Al rey, la hacienda y la vida/ se ha de dar; pero el honor/ es patrimonio del alma/ y el alma sólo es de Dios (I, vv. 873-876).

(I.30, I, 373). Dorotea no pensó nunca hacer con el gigante «tan desigual casamiento» (374).	por mi ciencia he merecido El sobrenombre de docto... Ya sabéis que son las ciencias que más curso y más estimo, matemáticas sutiles (600ss.).
Fuérzame la ley de caballería a cumplir mi palabra antes que mi gusto (I.31, I, 386).	¿La lealtad al rey no es antes que la vida y que el amor? (437-438)[9]
El cura le dijo «que en los casos irremediables era suma cordura, forzándose y venciéndose a sí mismo, mostrar un generoso pecho (I.36, 453).	Pues que ya vencer aguarda mi valor grandes vitorias, hoy ha de ser la más alta: vencerme a mí (3255-58).
El cautivo, que desde el punto que vio al oidor, le dio saltos el corazón y barruntos de que aquél era su hermano... (I.42, 516).	Este es mi hijo, y las señas dicen bien con las señales, del corazón, que por verle llama al pecho (413-416).
Todas estas y otras grandes y diferentes hazañas son, fueron y serán obras de la fama, que los mortales desean como premios y parte de la inmortalidad que sus famosos	Pues si esto toca mi desengaño, si sé que es el gusto llama heremosa

[9] Todas las ediciones dicen: «que la vida y que el honor». Pero «honor» no tiene sentido en este contexto. Hoy creo que varios paralelos del mismo Calderón, y otros, como el cervantino, permiten concluir que el texto correcto es «que la vida y que el amor», como advertí en mi edición, nota a los vv. 437-38).

hechos merecen, puesto que los cristianos, católicos y andantes caballeros más habemos de entender a la gloria de los siglos venideros, que es eterna en las regiones etéreas y celestes, que a la vanidad de la fama que en este presente y acabable siglo se alcanza; la cual fama, por mucho que dure, en fin se ha de acabar con el mesmo mundo, que tiene su fin señalado» (DQ, II.8, 96).

Porque sé que sabe vuestra merced un punto más que el diablo (DQ, II.28, 258).
«Por saber que saben todos» (II.32, 282).

Confuso laberinto (I.45, 546).

¡Válgame Dios! ¿Qué es lo que veo? ¿Es posible que tengo en mis brazos al mi caro amigo, al mi buen vecino Sancho Panza? Sí tengo, sin duda, porque yo ni duermo, ni estoy ahora borracho (II.54, 447).

Allí vio él visiones hermosas y apacibles, y yo veré aquí, a lo que creo, sapos y culebras» (II.55, 455).

Así el vivir me mata,
Que la muerte me torna a dar la vida.
Oh condición no oída
La que conmigo muerte y vida trata (II.68).

que la convierte en ceniza
cualquiera viento que sopla,
acudamos a lo eterno,
que es la fama vividora,
donde ni duermen las dichas
ni las grandezas reposan
(2977-85).

Porque no sepas que sé
que sabes flaquezas mías
(181-182).

Al confuso laberinto (6).

Válgame el cielo ¿qué veo?
Válgame el cielo ¿qué miro?
Decir que es sueño es engaño,
Bien sé que despierto estoy (1224ss.).

Quien me hace compañía
aquí, si a decirlo acierto,
son arañas y ratones,
miren qué dulces jilgueros (2200ss.).

Fuera vida, desta suerte
Su rigor he ponderado,
pues dar vida a un desdichado
es dar a un dichoso muerte (239ss.).

Unos paralelos son más visibles que otros, pero el conjunto demuestra que Calderón percibió y desarrolló el mensaje básico del *Quijote*: la vida como sueño, la encrucijada de realidad y discurso. Se suele decir que Calderón leyó a Cervantes en clave humorística, pero, como veremos en el capítulo próximo, la gracia no se opone a la profundidad.[10] El valor de *La vida es sueño*, como texto clásico, reside en la dramatización de la vida como una esfera de distintos grados de conciencia, ninguno de los cuales, por mucha lucidez que alcance, logra superar la opacidad que en última instancia nos constituye.

Fielding: *Tom Jones*

La novela de Henry Fielding *Tom Jones* (1749) está tan impregnada del *Quijote*, que al leerla, el conocedor de la obra de Cervantes recuerda constantemente sus personajes, situaciones y expresiones. Al mismo tiempo, *Tom Jones* es un texto tan original y tan cerrado en su propia estructura, que se puede entender sin conocer el *Quijote*, si bien los estudiosos que olvidan el trasfondo cervantino encuentran inexplicables y arbitrarios muchos pormenores, y desde luego, no pueden percibir el juego de originalidad y dependencia de la novela inglesa con respecto a la española.[11]

---

[10] Ver el trabajo, por lo demás excelente, del profesor I. Arellano citado en la bibliografía.

[11] La edición de Sheridan Baker (New York, Norton, 1973) incluye después del texto una sección de reacciones a la novela en su tiempo y otra de crítica moderna que abarca desde Samuel Taylor Coleridge a Frederick W. Hilles, «Art and Artifice in *Tom Jones*» (1968). Son en total once trabajos; sólo dos mencionan el *Quijote* de pasada. Uno encuentra a Cervantes en una cita de Fielding, pero no sigue la indicación.

La asimilación supone que el escritor inglés leyó la obra de Cervantes como un despliegue serio de verdad sobre la naturaleza y la conducta humanas, digno de relectura y meditación. A su vez, las diferencias entre los dos textos obligan a situar a cada uno en su contexto social y cultural.

Fielding escribió tres obras inspiradas en el libro español. La primera *Don Quixote in England*, la comenzó en 1728, cuando tenía 20 años, y la publicó en 1733. Casi nada en esta obra primeriza manifiesta una verdadera presencia de Cervantes; sólo algún detalle, como el escudero rural con sus perros —tan inseparables del escudero inglés como la «toledo» (la espada) lo es del hidalgo español —que anticipa la figura de Mr. Western, padre de Sophia en *Tom Jones*.

En 1742 publica Fielding *Joseph Andrews*, cuyo subtítulo declara: «Escrita en el estilo de Cervantes, autor del *Quijote*». El personaje correspondiente al caballero es el párroco Abraham Adams, hombre inocente y bueno, pero sin sentido de la realidad.[12] Y finalmente en 1749 publica su obra maestra, *The History of Tom Jones, A Foundling* [Historia de Tom Jones, un encontrado], que contiene la primera lectura profunda del *Quijote* después de Calderón. Fielding lee la novela de Cervantes y concibe a sus personajes a base de los cervantinos en un magnífico alarde de apropiación y originalidad. Pero decía-

---

[12] Algunas semejanzas entre escenas y caracteres de *Joseph Andrews* y otros paralelos del *Quijote* y de otras novelas cervantinas fueron señaladas por Dámaso Alonso. Ver «Cervantes en Fielding», en *Obras completas*, VIII, Madrid, Gredos, 1985, pp. 619-632. Dámaso Alonso dedica muy pocas líneas a *Tom Jones*. En p. 628 nota el paralelismo entre el personaje Partridge y Sancho.

mos que el *Quijote,* además de historia de los personajes es un taller en que se dramatiza el hacerse de la novela según se va forjando. Fielding ha percibido genialmente esa dimensión y dedica el primer capítulo de cada uno de los libros de *Tom Jones* a una discusión teórica sobre el género novela. Distinguió tres tipos de literatura: burlesca, cómica y épica. *Don Quixote in England* realiza lo burlesco, *Joseph Andrews* es una imitación del *Quijote* en el aspecto cómico, y *Tom Jones* un texto de investigación seria de la verdad —con mucho humor— realización original impregnada del *Quijote.*

La comparación de los dos textos se puede distribuir en cuatro coordenadas: 1) Reflejos del *Quijote* en la estructura de *Tom Jones;* 2) Concepción de los personajes; 3) Teoría de la novela; 4) Las diferencias: el *Quijote* y la novela moderna.

1. *El Quijote en la estructura de Tom Jones*

Tom Jones comienza con una frase que parece calcada de la novela de Cervantes: «En aquella parte de la provincia occidental de este reino comúnmente llamada Somersetshire, no ha mucho tiempo que vivía (y quizá viva todavía) un hidalgo llamado Allworthy».[13] «En un lugar de La Mancha de cuyo nombre no quiero acordarme, no ha

---

[13] «In that part of the western division of this Kingdom, which is commonly called Somersetshire, there lately lived (and perhaps lives still) a gentleman whose name was Allworthy». Henry Fielding, *The History of Tom Jones, A Foundling,* book I, ch. 2. Ed. George Sherburn (New York: Random House, 1950), p. 3. Las citas se refieren a esta edición. En adelante, el número romano y el arábigo unidos por un guión significan libro y capítulo, y el número separado por coma, la página.

mucho tiempo que vivía un hidalgo...». El *gentleman* es Mr. Allworthy (Todo-digno), escudero bueno, rico y de todos admirado y querido en un condado de Somersetshire, quien al volver de un viaje encuentra en su cama a un niño desconocido. En la casa viven dos mujeres, Miss Bridget, hermana del señor, y la sirvienta Mrs. Debora Wilkins, resonancias de la sobrina y el ama de don Quijote. El niño, cuyo origen evoca el de Amadís y el de la gitanilla y otros personajes cervantinos, se cría en la casa con la educación de un joven *gentleman*, pero lleva el estigma de la bastardía. Miss Bridget, mujer poco atractiva que oculta su lascivia con una costra de pudor resentido, se casa con un Mr. Blifil, galán no rendido al amor de la dama sino a su fortuna. Marido y mujer se odian, pero tienen un hijo (a los ocho meses de casados, advierte el autor), destinado a ser el heredero de Mr. Allworthy. Poco después Fielding comenta con triste ironía que Mr. Blifil hizo pronto lo mejor que puede hacer un marido para reconquistar el amor de su mujer: morirse. Eventualmente muere también Miss Bridget y quedan en la casa Mr. Allworthy, su sobrino y heredero Blifil, Tom Jones, y dos preceptores: Mr. Thwackum y Mr. Square, reflejos del cura y el barbero del *Quijote*. Estos dos personajes disputan siempre que se encuentran. Square, filósofo deísta, funda la ética sobre la belleza de la virtud, y Thwackum, teólogo protestante, acentúa el rigor de Dios y el poder exclusivo de la gracia para la salvación. Los dos son «hombres al uso que saben su doctrina», y con ello se dispensan de ser buenos con bondad de corazón.

En contraste con sus preceptores, la bondad es el rasgo natural y espontáneo de Tom Jones, Quijote desde niño, que hace favores a los vecinos necesitados y se expone a la represión por silenciar el nombre de los favorecidos. El joven Blifil es todo lo contrario: tímido, mezquino y raquítico de alma, mira al mundo con un odio alimentado por el rigorismo de Thwackum. Mr. Square, que reconoce los valores de Jones, sabe que puede esperar más de la herencia de Blifil que de la belleza moral del desheredado, y toma el partido más ventajoso. Miss Bridget, poco antes de morir en Salisbury confiesa en una carta a su hermano Mr. Allworthy, que ella es la madre de Tom. La carta llega durante una enfermedad del *gentleman* y cae en manos del joven Blifil, quien se entera de que Tom es su hermano de madre, pero esconde la carta y desde ese momento asume el papel de Caín frente a un inocente Abel (Jones). Ni Mr. Allworthy ni el lector se enteran del parentesco hasta el final de la novela.

En la vecindad vive otro hidalgo, Mr. Western, hombre de reacciones primitivas, cazador y bebedor, cuya hija Sophia encarna la honestidad, hermosura y discreción de las mujeres ideales del *Quijote*. Como Tom era deportivo y fuerte, Mr. Western le llevaba a cazar y le invitaba a su casa sin notar que el atractivo del joven iba cavando en el corazón de Sophia. Junto a la Dulcinea, eterno femenino que nos eleva, vive en la vecindad Molly Seagrim, fusión de Aldonza y Maritornes, moza de pelo en pecho y amiga de burlarse de todo y con todos. Jones no resiste la fácil oferta de Molly, y un día, mientras se refocilan en un matorral, son sorprendidos por Thwackum y Blifil. Jones riñe con ellos para defender como un Quijote el honor de su dama. Este incidente y otras calumnias urdidas por el hermano, hacen que Mr. Allworthy expulse a Tom de la casa.

Mr. Western, que quiere lo mejor para su hija Sophia, considera natural que ella se enamore también de la fortuna de Mr. Allworthy, y como medio para gozarla, se case con Blifil. El padre negocia el matrimonio sin consultar con la hija, y el joven heredero acepta por resentimiento; pero Sophia siente hacia él un asco tan visceral como el amor que siente por Tom Jones. Tom, expulsado del paraíso, peregrina sin esperanza de vuelta, y Sophia escapa, como una doncella andante (Luscinda y Dorotea), para evitar el matrimonio impuesto por el padre. Como en el *Quijote*, en *Tom Jones* hay varias ventas en las que ocurren algunos episodios paralelos a los de la obra cervantina.

El capítulo 4 del libro octavo tiene este título: «Donde se presenta uno de los más donosos barberos que jamás hayan existido, sin exceptuar al barbero de Bagdad o al del *Quijote*».[14] Es un recuerdo del barbero paisano de nuestro hidalgo, pero el personaje es Partridge, que había sido acusado de ser el padre de Tom Jones, y como él lo niega, había sido condenado por Mr. Allworthy, juez del distrito. Partridge, creyendo que Jones es hijo de Mr. Allworthy, se decide a seguirle pensando en la herencia que Jones espera. Al final del capítulo 44 de la primera parte del *Quijote*, Sancho acuña la palabra baciyelmo en una lucha entre el testimonio de los ojos que le hacen ver una bacía de barbero, y el deseo de agradar a su amo. Fielding aprovecha el motivo haciendo que Jones se dirija a Partridge con estas palabras: «Señor barbero, señor cirujano, señor barbe-cirujano».[15] Jones y el escudero Partridge llegan a la segunda venta, Gloucester, pero no se detienen

---

[14] In which is introduced one of the pleasantest barbers that was ever recorded in history, the barber of Bagdad, or he in *Don Quixote*, not excepted» (ed. cit, p. 345). El barbero de Bagdad es un barbero gracioso de *Las mil y una noches*.

[15] Mr. Barber, Mr. Surgeon, or Mr. Barber-surgeon (VIII-6, p. 354).

mucho porque una información calumniosa hace que el huésped no les trate bien. Cuando salen, el diálogo muestra los ideales del caballero y los humildes deseos del escudero, reflejando la diferencia entre don Quijote y Sancho en todo el libro de Cervantes y de manera especial la construcción de las dos Dulcineas, según el horizonte mental de cada uno (*Quijote*, I.31). En el camino Tom y Partridge se pierden y llegan a la casa del «hombre de la montaña», quien les cuenta su historia (VIII-11-15, pp. 379-409), es decir, una novela intercalada en la novela. A su vez, en el cuento del hombre de la montaña inserta Partridge uno suyo parecido al que cuenta Sancho sobre el pastor Lope Ruiz y la pastora Torralba en el capítulo 20 de la primera parte del *Quijote*.

Un signo básico en la estructura del texto de Fielding es la condescendencia sexual de Jones con Mrs. Waters en la venta de Upton, donde una vez más la pasión juvenil deja en segundo plano a Sophia, la lejana dama de los pensamientos, frente al cuerpo de la cercana Maritornes. En la cuarta venta (XII-7, 562) Partridge-Sancho piensa por un momento apresar a Jones y devolverle a la casa de Mr. Allworthy, como el cura y el barbero apresaron a don Quijote en el carro de los bueyes (I, 46).

Sophia y Jones terminan en Londres. Tras un duelo, Jones es encarcelado, y su hermano Blifil-Caín busca testigos para que se le condene a muerte. En este momento de agonía, el imprudente Partridge-Sancho le espeta a Jones: «¿Te acuerdas de Mrs. Waters con la que estuviste en la cama en Upton? Pues era tu madre». La revelación del incesto hace caer a Jones como herido por un rayo. Pero Mrs. Waters declara poco después que se había confesado ser la madre de Tom ante Mr. Allworthy, porque Miss Bridget, para ocultar su deshonra, la había pagado. El testimonio de Mrs. Waters es confirmado por el abogado Dowling que conocía el secreto; la víctima del duelo se cura, se descubre la vileza de Blifil, y Mr. Allworthy recibe a Tom Jones por su sobrino y heredero. Una vez rehabilitado Tom en su linaje y fortuna, Mr. Western consiente que su hija Sophia se case con él. Ella todavía se resiste por algunas sospechas, como Auristela en Roma, pero cuando las dudas se disipan, acepta el matrimonio con su amado.

La primera parte del *Quijote* es una serie de aventuras lineales hasta que en el capítulo 23 se anuda un argumento que se desenlaza en la venta. El argumento de *Tom Jones* es en su aspecto central la rivalidad de Blifil-don Fernando por Sophia (fusión de Luscinda-Dorotea), que pertenece a Tom Jones (Cardenio).

Fielding se asimila de manera muy original las transiciones bruscas del *Quijote*. Tom Jones, expósito sin nombre ni linaje, aniquilado por la calumnia de su propio hermano, cae con la condena a muerte y la noticia del incesto, en un purgatorio del cual resucita apto para la pureza de Sophia. Este final gótico refleja convenciones de la novela inglesa del siglo XVIII, pero la convención se incorpora a un arquetipo de muerte y resurrección, inspirado en las elevaciones ilusionadas y las tristes caídas, en la experiencia de la vida como sueño del *Quijote*.[16]

Fielding ha superado en lo posible la yuxtaposición de aventuras y la casualidad tan visibles en el texto espa-

---

[16] La experiencia de muerte y resurrección tiene un precedente en el final de *La gitanilla*, donde Andrés Caballero es condenado por un lance de honor, se descubre que la gitanilla es Da. Constanza de Acevedo, hija del corregidor de Murcia, robada quince años atrás por una gitana, y el gitano Andrés resucita de la condena a muerte con su nueva identidad de Don Juan de Cárcamo, ambos aptos para la mutua posesión.

ñol, tomando como hilo argumental el triángulo de amor y odio entre Sophia, Jones y Blifil. El argumento se enlaza en torno a un grupo de personajes y, a pesar de que las aventuras se hilan buscando la verosimilitud, la casualidad sigue jugando un papel muy extenso en el desarrollo del argumento. Los nombres de la casualidad en *Tom Jones* son «la fortuna», que aparece unas cincuenta veces, y «accidente», del que he recogido treinta, y aun puede enriquecerse el campo semántico de la casualidad catalogando «incidente» y «circunstancia». No obstante, Fielding lucha por lograr la unidad, recordándole al lector frecuentemente que la narración recoje el cabo suelto de un capítulo anterior, con anticipaciones y anuncios imprecisos que producen una expectación en el lector, y con la estructura simétrica de un texto distribuido en tres secciones de seis libros cada una. De los dieciocho libros, los seis primeros narran los antecedentes en las casas de campo, los seis siguientes la peregrinación del andante expulsado, y los últimos el clímax y desenlace en Londres.[17]

2. *Los personajes*

A primera vista poco tienen en común el joven Tom Jones cuya vida se cuenta desde la cuna, con el hidalgo Alonso Quijano, que frisando en los 50 años se confirma

---

[17] La simetría de la estructura con distintos criterios de subdivisión dentro del esquema de tres partes ha sido señalada por Frederick W. Hilles en «Art and Artifice in *Tom Jones*», en M. Mack y Ian Gregor, eds., *Imagined Worlds: Essays on some English Novels and Novelists in Honour of John Butt*, London, Methuen and Co., 1968, págs. 91-110. Recogido en *Tom Jones*, ed. Sheridan Baker, New York, Norton, 1973, págs. 916-932.

dándose nuevo nombre. Sin embargo, Tom es un quijote, y no en términos generales de joven idealista, sino en los mismos términos que el de Cervantes. Don Quijote es un hidalgo que ha perdido el *juicio*, y se ha quedado con el puro *ingenio*. Fielding pinta a Tom Jones desde su niñez con estas palabras: «un buen natural impulsivo, pero sin prudencia» (a *wild good nature* without *prudence*). La dualidad ingenio/juicio de la retórica clásica pasa en Fielding a la dualidad de impetuosa bondad nativa frente a realismo prudente. La bondad nativa hace a Tom generoso hasta el punto de ser traicionado por aquellos que le deben favores (Black George) y de favorecer a quien le quiere robar (el cuñado de Mrs. Miller).

Expulsado por Mr. Allworthy, Jones sigue un camino como Don Quijote. En esta carrera le acompaña otro expulsado, Partridge, su Sancho Panza. Partridge, alto y delgado, no se parece a Sancho en lo físico, pero sí en el carácter. Era maestro de escuela y fue expulsado del distrito por Mr. Allworthy, porque se le acusó falsamente de ser el padre de Tom en cohabitación con Mrs. Waters. Partridge es una inteligencia inferior, sin más aspiraciones que una modesta seguridad económica, pero quiere a Tom y le es fiel, como Sancho a don Quijote. Cervantes en la segunda parte de su libro muestra plena conciencia de haber hecho con Sancho un extraordinario experimento sobre la lengua. Cuando Sancho enhebra refranes hasta el punto de irritar a su amo, está convirtiendo la palabra en puro sonido y no en instrumento de conocimiento y comunicación.

Fielding percibió y asimiló el experimento lingüístico de Cervantes, pero con su acostumbrada originalidad. Partridge no es un jornalero manchego analfabeto; es «letrado y barbero» (*clerk and barber*, doble oficio en el que resuenan los términos cervantinos «cura y barbero»), y maestro de gramática, hombre sencillo y de modesta formación. Apoya su pensamiento en aforismos latinos, frases hechas, refranes de maestro de escuela. En los aforismos latinos de Partridge veo una genial fusión por parte de Fielding de dos aspectos del *Quijote*: el nivel mental de Sancho y la sátira del humanismo de florilegios y polianteas que Cervantes hace en el prólogo de 1605 y en el capítulo 22 de la segunda parte: «Hay algunos que se cansan en saber y averiguar cosas que, después de sabidas y averiguadas, no importan un ardite al entendimiento ni a la memoria» (II, 22, 207).

Fielding percibió de tal manera la creación lingüística de Cervantes, que la imitación del habla como signo de un nivel mental es uno de los motivos más repetidos de *Tom Jones*. Algunos de sus personajes sólo se definen por su lengua vacía o por una muletilla: Mr. Western, Partridge, Mrs. Honour y Mrs. Western.

El tercer personaje del *Quijote* es Dulcinea. La Dulcinea de *Tom Jones* es Sophia Western. Ella es la persona de carne y hueso a la que Tom sigue en una peregrinación de amor que le lleva del infierno al cielo pasando por el purgatorio. Cuando Fielding introduce a Sophia en el capítulo segundo del libro cuarto, el título es: «Vislumbre de cómo podemos pintar lo sublime, y retrato de Miss Sofía Western».[18] Sophia es un dechado de hermosura, inteligente por naturaleza, y con una excelente educación que ha pulido sus dotes naturales.[19] Es la Dulcinea de Don

---

[18] A hint of what we can do in the sublime, and a description of Miss Sophia Western (p. 109).
[19] «Whatever mental accomplishments she had derived from *nature*, they were somewhat improved and cultivated by *art*» (IV-2, p. 111).

Quijote, la Marcela que aparece como una visión ante los pastores en el entierro de Grisóstomo, la Luscinda y Dorotea de los momentos agridulces del amor. Este retrato de Sophia tiene como fondo las líneas de la mujer ideal de Cervantes: honesta, hermosa y discreta, y el estilo que Fielding utiliza para su presentación se funda conscientemente en el *Quijote*.

Sophia, con la capacidad estimativa que le da su inteligencia, detesta a Blifil, y para no casarse con él huye de su casa en una especie de paralelo quijotesco a la peregrinación de Tom. El amor de Dulcinea o deseo de desencantarla es uno de los motivos centrales de la segunda parte del *Quijote*. Desde el momento en que Tom sabe por Partridge que Sophia ha estado en la venta de Upton mientras él reproducía con Mrs. Waters escenas de Maritornes con los arrieros, su andanza sin meta se convierte en un camino de búsqueda de Sophia, deseando hacer todos los sacrificios que le hagan digno de ella. La vuelta al campo con la mujer amada después de los sufrimientos de Londres realiza el sueño de Don Quijote en el penúltimo capítulo de la obra: gozar la pastoril Arcadia con los buenos amigos y sus respectivas damas.

El último personaje importante del *Quijote* es Cervantes, que entra sobre todo con su ironía especial y con reflexiones sobre el modo de contar y sobre cómo se va haciendo su libro. Fielding asimiló ese ejemplo de presencia, y entra en su texto con la misma libertad que Cervantes y con una conciencia teórica más erudita, si no más original.

3. *Narración y teoría narrativa*

Ni Cervantes ni Fielding tienen todavía el nombre del género al que pertenece el nuevo tipo de texto que están creando. La palabra novela era sinónimo de cuento, y el título «novela ejemplar» equivalía a cuento con moraleja implícita o explícita. Hemos repetido varias veces que el *Quijote* es a la vez la historia de sus protagonistas y la historia de la lucha por la composición del libro. También en este aspecto *Tom Jones* manifiesta hasta qué punto su autor percibió el mensaje de Cervantes. Fielding llama a su libro «historia». El objeto de su investigación es «la naturaleza humana» (I-1, p. 2) y la verdad su único propósito. La nueva «provincia de literatura» («new province of writing», II-1, p. 41) tiene como único fin el despliegue de la verdad y contrasta con «los romances vacíos llenos de monstruos, que no son producto de la naturaleza sino de cerebros destemplados».[20]

Cuando el autor inglés quiere clasificar su texto en un género literario, lo llama «poema heroico, histórico en prosa» (heroic, historical, prosaic poem, IV-1, 107) y en el capítulo I del libro V, «escritura prosi-comi-épica» (prosai-comi-epic writing, V-1, 159), épica cómica en prosa. El forcejeo lingüístico demuestra lo que ocurre cuando se emplean terminologías heredadas para realidades nuevas. La realidad nueva era la novela, narración como la épica, pero cómica en contraste con la épica, y en prosa en contraste con la épica novelesca o *romanzo* del tipo del *Orlando furioso* de Ariosto.

---

[20] «As truth distinguishes our writings from those idle romances which are filled with monsters, the productions, not of nature, but of distempered brains...» (IV-pról., p. 106).

Como Cervantes, Fielding es un maestro del suspenso. El argumento central de *Tom Jones* está constelado por multitud de episodios; pero en el curso de la narración va dejando un reguero de signos que mantienen abierta la expectación: el guante de Sophia, el anuncio de que quizá volvamos a encontrar a un personaje, o señales de que existen resortes ocultos además de los revelados en un cierto momento: «por miedo de su padre, o quizá por alguna otra razón».[21] Esa razón diferente deja al lector en suspenso y explicará eventualmente un hecho o la reacción de un personaje.

En el entramado de teoría narrativa dentro de la narración Fielding imita a Cervantes, pero separa el texto narrativo del teórico, al que dedica el capítulo primero de cada uno de los libros. Fielding entra, como Cervantes, en el cuerpo de la narración y lo justifica de manera explícita: la novela es el teatro del mundo (*of nature*, dice Fielding) y el autor es el truchimán que tiene el privilegio de moverse entre los bastidores.[22]

4. *Las diferencias*

Entre el *Quijote y Tom Jones* ha pasado siglo y medio de historia y de novela (*La Princesse de Cleves* 1678), *Robinson Crusoe* 1719, *Manon Lescot* 1730, *Pamela* 1740);

---

[21] «From fear of her father, or from some other reason» (V-12, 209).

[22] «We, who are admitted behind the scenes of this great theatre of Nature (and no author ought to write anything besides dictionaries and spelling-books who hath not this privilege), can censure the action, without conceiving any absolute detestation of the person, whom perhaps Nature may not have designed to act an ill part of all her dramas (VII-1, 267).

siglo y medio de teoría literaria, y lo que llamó Paul Hazard «La crisis de la conciencia europea», es decir, la revolución definitiva hacia la modernidad. El *Quijote* es la historia de unos personajes en busca de argumento; *Tom Jones* tiene un argumento: una historia de amor. En Cervantes, las referencias de espacio y tiempo no responden a ninguna topografía ni cronología. Pero esto no es privativo de Cervantes; la falta de atención a las circunstancias es la regla en la literatura del Siglo de Oro. El realismo del texto español es un realismo analítico, de estructuras universales del alma y de constantes en la conducta humana, pero no de hechos históricos verosímiles. En *Tom Jones* todo es diferente. Espacio, tiempo y paisaje responden a la realidad cotidiana extratextual, y las acciones son verosímiles en el sentido de corrientes, no sólo de posibles para la naturaleza. Fielding ha interpretado la locura de Don Quijote como una experiencia de situación-límite, lo que hemos llamado muerte y resurrección, pero los signos con los que Fielding describe esa experiencia: calumnia, condena a muerte, cárcel y error, son coordenadas posibles de nuestra vida diaria. En cuanto al realismo del tiempo, el escritor inglés no sólo ha identificado la duración vivida de los hechos con la cronología del texto, sino que al principio de cada libro señala con toda exactitud cuántos días, meses o años transcurren en él. Y desde luego, hay una diferencia que daría espacio para un largo trabajo: la diferencia de temple entre la ironía generalmente resignada de Cervantes y la sarcástica de Fielding, para quien la mayoría de los personajes de la novela se mueven por el interés, el instinto brutal y la frase hecha, como las personas de todas las clases en la vida real.

La presencia del *Quijote* en *Tom Jones* prueba que Fielding leyó la obra cervantina como un libro muy serio, no puramente cómico. La mejor prueba de que Fielding vio algo muy trascendente en el libro de Cervantes es que permaneció en diálogo con él toda su vida, hasta realizar en *Tom Jones* el *Quijote* posible en la Inglaterra burguesa del siglo XVIII.

Unamuno y Ortega

La *Vida de don Quijote y Sancho* de Unamuno se puede proponer como el prototipo de las interpretaciones alegóricas. Por de pronto, como señaló Ortega, se fijó en el personaje, no en el libro, y desde luego, creó su Quijote en contra de la imagen que presenta Cervantes. A Unamuno le dirige la premisa de que los seres de ficción se le imponen a su autor. Don Quijote, encarnación de alguna o algunas notas permanentes del ser humano, se le impuso a Cervantes, pero el escritor no entendió bien a su personaje; fue uno más entre tantos como envidiaron a don Quijote. Desde esa premisa justificaba Unamuno su actitud ante el texto: no le interesaba lo que Cervantes dijo o quiso decir, sino lo que el *Quijote* le decía a él, y lo que le decía era la serie de problemas de su vida y de su tiempo, que él proyectaba sobre el texto clásico. Don Quijote es el caballero de la fe, «Nuestro Señor don Quijote,» cristo español y símbolo del papel de España en la historia. Es el ideal de la inmortalidad, pero no la inmortalidad que Unamuno anhelaba, como vida después de la muerte, sino como gloria y fama. Ahora bien, al margen de la forma concreta que tome, la inmortalidad es una aspiración a «otro mundo», distinto del cotidiano de los curas, barberos, canónigos y duques. En don Quijote expresaba Unamuno su interés por Dios y la inmortalidad, y al mismo tiempo su crítica contra algo muy vago: «la España de su tiempo», la situación social y política, que para él no era satisfactoria, pero que sólo censura en términos muy abstractos y generales.

Muy importante en Unamuno es la oposición entre don Quijote y don Juan. Efectivamente, el casto, veraz y comprometido caballero de la Mancha es el polo contrario de Don Juan, desenfrenado sexual, burlador y huidizo. Galdós quiso fundir en el personaje de don Lope de su novela *Tristana* a los dos personajes míticos de la literatura clásica española. Don Lope se porta como un santo, gastando su fortuna por un amigo y por la mujer del amigo cuando se queda viuda. En esto imita a don Quijote. Pero carente de todo miramiento en el plano del sexo (don Juan), deja «desgraciada» a la hija huérfana de su amigo, quitándole la virginidad, el único tesoro que podía ofrecer una muchacha pobre a su eventual marido. Yo creo, como Unamuno, que los rasgos de don Quijote y don Juan son incompatibles y, por tanto, la mescolanza es una decisión arbitraria de Galdós y un fracaso desde el punto de vista artístico.

En *Meditaciones del Quijote* (1914) Ortega da una definición de novela que luego repetirá Lukacs. La novela es la épica del hombre de la calle, no del héroe semi-dios. El poema épico es la expresión de una fe colectiva y el acicate para sostener esa fe; la novela es la épica pasada por la ironía, y surge en el Renacimiento, cuando se afirma la sociedad burguesa sobre el caballero medieval. Esta idea viene de Hermann Cohen, el maestro neokantiano de Marburg, pero estaba ya formulada en la *Estética* de Hegel y antes en Fielding. De hecho, Ortega hubiera podido leerla en el ensayo de Valera de 1864.

Mientras Unamuno desdeñaba el libro y a su autor para centrarse en el personaje, Ortega comienza señalando que le interesa el libro, y que don Quijote «es un individuo de la especie Cervantes» (*OC*, I, 327). Cervantes ha hecho una contribución europea en la medida en que ha sometido a careo la fantasía del amo y el sentido del criado, y nos ha dado un libro, hijo del entendimiento, que es el espacio en que se dramatiza ese careo. Frente al espiritualismo de don Quijote y el materialismo de Sancho —dos actitudes metafísicas— Cervantes produjo la obra «idealista», cultural: el análisis.

En *Meditaciones del Quijote* Ortega no estudió expresamente la obra de Cervantes. Fue en «Meditación del Escorial», de 1915, donde dio su visión del *Quijote*, al que puso como subtítulo *Crítica del esfuerzo puro*.[23] La cultura germánica o europea es cultura del concepto sistemático, y la latina, cultura de la sensación insegura y flotante. Don Quijote, y sus paisanos los españoles, han cultivado el esfuerzo puro no dirigido por la razón, y el monumento simbólico de ese esfuerzo quimérico es El Escorial (II, 557). Cervantes sería el hombre de la razón frente a ese esfuerzo sin objeto de los españoles, arqueros sin blanco definido. Por eso dice Ortega que la obra de Cervantes es nuestro único producto cultural verdaderamente europeo. Como indica el subtítulo «crítica del esfuerzo puro», Ortega consideró a Cervantes en alguna medida precursor de Kant. Según ese Cervantes europeo y moderno, todos los impulsos y sensaciones acaban en

---

[23] *El espectador*, VI, en *OC*, II, 6ª ed., Madrid, 1963, p. 559.

fracaso, por falta de la seguridad del concepto, de norma y de sistema.

En la Introducción he citado un texto en el que Ortega llama a don Quijote «un cristo gótico macereado en angustias modernas; un cristo ridículo de nuestro barrio, creado por una imaginación dolorida que perdió su inocencia y su voluntad y anda buscando otras nuevas». Cristo gótico: encarnación del medievalismo que se opone a la modernidad. Su creador perdió su inocencia (capacidad épica) y su voluntad (capacidad de acción realista) y busca ciego con un esfuerzo sin meta. Por esa falta de proyecto vital, el *Quijote*, dice Ortega, no debe leerse en la escuela primaria (*OC*, II, 273).

* * *

Como texto clásico de 1605 y 1615, el *Quijote* presenta rasgos típicos de su tiempo y experiencias universales que se repiten en todo tiempo y lugar. Ni una filología historicista ni la búsqueda de moralejas para el presente ayudan a entenderlo. La obra clásica de arte es como un edificio histórico; la catedral de Toledo nos remite al pasado y a la vez hace presente un pasado de cientos de años. La obra clásica realiza el tiempo como unidad subyacente a los segmentos de pasado, presente y futuro. El tiempo de la obra clásica es la «tradición eterna», como la llamaba Unamuno.

X. Hacia la realidad
histórica del *Quijote*

Texto, contexto y trasfondo

Los productos culturales son realidades históricas condicionadas por su circunstancia, y al mismo tiempo «creaciones» que las circunstancias históricas no pueden nunca explicar del todo. Los productos de la cultura reflejan por una parte la historia, y por otra se convierten en realidades históricas con influencia en los individuos y sociedades que los asimilan. Además, la cultura de un determinado momento histórico es un iceberg que condensa contenidos inventados en otras épocas, y clásicos del arte y del pensamiento que mantienen su valor de inspiración al margen del tiempo en que se produjeron. En el caso de Cervantes, hay una presencia muy visible de las culturas greco-romana y cristiana, tal como se habían ido formulando y fundiendo durante siglos. El tiempo de Cervantes exhibe, por tanto, la presencia de esa cultura, y a su vez nosotros no podemos hoy entender la cultura española sin la presencia de Cervantes. El *Quijote* es una obra clásica de la cultura universal, pero especialmente de la española; de ahí que nuestro tiempo sea también en un sentido muy concreto, tiempo del *Qui-*

jote, como la catedral de Toledo es a la vez presente y pasado. Para el crítico literario, la circunstancia de una obra está constituida por:

a) Los textos o situaciones históricas que el autor reconozca conscientemente (con citas, referencias y alusiones), como instancias de inspiración.

b) La situación social y cultural vigente en tiempo del autor, aunque él no sea consciente de todos sus aspectos, o no los exprese de manera explícita.

c) Textos quizá no mencionados por el autor, pero que son clave para entender el discurso de su obra: los patrones que dirigen la caracterización o la estructuración del libro, la filosofía subyacente a los diálogos, etc. En este apartado, son básicas para las obras de nuestro siglo de oro, la filosofía y la teología escolásticas.

El componente primero es importante, porque documenta la conciencia del autor sobre su medio social y cultural. Sin embargo, ese factor consciente no es el único ni quizá el más sustancial, ya que un autor puede estar desfasado o adelantarse a los contenidos de su época. La relación de conciencia y circunstancia se corresponde con la de autor y texto, o sea, con el forcejeo entre intención y resultado, que hemos visto en el prólogo de la primera parte: *quisiera* que mi libro...pero no he *podido* yo contravenir el orden de naturaleza. La conciencia dirige una serie de decisiones, pero es también receptora de inspiraciones que no dependen de ella. Toda decisión es fruto de la conciencia lúcida, de la opacidad que impregna nuestros momentos de mayor lucidez (la vida es sueño), y de la inspiración.

El factor b) nos ayuda a situar la obra en su tiempo y a percibir la postura del autor con respecto a su sociedad. Esta postura puede ser de complacencia, de crítica, o una creación que propone algo nuevo más allá de la crítica. Los clásicos no se caracterizan por su complacencia y crítica, sino por sus propuestas: por abrir nuevos caminos con sus obras. Por eso no se pueden explicar nunca por su circunstancia.

Finalmente, está el trasfondo cultural. Una obra literaria es una creación única. Si es parodia, sólo se entiende bien en contraste con los textos parodiados. Pero la obra maestra, aunque tenga elementos paródicos, es importante por lo nuevo que crea, no por las alusiones a lo parodiado. Un texto literario puede contener elementos artísticos de otros, pero esos elementos son como citas digeridas y asimiladas en la obra nueva; no son nunca «fuentes», porque toda «fuente» estará incorporada como un signo parcial en el nuevo todo; de lo contrario, el nuevo texto sería un pastiche. En cambio, la obra literaria maestra puede tener auténticas fuentes filosóficas y teológicas. Esas fuentes quedan también incorporadas en el nuevo texto como signos parciales en el todo, pero a diferencia de los motivos artísticos, las ideas constituyen la clave de los caracteres, de la estructura y, por supuesto, de las ideas que exponen los personajes y el autor. Como hemos visto, para entender los rasgos de los personajes del *Quijote* es imprescindible conocer la antropología escolástica, y sirve muy poco catalogar tipos idealistas, enanos artúricos o damas caballerescas. Ni el caballero ni Sancho ni Dulcinea se explican por esos precedentes. El conflicto moral y teológico de las novelas intercaladas en la primera parte sólo se puede entender desde la moral escolástica, y sólo a base de ese fondo se aprecia la sutileza de la lengua y de las situaciones. Para entender el *Quijote* no basta la formación puramente filológica; se necesita además conocer la historia del pensamiento europeo de su tiempo. Aunque todas sus ideas fueran discutibles, Menéndez Pelayo y Américo Castro han sido en España —según mis conocimientos— los filólogos con la debida preparación para interpretar el *Quijote*. Por supuesto, también estaban capacitados Unamuno y Ortega, pero éstos desatendieron el enfoque filológico.

Si al leer la obra literaria conocemos de antemano el pensamiento subyacente, entonces somos competentes para entenderla. Pero, si no lo conocemos, la obra, desafiándonos con los pasajes que no logramos entender, nos lleva a la investigación del pensamiento que constituye su entramado intelectual. No hay, pues, una relación mecánica de precedencia y secuencia entre el texto literario y su fondo ideológico, sino un zigzag de relación mutua. Por otra parte, leer es, como casi todos los aspectos de la vida humana, un acto social; todos leemos ayudados por alguien, y desde luego, los investigadores. Después de todo, si antes de ofrecer este libro sobre el *Quijote* he consultado el mayor número posible de trabajos publicados por otros, ha sido para ayudarme a entender mejor el texto. Por consiguiente, cuando los profesores les explicamos un libro a los lectores o estudiantes, no les quitamos el mérito y la originalidad de la propia lectura. Si no somos dogmáticos, al enseñar no imponemos nuestra interpretación, sino que liberamos al estudiante o lector para la suya propia.[1] La lectura o interpretación es trabajo de

---

[1] Hice estas reflexiones sobre el carácter social de la lectura en mi libro *Las humanidades en la era tecnológica*, cap. 7.

cada individuo; quien no ejerza esa función inalienable, no lee. Pero la lectura personal puede coincidir en las tesis básicas con las de otros. Por eso, decir que cada lector debe tener su lectura insustituible no es abogar por ningún tipo de subjetivismo o relativismo.

En el capítulo octavo he mencionado los datos de la biografía de Cervantes que presentaban relación visible con su texto. Conjeturas como las «experiencias homosexuales» de Cervantes, sólo serían dignas de atención si el *Quijote* contuviera alguna referencia a ese estilo de vida. Tampoco he dedicado ningún capítulo o sección a la situación económico-social de España en torno a 1600. La situación histórica de una nación en cualquier momento es inmensamente compleja, y los esquemas de los filólogos se reducen a lugares comunes sobre el estado de crisis, los aspectos negativos bajo el engañoso velo de la edad de oro y las bancarrotas económicas y corrupción social, realidades a las que el *Quijote* puede aludir, pero no permite conocer con precisión. La sociedad del *Quijote* es la sociedad que el autor refleja y construye en su libro. El profesor Agustín Redondo ha propuesto «una nueva manera de leer el Quijote», practicando el «discurso cultural», o sea, explicando los personajes y situaciones del libro desde tipos populares y costumbres de la España de la época. Es un trabajo de sabio, que informa muy bien sobre el ambiente del texto, pero no entra en el texto para explicarlo. Yo he practicado el «discurso textual»: despliegue y explicación del texto en su lógica interna y desde su trasfondo ideológico. Desde este discurso se establece el diálogo siguiente con otras visiones fundadas en el mismo tipo de discurso.

Cervantes no es un racionalista del Renacimiento

Cervantes (1547-1616) refleja la cultura de su momento histórico: la transición del humanismo al barroco. Él escribía obras de entretenimiento y condenó formalmente la mezcla de lo humano y lo divino en ese género.[2] Los ejemplos más inmediatos de esa mezcla eran en 1604 el *Guzmán de Alfarache* de Mateo Alemán, y *El peregrino en su patria*, de Lope de Vega. El catolicismo, como dogma y como ética, es el trasfondo ideológico de la obra de Cervantes, pero no es su tema. Por tanto, no tiene sentido convertirle en un epígono de la teología tridentina.

Pero si hacer a Cervantes teólogo es absurdo, lo es todavía más hacerle un racionalista poco menos que ateo. La tendencia a integrar a Cervantes en el racionalismo renacentista tiene una genealogía conocida. Ortega y Gasset, en *Meditaciones del Quijote* [1914], vio el libro como un ejemplo de modernidad racional, opuesta a la actitud religiosa de la Edad Media, que él asociaba con un estadio pre-racional de la cultura. Por eso escribía Ortega en 1910: «Hoy se disputan el porvenir nacional dos poderes espirituales: la cultura y la religión. Yo he tratado de mostraros que aquélla es socialmente más fecunda que ésta, y que todo lo que la religión puede dar lo da la cultura más enérgicamente.»[3] Esa oposición de religión y cultura era

---

[2] *Quijote*, Prólogo, I, 57; «Sí que no siempre se está en los templos» (Prólogo a *Novelas ejemplares*) *OC,* ed. cit., p. 514a.
[3] «La pedagogía social como programa político», en *OC,* ed. cit., p. 519. Ortega cambió luego de idea y admitió que la religión es una forma de cultura.

una tesis básica del maestro neokantiano de Ortega, Hermann Cohen, al que Unamuno llamaba el «saduceo».

En el capítulo anterior hemos visto que Ortega le ponía a la obra de Cervantes un subtítulo de resonancia kantiana: «Crítica del esfuerzo puro».[4] Desde este trasfondo escribió Américo Castro *El pensamiento de Cervantes*, publicado en 1925. El libro es ancho y hondo de conocimientos literarios, filosóficos y teológicos. Siempre advierte Castro que se deben evitar las simplificaciones al emitir tesis generales sobre Cervantes, pero él acaba emitiéndolas y alineándose con la visión de Ortega. Según Castro, Cervantes no niega la creación del mundo por Dios, pero refleja la cosmología del Renacimiento, que ya no ve el mundo como creación divina; sigue la doctrina de Pomponazzi, que no admite la inmortalidad del alma en el sentido de los católicos, y sostiene ideas modernas con respecto al amor y al matrimonio. Como ese espíritu secular contradice la superficie y el fondo de los textos de Cervantes, acudió a otra tesis de Ortega: la «genial hipocresía» de algunos grandes escritores y pensadores católicos del siglo XVII. Según Ortega, Galileo y Descartes son y obran como católicos, pero inauguran el racionalismo moderno, o sea, la ciencia que acabará por suplantar a la religión. En esto Ortega estaba muy acertado, y al hablar de la «hipocresía» de esos pensadores no les atribuye una intención personal de engañar, sino una inconsistencia objetiva al inaugurar el racionalismo con la intención de

---

[4] A su vez, la tesis neokantiana se insertaba en la idea sobre el Renacimiento italiano como triunfo del racionalismo laico frente a la religiosidad medieval, popularizada en el clásico libro de Jacob Burkhardt *La cultura del Renacimiento en Italia* [1860].

buscarle al cristianismo fundamento racional. El racionalismo que socava la fe será el rasgo distintivo de la modernidad. La hipocresía no es, por tanto, una actitud moral de las personas, sino un hecho objetivo de la historia del pensamiento. Por esta razón, Ortega llama a Cervantes «el más profano de nuestros escritores», y Américo Castro siguió la línea intelectual de Ortega.[5]

A partir de 1937 (fecha de *Erasmo y España* de Bataillon) Américo Castro consideró errónea su visión de 1925, y en consecuencia no quiso nunca reeditar su libro, hasta 1972. Hoy *El pensamiento de Cervantes* sigue siendo un monumento digno de estudio, no por sus tesis fundamentales del racionalismo renacentista y del cervantino, sino por el esfuerzo de sistematizar la cosmovisión del autor del *Quijote,* por la inserción del texto cervantino en su contexto intelectual, no simplemente formal, y por muchas observaciones certeras sobre puntos concretos del libro como obra de arte. Por lo demás, el neo-kantismo llevó a Ortega y a sus seguidores a ignorar —en el doble sentido de desconocer y despreciar— la filosofía escolástica, que constituye el verdadero trasfondo del ideario de Cervantes.

En los trabajos publicados por Castro desde los años cuarenta, el autor del *Quijote* reflejaría la religión de los cristianos nuevos, convertida en vivencia personal. Al hablar de la experiencia de don Quijote en casa del Caballero del Verde Gabán, comenta: «Lo único bueno de la casa es el "maravilloso silencio", ocasión para aislarse y meditar como hacen los cartujos —insisto en mi "pare-

---

[5] Es fundamental para este tema el libro del profesor Aniano Peña, *Américo Castro y su visión de España y de Cervantes,* Madrid, Gredos, 1975.

cer" de ser el *Quijote* una forma secularizada de espiritualidad religiosa».[6] Castro no justifica por qué el silencio sea «lo único bueno» de la casa del Caballero del Verde Gabán, olvidando, por ejemplo, la generosidad con la que el Caballero y su señora reciben a sus huéspedes, la conversación sobre la carrera del hijo con la pulla sobre la inutilidad de las humanidades, y la discusión sobre la poesía (Véase p. 163 de este libro).

Tampoco es fácil de entender la expresión «una forma secularizada de espiritualidad religiosa», aunque la comparación de don Quijote con Santa Teresa en páginas posteriores permite descifrar el sentido de la frase. Teresa, dice Castro, se sabe *ser de Jesús,* mientras don Quijote responde: «*Yo sé quién soy,* y sé que *puedo ser...*» (p. 171. Cursivas de Castro). «Don Quijote, dígase de una vez, se instala en la morada íntima labrada por una larga tradición de oración espiritual, preferida a la oración vocal ritualizada» (172). La frase «religiosidad secular» de don Quijote frente a Santa Teresa parece consistir en que la maestra de mística tiene fuera de sí misma (en Jesús) el asidero de su vida, mientras don Quijote ha convertido su fe cristiana en experiencia de vida y cultura dentro de su propio yo, al margen del dogma religioso. En este sentido se trataría de una religiosidad secular.

El humanismo de don Lorenzo, hijo del Caballero del Verde Gabán, es para Castro el ideal de un humanismo comprensivo que abarca las armas y las letras, opuesto a la vida burguesa de su padre. Don Diego sería un Sancho Panza; por eso Sancho le venera como santo a la jineta

---

[6] *Cervantes y los casticismos españoles,* Madrid, Alfaguara, 1966, p. 153.

(p. 154). El texto del *Quijote* no respalda ninguna de estas tesis. El Caballero del Verde Gabán no aparece con ningún signo negativo, sino todo lo contrario. Lo que ocurre es que en el encuentro del pequeño burgués y el idealista que sacrifica su comodidad por enderezar tuertos, los lectores nos aliamos con el segundo. Desde luego, el hijo del caballero no aboga por ningún humanismo amplio que integre las armas y las letras, ya que, para disgusto del padre, se dedica sólo a la filología. Lo que dicen los personajes sobre el humanismo en esa ocasión muestra más bien que Cervantes se ríe del saber inútil de don Lorenzo. El letrado respetable era el abogado, que sirviendo al rey podía elevarse hasta la nobleza. La sátira de Cervantes al humanismo erudito aparece en el prólogo de la primera parte, en el capítulo 16 de la segunda, y se corona en el capítulo 22, en estas palabras de don Quijote: «Hay algunos que se cansan en saber y averiguar cosas que, después de sabidas y averiguadas, no importan un ardite al entendimiento ni a la memoria» (II.207).

Cervantes no es erasmista

En *El pensamiento de Cervantes* afirma Castro: «El humanismo de Cervantes es esencialmente erasmista».[7] En 1931 publicó «Erasmo en tiempo de Cervantes».[8] Como

---

[7] *El pensamiento de Cervantes* [1925], p. 316. Al mismo tiempo cita a Castiglione y otros que habían criticado la moral de los clérigos. Incluso, en la p. 285 aduce el paso de Santa Teresa citado por mí en p. 81. Como santa Teresa no es erasmista, la crítica a la moral del clero no demuestra erasmismo.

[8] *Revista de Filología Española*, 1931. Recogido en *Hacia Cervantes*, pp. 222-261. Cito por esta edición.

se sabe, las obras de Erasmo (1476-1536) fueron prohibidas en el *Índice* del Inquisidor don Fernando de Valdés (1559). Castro comienza su artículo recordando que López de Hoyos, maestro de gramática de Cervantes, cita los *Antibarbari* de Erasmo (225); por consiguiente, «En Madrid, diez años después del *Índice* de Valdés, el nombre de Erasmo se citaba» (226). Pero lo curioso es que la cita de López de Hoyos no procede de los *Antibarbari*, libro de controversia lingüística cuya mención por un gramático no podía levantar sospechas, sino de la *Exomologesis,* que trata de la confesión, tema peligroso. Esto significa, según Castro, que López de Hoyos aducía una frase de un texto prohibido, simulando que la tomaba de un libro inocuo. De esa forma larvada se transmitía doctrina de Erasmo a pesar de las prohibiciones oficiales. Como Cervantes fue alumno de López de Hoyos a sus veinte años (1567-68), se puede conjeturar que le escucharía a su maestro hablar alguna vez de Erasmo. Ahora bien, el indicio es tan vago, que el mismo Castro añade: «Ignoro en qué medida tuviera Cervantes directa noticia acerca de la doctrina erasmiana, ni hasta dónde se extiende la influencia de López de Hoyos» (235). Al no poderse detectar ninguna relación textual entre Erasmo y Cervantes, Castro afirma: «Lo esencial de todo ello es la disposición favorable [a Erasmo], y la espiritualidad del cristianismo cervantino» (236). Todo el edificio del erasmismo de Cervantes se sostiene sobre la vaga noción de «disposición favorable» y «la espiritualidad del cristianismo cervantino». Pero ¿es posible calibrar el tipo y los grados de espiritualidad de un estilo de cristianismo?

Conocida es la escena (II.63) de la imprenta de Barcelona, donde se está imprimiendo un libro titulado *Luz del alma.* Tradicionalmente se identifica este libro con *Luz del alma cristiana*, del dominico Fr. Felipe de Meneses (Valladolid, 1554), que tuvo varias ediciones en el siglo XVI, aunque ninguna de Barcelona. Según Castro, «dicho libro es uno más para añadir a la serie de los muy afectados por la doctrina erasmiana» (238). «La tradición de Erasmo tiñe de intelectualismo la exposición del tema religioso: hay más razón que fervor, mucha crítica y aire de estar sobre sí. Lo erasmista se manifiesta *tanto en lo silenciado como en lo que se expresa*. Al mismo tiempo, exuberancia de citas paulinas» (p. 238. Cursivas mías).

Si se tratara de un libro de oraciones, podía extrañarnos su carácter intelectual; pero el libro de Meneses es un catecismo para la enseñanza de la doctrina cristiana, y tiene por tanto un fin expositivo e intelectual, aunque sin los términos técnicos de los escolásticos. Erasmo criticaba a estos teólogos porque escribían libros especulativos con «más razón que fervor». Meneses escribió para la educación religiosa del pueblo en el estilo en que lo hacían los teólogos dominicos, sin ningún trasfondo erasmiano.

Hay «mucha crítica» en el libro, porque denuncia la falta de educación religiosa entre los seglares. La frase de que «lo erasmista se manifiesta tanto en lo silenciado como en lo que se expresa», sencillamente no se entiende. Cuando se quiere decir algo con el silencio, los signos del silencio apuntan como una flecha al rastro de lo silenciado. En este caso no se percibe ninguna huella que invite a caminar del texto de Meneses hacia el pensamiento de Erasmo, y Castro no abre ninguna pista.

«Exuberancia de citas paulinas». Por de pronto, hay muchas más citas del Antiguo Testamento que de San Pablo. Ya esto es un indicio de lejanía de Erasmo, que no tenía ningún aprecio para el Testamento antiguo. Castro, y después Bataillon, asociaron a Erasmo con algo que llaman «paulinismo». Los Evangelios (especialmente el de San Juan) y San Pablo no utilizan el lenguaje metafísico de los teólogos medievales, pero describen al cristiano como sarmiento enraizado en Dios que es la vid, y como viviendo de la misma vida de Dios, que habita en el alma humana. Esa experiencia de ser y vivir en Dios y en Cristo justifica el concepto de participación, básico en la teología metafísica medieval. En Santo Tomás de Aquino (1225-1274) —el teólogo más influyente en la teología católica— el concepto de «cuerpo místico» se funda en que Cristo es el Verbo de la Santísima Trinidad, hecho hombre. Todos los hombres, por ser hijos de Adán, somos hermanos del Cristo-Dios en sentido biológico. Pero la acción redentora de Cristo es además un hecho espiritual de la convivencia de Dios con el hombre. Por esa comunidad histórica formamos todos los hombres una realidad única, que los cristianos proclaman de manera explícita. Esta unidad no es física, pero tampoco es meramente moral (basada en afinidades de conducta o en preceptos éticos comunes) y mucho menos es metafórica; es una unidad real, pero «misteriosa» que se llama «cuerpo místico». A diferencia de Santo Tomás, para Erasmo la noción de cuerpo místico es una metáfora: la misteriosa relación mutua de los individuos cristianos, obligados a imitar a Cristo, pero no la participación de todos en el éter de la gracia que nos une. La diferencia de concepción del cuerpo místico se funda en las diferencias filosóficas entre metafísicos y nominalistas, punto crucial de controversia sobre todo a partir del siglo XIV. Para los nominalistas el cuerpo místico es la comunidad cristiana en cuanto profesamos la misma fe y se supone que debemos seguir la misma conducta. Para los metafísicos, es la comunión y comunidad real establecida entre todos por la participación histórica en la naturaleza de Dios —a través de Cristo— y por la gracia. Meneses no utiliza nunca la expresión «cuerpo místico», sino «cuerpo espiritual» para que se entienda mejor.

Como se ve, la interpretación de San Pablo y de la idea de cuerpo místico puede ser tan distinta, que la coincidencia en las expresiones no significa nada. San Pablo es el primer teólogo cristiano; le citan los católicos, los protestantes y Erasmo, pero cada uno desde su diferente perspectiva. Por tanto, el que un autor cite más o menos a San Pablo no connota ningún rasgo erasmiano; lo importante es la perspectiva desde la cual se le cita. Ahora bien, Meneses sigue a Santo Tomás, y Cervantes refleja el tomismo popularizado en los catecismos del siglo XVI.

Después cita Castro algunos textos de *Luz del alma*, que parecen paralelos a otros del *Enquiridión del caballero cristiano* de Erasmo, pero, como él mismo reconoce, se refieren a preceptos comunes del cristianismo y no prueban influencia específicamente erasmiana. Finalmente copia Castro unas palabras de Meneses, que nos obligan a negar la más leve influencia de Erasmo sobre el dominico: «"Si Dios por su misericordia no hubiera puesto a España un muro de fuego, que es el Santo Oficio de la Inquisición", ya se habría adueñado la herejía de este país».[9] Meneses atribuye el origen del protestantismo al estudio de las lenguas y a la lascivia de Lutero, como lo habían hecho antes Domingo de Soto y otros teólogos. La frase citada sobre el telón de fuego de la Inquisición

---

[9] Castro, A., *Hacia Cervantes*, p. 243. Ver *supra*, pp. 198-200.

contradice por completo la actitud personal y el pensamiento de Erasmo sobre cómo luchar contra la herejía. Aunque se documentaran muchas coincidencias de ideas entre Erasmo y Meneses —y no se documenta ninguna concreta— esa sola frase bastaría para situar al dominico entre los adversarios del humanista holandés.

Bataillon dedicó al erasmismo cervantino la sección cuarta del capítulo 14 de *Erasmo y España* [1937]. El hecho de que dedique unas páginas al tema permite esperar alguna relación positiva entre el escritor español y Erasmo. Pero después de diez páginas en que señala posibles coincidencias de actitud de Cervantes «con los erasmistas» (no con Erasmo directamente), Bataillon confiesa: «no son más que indicios».[10] En la página 795 habla del «erasmismo diluido que pueda haber en su pensamiento», y luego dedica varias páginas a refrenar el fervor erasmizante de Américo Castro, mientras no se puedan aportar mejores pruebas. Bataillon termina su capítulo con estas palabras: «Todas nuestras investigaciones demuestran que la España de Carlos V estuvo impregnada de erasmismo, que las tendencias literarias de Cervantes son las de un ingenio formado por el humanismo erasmizante, y que sin embargo, *su ironía, su humor, suenan a algo completamente nuevo*» (p. 801. Cursivas mías). Después de leer estas palabras ¿se puede afirmar que Bataillon considere a Cervantes erasmista?[11] Yo negué el erasmismo de Cervantes

---

[10] Bataillon, Marcel, *Erasmo y España,* ed. cit., p. 787.

[11] A pesar de todo esto, los novelistas —Juan Goytisolo y Carlos Fuentes— y algunos hispanistas continúan impertérritos con el tópico; no aportan ningún argumento nuevo, pero el erasmismo les cuadra bien con la «ambigüedad» y con otros lugares comunes de su seudocrítica.

en mi libro de 1976, y sigo creyendo que hablar del erasmismo cervantino es una ilusión quijotesca.[12]

Los rasgos básicos del erasmismo son:

1) Estudio del texto de la Biblia.
2) Antiescolasticismo.
3) *Monachatus non est pietas.*
4) Catolicismo de conducta frente a fórmulas.
5) La *Moria* y la ironía erasmiana.

No creo que nadie asocie a Cervantes con el proyecto fundamental de Erasmo, que consistió en purificar el texto del Nuevo Testamento y leerlo de manera nueva, siguiendo el camino abierto por Lorenzo Valla (1407-1457). Frente a Valla y Erasmo, que atacaron muchas tesis de la teología escolástica, cuando Cervantes se refiere a conceptos filosóficos y teológicos, repite ideas y términos escolásticos.[13]

---

[12] En 1986 publiqué un estudio: «El sistema de Erasmo: origen, originalidad, vigencia», en M. Revuelta, ed., *El erasmismo en España*, Sociedad Menéndez Pelayo, Santander, 1986. El trabajo se funda en una lectura de toda la obra y del epistolario erasmianos. Como lo he probado con Ortega y con Unamuno, al hablar del «sistema» de Erasmo trato de presentar el esqueleto en el que se fundan las muchas ideas concretas, y la evolución que explica sus posibles contradicciones. Frente a mis pruebas—valgan lo que valgan, yo me encuentro convencido por ellas y por tanto no puedo abandonar mi tesis mientras no se me aporten pruebas mejores de la tesis opuesta—el profesor Ricardo García Cárcel, sin aportar un solo dato, cita ni reflexión, se atiene a la seguridad de los socorridos tópicos y pontifica: «Los esfuerzos de Ciriaco Morón por hacer del erasmismo un *sistema* están condenados al fracaso» (*Las culturas del siglo de oro*, Madrid, Historia 16, 1999, p, 23).

[13] En la forma popular que las ideas escolásticas habían adquirido en los sermones y en libros de espiritualidad, como el *Libro de los estados* de Fr. Francisco de Osuna, *Luz del alma cristiana* de Fr. Felipe de Meneses, y la *Guía de pecadores* de Fr. Luis de Granada.

Monachatus non est pietas: ser monje no implica especial perfección. Como he dicho en el capítulo segundo, los teólogos medievales habían sostenido que los votos de pobreza, castidad y obediencia, con los cuales se profesaba en una orden religiosa, situaban al profeso en un nivel más alto de perfección que el del seglar. La frase «Monachatus non est pietas» de Erasmo niega la reivindicación de superioridad del estado religioso, y por tanto niega la doctrina tradicional de los eclesiásticos sobre la perfección cristiana. Por eso resultaba tan subversiva una frase que en la superficie parece inocente: «ser monje no implica perfección». El Arcediano del Alcor, de la catedral de Palencia, tradujo la frase de manera falsa pero hábil, diluyendo su significado en el inocuo refrán: «El hábito no hace al monje». De esa manera, el lector de la traducción española no percibía el significado subversivo de la tesis erasmiana. En el diálogo de don Quijote con Vivaldo, Cervantes, sin tener razón especial para tocar ese tema, repite la tesis de los frailes, totalmente contraria a la de Erasmo: «No quiero yo decir, ni me pasa por pensamiento, que es tan buen *estado* el de caballero andante *como el del encerrado religioso*» (cursivas mías).[14]

---

[14] I.13, 174. De manera mucho más amplia, en *El licenciado Vidriera*, escrito al mismo tiempo que la primera parte, puesto que la Corte está en Valladolid: «Dijo que mirasen en ello, y verían que de muchos que de pocos años a esta parte había canonizado la Iglesia... [eran] todos frailes y religiosos; porque las religiones son los aranjueces del cielo, cuyos frutos de ordinario se ponen en la mesa de Dios» (*OC*, ed. cit., p. 887b). El Canon X del Decreto sobre el Matrimonio del Concilio de Trento dice: «Si alguno dijere que el estado de casados debe preferirse al de la virginidad o celibato, y que no es mejor y más dichoso permanecer en la virginidad o celibato que unirse en matrimonio, sea anatema» (Mansi, *Amplissima Conciliorum Collectio*, tomo 33, colª 152).

Erasmo era enemigo de la guerra como medio para propagar e incluso para defender la fe. En su opinión, Cristo utilizó la palabra «espada» en el Evangelio, como intimación a que los cristianos puncemos nuestros corazones y los vaciemos de todo mal. Erasmo aboga por la guerra interior contra las pasiones y los vicios. Para Cervantes, en cambio, la batalla de Lepanto fue «la más alta ocasión que vieron los siglos». Al volver del cautiverio, Cervantes escribe una literatura de guerra santa: *La Numancia* y *El trato de Argel*; cree en Santiago y en su aparición en las batallas de los cristianos españoles contra los moros (*Quijote*, II.58, 474), y sostiene sobre la guerra la doctrina comúnmente aceptada por los teólogos en la Europa de su tiempo.

La postura más correcta sobre la posible conexión de Cervantes con Erasmo es la del profesor Antonio Vilanova, que compara la ironía del *Quijote* con la del *Encomion moriae, o Elogio de la estulticia*. Ahora bien, el profesor Vilanova considera muy poco probable que Cervantes conociera la obra original de Erasmo, y sólo cita un epígono español de hacia 1590, como posible eslabón de contacto de Cervantes con el libro del holandés.

No hay espacio aquí para un análisis del *Elogio de la estulticia* del humanista. Quien lo lea verá que la noción de «moria» o estulticia no tiene nada que ver con la locura de don Quijote ni con la simplicidad de Sancho. «Moria» es en Erasmo todo lo que en nuestra vida no es puramente racional. Y como en la vida hay muy pocas cosas puramente racionales, la moria es el sostén de la convivencia humana. Según la moria, el amor es una tontería porque es una confianza no basada en pruebas; hacer el bien es una estupidez si nos quita nuestra comodidad; engendrar hijos sólo es posible en un estado de entontecimiento, por eso la generación es un acto irracional. Afanarse estudiando es pura estulticia, porque se pierde la salud y se conquista una gravedad que le hace al sabio antipático en todas las reuniones, donde triunfan los frívolos. Podría Erasmo ver a la mujer como encarnación de la estulticia y hacerla, por consiguiente, blanco de algún elogio. La estulticia aconsejó que al varón, para mitigar su cordura, «se le juntase con una mujer, animal ciertamente estulto y necio, pero gracioso y placentero, de modo que su compañía en el hogar sazone y endulce con su estupidez la tristeza del carácter varonil».[15] ¿Tienen el pensamiento y la ironía de Cervantes algo semejante a estas proposiciones?

En el capítulo 33 de la segunda parte, Sancho reconoce que ateniéndose al dictado de la razón, debiera haber abandonado a don Quijote; pero le sigue porque le está agradecido y porque hay que ser fiel. Para la moria erasmiana, Sancho no sería «estulto» por su poca sal en la mollera, sino por su fidelidad. No creo que Cervantes ponga el más leve indicio de ironía en esa profesión de fidelidad que eleva a Sancho a un nivel humano incomparable con los criados de la literatura de su época.

Las razones aportadas me obligan a negar que haya signos de presencia de Erasmo en la obra cervantina. Por supuesto, no tengo interés en mantener ninguna tesis, y si alguien aportase alguna prueba en contra de la mía, yo sería el primero en aceptarla. Pero hasta el momento nadie ha dado una prueba seria del erasmismo de Cervan-

---

[15] *Elogio de la locura*, cap. 17. Trad. de Pedro Voltes (Col. Austral, n. 444). 13ª ed., Madrid, Espasa-Calpe, 2002, p. 76.

tes, y el estudio sistemático de los dos autores demuestra su falta de conexión mutua. Américo Castro lanzó la tesis del erasmismo cervantino, y aunque después la rechazó, se sigue repitiendo como un tópico mostrenco, porque el «simpático» Cervantes tenía que ser heterodoxo. De su erasmismo sólo queda en pie la atmósfera irónica que señaló Menéndez Pelayo.

El *Quijote* no tiene relación visible con el problema de los conversos

«A la postre, acabará por entenderse cuán sin sentido sería atribuir la concepción del *Quijote* a un cristiano viejo».[16] Esta tesis de Américo Castro supone que Cervantes era de ascendencia judaica, y que su obra transparenta rasgos colectivos comunes a los cristianos nuevos. Castro identifica al converso con todas las formas de religiosidad interior, supuestamente contrarias a las prácticas de los cristianos viejos, que serían más formalistas. Desde luego, señaló una clave de la hondura y valor del *Quijote* como obra de arte: el hidalgo actúa desde sí mismo y desde su propio centro, sin seguir modelos literarios de caracterización, y la estructura del texto se va configurando desde dentro, sin ajustarse a modelos estructurales recibidos. Este centrarse en el núcleo de la existencia personal al margen de las fórmulas y estilos de su tiempo, se funda, según Castro, en la diferencia existente entre la cultura griega y la Biblia. La cultura griega sería racional y lineal, mientras el Dios bíblico «se arrepiente» de haber

---

[16] Américo Castro, *Cervantes y los casticismos españoles*, p. 169.

creado el mundo, es decir, revierte sobre sí mismo, y siendo centro y núcleo con respecto al mundo, no se embarca en los vectores lineales que son la ciencia y la filosofía.[17] Esta visión del *Quijote* me parece *la visión correcta*: el texto es un taller en que se dramatiza su propia composición, y don Quijote es el símbolo del yo —del yo de todos nosotros— como núcleo de encuentro de la realidad y la ilusión, la vida y el sueño. Pero ¿qué razón puede llevarnos a asociar esa hazaña creadora de Cervantes con los conversos? ¿No era el Génesis libro canónico para los cristianos viejos, y por tanto el Dios que se arrepiente de haber creado el mundo? ¿No había Aristóteles definido a Dios como *noesis noeseos noesis*, autoconciencia y autorreflexión?

El concepto de converso es muy ambiguo. La primera conversión masiva de judíos en España se produjo en 1391, cuando Ferrán Martínez, canónigo de Córdoba, con la ayuda de algunos grupos asesinos debidamente apostados en varias ciudades, produjeron una orgía de muertes que los judíos sólo pudieron evitar convirtiéndose al cristianismo. Así se formó un primer grupo de conversos forzados, y naturalmente, nada sinceros. Pero los hijos, aunque seguían probablemente practicando ceremonias judaicas en su casa, en público tenían que comportarse y educarse como cristianos. A esta ola de prime-

---

[17] *Cervantes y los casticismos*, pp. 6-7. «En lo que uno escribe se incluye la presencia del uno que está escribiendo, porque 'lo español' no se constituyó sólo con elementos europeos y cristianos» (Ibíd., p. 7). Según esto, la «metaliteratura» en Europa habría sido una aportación española debido a nuestras raíces semíticas. El ejemplo de Shakespeare bastaría para dudar. La literatura medieval castellana se distingue de la semítica y de la francesa por su carencia de sentimiento. Cf. *Libro de Buen Amor*, donde el segmento sentimental es la comedia francesa *Pamphilus*.

ros conversos arrancados de su ambiente judaico, se juntó otra también muy numerosa de conversos voluntarios con motivo de la predicación en Castilla de San Vicente Ferrer y de leyes discriminatorias contra los judíos durante los años 1412-1415.[18]

Curiosamente, a fines del siglo XV los inquisidores o los delatores de judaizantes (judíos clandestinos), atribuían a éstos la práctica de ceremonias judaicas, y el judaísmo era visto por los cristianos como una amalgama de más de seiscientos preceptos externos y sin espíritu. Es la impresión que transmite el mismo Cristo en el Evangelio, aunque Jesús dice que cumple la ley hasta el último detalle.[19] Pues

---

[18] Mis observaciones sobre los conversos están tomadas de los libros del profesor Benzion Netanyahu, *Los marranos españoles*, 2ª ed., Junta de Castilla y León, Valladolid, 2002; *Los orígenes de la Inquisición en la España del siglo XV*, Crítica, Barcelona, 1999; *Don Isaac Abravanel, estadista y filósofo*, Valladolid, ibíd., 2004; y *De la anarquía a la Inquisición: Estudios sobre la historia de los judíos y conversos en España durante la Baja Edad Media*, La Esfera de los Libros, Madrid, 2005. Todos estos libros han sido traducidos por mí al español, excepto *Los orígenes de la Inquisición*, traducido en colaboración con el profesor Ángel Alcalá.

[19] La supuesta ascendencia conversa de Cervantes explicaría su actitud de hombre marginal y marginado. Y otro rasgo de esa marginación serían las «experiencias homosexuales» de Cervantes (Rosa Rossi, *Escuchar a Cervantes*, p. 26). La profesora Rossi dice que esas «experiencias» fueron por de pronto fantasías, y no se sabe si llegó a «experiencias físicas». Esto es reconocer que no hay nada documentado en ese sentido, y por tanto esconder la mano después de lanzar una ocurrencia escandalosa carente de fuste. El cautivo dice que su amigo Saavedra (Cervantes) hizo cosas inolvidables por lograr su libertad, y en sus cuatro intentos de huida no sufrió represalias de su amo Hazán Bajá, renegado veneciano conocido por su crueldad con los cautivos y por tener un harén masculino. La profesora Rossi supone que si Pachá respetó a Cervantes fue por sus andanadas homosexuales. Sobre esta documentación se construye la «mal trovata» ficción de la preferencia erótica del estropeado luchador de Lepanto. Unamuno explicó el anhelo de hazañas y de fama de Alonso Quijano el Bueno por su timidez amorosa

bien, esperaríamos que si existía una «mentalidad conversa», se distinguiera por el apego a las ceremonias externas, y el acento sobre la piedad interior fuera de grupos que en todo caso quisieran ser cristianos sinceros o aparentar que lo eran. Para Castro y sus seguidores, sucede lo contrario: toda espiritualidad interior y crítica de las ceremonias es signo de ascendencia conversa. Ahora bien, ningún teólogo ni autor ascético cristiano viejo admitió jamás que las ceremonias exteriores tuvieran valor en sí mismas si no iban acompañadas de la gracia y de la piedad interior. Cuando el cristiano ejercitaba alguna ceremonia rutinaria y externa, si estaba en gracia, esa ceremonia tenía mérito, porque la mente humana no puede estar siempre en el grado supremo de conciencia. Curiosamente, la piedad rutinaria está basada en una visión realista de la conciencia humana; de ahí el valor de las devociones formularias, como el rosario. Por eso expurgó la Inquisición la frase de la duquesa sobre el mérito de las buenas obras, aunque se hagan «flojamente».

Apoyados en Castro, algunos hispanistas no sólo hacen a Cervantes converso, sino judío, aunque nadie más que Castro denunció esa confusión, que es un disparate. Pero, sin caer en el absurdo de llamarle a Cervantes judío ¿qué era un converso en torno a 1600? Desde luego, Cervantes documenta que en su tiempo el tema del linaje preocupaba mucho en España. Por eso don Quijote le

---

con respecto a Aldonza Lorenzo. Ésta sí es una explicación con sentido: el hidalgo que se enamoró de Aldonza a los 38 años y sólo se atrevió a mirarla cuatro veces con todo recato, deseó cobrar fama para que ella pusiera en él sus ojos. Por supuesto, aunque la explicación de Unamuno es verosímil, se queda en la antesala del texto y no nos sirve para entenderlo. Sobre los moriscos, cf. *supra*, p. 186.

aconseja a Sancho no hablar nunca del tema (II.43). Durante todo el siglo XV y XVI se fueron mezclando los conversos y los cristianos viejos, de forma que al llegar el siglo XVII probablemente sólo podían alardear de cristianos viejos «sin mezcla de mala raza», los pobres Sanchos que no sabían leer ni escribir. Claramente conversa, nieta de un judío convertido, era Santa Teresa, y Castro la opone al supuestamente converso Cervantes, porque ella se llama «de Jesús», y don Quijote «sabe quién es». Mateo Alemán y Góngora descendían de conversos; suponiendo que también fuera converso algún antepasado de Cervantes, el contraste entre sus obras y la de los otros conversos es tan inmenso, que el dato del linaje no explica nada.

El *Quijote* no es ambiguo, y menos relativista

En *El pensamiento de Cervantes* [1925], Castro, siguiendo a Ortega, acentuaba el perspectivismo del *Quijote.* Ortega y Castro entendían por perspectivismo la falta de tesis dogmáticas en el libro, como pueden ser las observaciones morales del *Guzmán de Alfarache,* y la lucidez del libro frente a la ceguera espiritualista o materialista atribuida a los personajes. El «perspectivismo» del Quijote hay que entenderlo desde esta frase de Ortega: «¿Cuándo nos abriremos a la convicción de que el ser definitivo del mundo no es materia ni es alma, no es cosa alguna determinada, sino una perspectiva? Dios es la perspectiva y la jerarquía. El pecado de Satán fue un error de perspectiva».[20] Lejos de cualquier relativismo, lo que

---

[20] *Meditaciones del Quijote*, en *OC,* I, 321.

Ortega dice es que la inteligencia debe esclavizarse a la realidad para poner y valorar cada cosa donde objetivamente merece estar. Pero los hispanistas han identificado el perspectivismo con la «ambigüedad», y han instalado el relativismo como una nota distintiva de la maestría del *Quijote*. En varios lugares del análisis he aludido a las lecturas relativistas, como elementales malentendidos del texto. En todas las aventuras el autor le informa al lector de la realidad que don Quijote confunde: en la primera parte, antes de la aventura, y en la segunda, generalmente después.

En los trabajos de su segunda etapa, Castro utiliza el término complejidad para dar razón de la riqueza de aspectos del *Quijote*. Ahora bien, complejidad es riqueza, imaginación, ironía, doble voz, hondura de análisis, no ambigüedad, que en español significa vaguedad en la expresión. Hablando de Ricote, Castro utiliza estas palabras: «Ricote es una figura de doble fondo...como otras figuras cervantinas, no ambiguas sino muy complejas».[21]

Negar la ambigüedad no es decir que Cervantes nos dé en su libro tesis o dogmas abstractos. La obra literaria dramatiza experiencias humanas complejas que admiten decisiones distintas, todas posibles, aunque no todas sean aceptables en el mismo grado. Cervantes dramatiza con claridad y compromiso esa complejidad. La realidad es muy rica y no se puede atrapar en fórmulas simples. De hecho, el discurso sobre la realidad, lejos de apresarla, es una persistente invitación hacia ella (Heidegger). Pero la conciencia del límite de nuestro conocimiento no justi-

---

[21] *Cervantes y los casticismos españoles*, p. 23.

fica el relativismo, y desde luego, Cervantes dramatiza los límites del conocimiento, siempre en busca de la verdad, pero sabiendo que para las preguntas más importantes difícilmente tenemos «la solución».

Es un libro de humor, pero denso y profundo

Algunos hispanistas han acentuado el carácter cómico del *Quijote*, como el único históricamente objetivo, frente a todos los sentidos trascendentes que supuestamente se le han adosado a través del tiempo. «Los críticos, dice el profesor A. Close, suelen hacer caso omiso del aspecto que para Cervantes era el esencial —su comicidad— y presentar la visión del mundo cervantina en términos que presuponen su antagonismo o independencia radical frente al ideario de sus contemporáneos».[22] Close distingue entre los críticos que buscan desvelar las raíces, contexto y papel de Cervantes en su circunstancia, y los que llama críticos «acomodaticios», que aprovechan el *Quijote* para responder a preguntas planteadas en otras épocas. Su tesis, como se ve, es que el aspecto «esencial» (tér-

---

[22] A. Close, «La crítica del *Quijote* desde 1925 hasta ahora», en AA. VV., *Cervantes,* p. 332. Pueden verse también los libros de Anthony Close, *The Romantic Interpretation of Don Quijote. A Critical History of the Romantic Tradition in Quixote Criticism* (ver bibliografía), y *Cervantes and The Comic Mind of His Age.* Close es certero en su crítica del relativismo, pero moteja de anacrónica toda lectura que vea un mensaje hondo y serio en el *Quijote.* Como explico en el texto me parece una postura equivocada. Había introducido la idea de la comicidad el profesor P. Russell, en «*Don Quijote* as a funny book», en *Modern Language Review,* 64 (1969), 312-326.

mino sospechoso por su linaje metafísico) del *Quijote* para Cervantes era «su comicidad».[23]

El tono general del *Quijote* es, sin duda, humorístico (irónico), y el autor menciona ese rasgo varias veces: «Deja, lector amable, ir en paz y en hora buena al buen Sancho, y espera dos fanegas de risa que te ha de causar el saber cómo se portó en su cargo. Y en tanto, atiende a saber lo que le pasó a su amo aquella noche; que si con ello no rieres, por lo menos desplegarás los labios con risa de jimia, porque los sucesos de don Quijote, o se han de celebrar con admiración o con risa» (II.44, 368). En el *Viaje del Parnaso*, cuando está dando la clave de cómo interpreta y aprecia sus distintas obras, dice:

Yo he dado en don Quijote pasatiempo
al pecho melancólico y mohíno,
en cualquiera sazón, en todo tiempo (IV.22-24).

Ahora bien, reconocido el papel del humor, preguntamos con el gran filósofo Hermann Cohen: «¿Es por ventura el *Quijote* sólo una bufonada?». Suponiendo que la intención del autor fuera exclusivamente humorística y que los lectores sólo percibieran ese sentido, el texto —que existe como realidad objetiva al margen de la intención del autor y de los lectores— puede ser muy profundo como obra de arte que busca y refleja verdad humana. De hecho, el autor dice también por boca de don Quijote:

---

[23] Sobre los críticos historicistas frente a los supuestamente acomodaticios, se plantea la pregunta de cómo la razón humana está anclada en su circunstancia y a la vez la trasciende. He tratado el tema en el capítulo 7 de mi libro *Las humanidades en la era tecnológica*.

«Decir gracias y escribir donaires es de grandes ingenios: la más discreta figura de la comedia es la del bobo, porque no lo ha de ser el que quiere dar a entender que es simple» (II.3, 64). Y en las mismas palabras donde Cervantes le promete al lector fanegas de risa, añade que las cosas de don Quijote se pueden celebrar con admiración. La frase «No ha de ser simple el que quiere dar a entender que lo es», significa que hay dos niveles de conciencia: el primero es la apariencia de simplicidad, y el segundo el plano de la reflexión, la ironía del que sabe por qué elige la apariencia de bobo. Esto quiere decir que el humor posee dimensiones que lo hacen denso, profundo, y éste es el caso del *Quijote*.

No voy a repetir el capítulo 8, donde he demostrado de forma inductiva —compilando en una síntesis datos concretos de todo el libro— que Cervantes dramatiza el tema de la identidad del yo. Calderón lo percibió y lo repitió de manera absolutamente original en *La vida es sueño* (c. 9). Los que acentúan la comicidad recuerdan aquel lector de quien el rey Felipe III dijo cuando le vio reírse a carcajadas: «Ése o es loco o está leyendo a don Quijote». Pero quizá se riera porque se encontraba a sí mismo en las íntimas ilusiones y falsificaciones de los personajes, y por la sencillez con que el autor desvelaba esos misterios. Sin duda había leído otros libros de caballerías y percibía cómo Cervantes desmontaba los ideales fantásticos que todos acariciamos. La risa comportaba placer y admiración por el ingenio del autor que tan hondamente penetraba en la naturaleza del hombre.

Por otra parte, al pretender recobrar la circunstancia de Cervantes exenta de todo añadido «acomodaticio», conviene recordar que la historia existe, no porque hay un pasado, sino por lo que queda de ese pasado en el presente. La historia pasa, la historia queda, y la historia se repite. La Biblia y El Corán son libros viejos que todavía inspiran prodigios de caridad y de terrorismo. Un clásico, llámese Sófocles o Cervantes, es clásico porque es y está presente para nosotros (recordar de nuevo el ejemplo de la catedral de Toledo). De ahí que el descubrimiento de la verdad humana del *Quijote,* acomodada a nuestro tiempo, no comporte necesariamente el olvido de la circunstancia de Cervantes. Si acertamos a identificar los mensajes perennemente válidos del *Quijote,* no estamos sacándole a Cervantes de su tiempo para acomodarlo a nuestras preocupaciones, sino descubriéndole en su espesor de clásico, en esa tradición eterna que le hace presente para nosotros.[24]

Por lo demás, es curioso que los abogados del humor no hayan aportado una mínima reflexión sobre la risa, que los escolásticos identificaron como un rasgo exclusivo del hombre frente a los animales. Según aquellos filósofos, toda la realidad se dividía en sustancia o accidente. Pues bien, en el hombre identificaron la risa como algo que, sin ser la esencia del hombre (sustancia), no era tampoco un simple accidente, y crearon un término exclusivamente para la risa: «propiedad». En el capítulo 8 he definido la ironía como la dimensión crítica del entendimiento. El humor pertenece, pues, al menos en su

---

[24] El término «espesor» me parece la expresión más lograda para lo que deseo decir. No se trata de distinguir entre superficie y profundidad, que serían estratos distintos; se trata de una superficie—todo está en el texto visible—que transparenta su envergadura, su escorzo, su «espesor». Aprendí este término en una conversación con la profesora Enrica Cancelliere, de la Universidad de Palermo, a la que expreso mi gratitud.

forma de ironía, al núcleo de la inteligencia, rasgo esencial del hombre. El mapa del humor y sus líneas de coincidencia y divergencia con la ironía, constituyen un tema serio de análisis. Aquí me limitaré a las expresiones del humor que he podido identificar en la literatura española. En *Nuevas meditaciones del Quijote* (1976) afirmé que *todas* las formas de humor —todas las que yo veo, deseando aprender de quien me enseñe otras no vistas por mí— se reducen a las siguientes:

Imitación paródica.
Estilización grotesca.
Aceptación gozosa de la fatalidad.
Tabú sexual.
Doble sentido de las palabras en situaciones específicas.
Deducción inesperada, pero lógica, a partir de ciertas premisas.

El primer tipo de humor penetra todo el *Quijote*, desde las escenas en que el viejo hidalgo reproduce hazañas de los caballeros jóvenes, hasta el estilo. Tanto el caballero, como Sancho y Dorotea, y hasta los duques, hablan de las «feridas» de la espada o del amor. Y la «gracia» de Sancho es una realización genial de mímesis del lenguaje popular.

También es constante la presencia del segundo tipo de humor, la estilización grotesca. Todo lo dicho sobre los «cuadros» plásticos del texto (c. 8) tiene sentido humorístico.

Lo que he llamado «aceptación gozosa de la fatalidad» quiere expresar las situaciones en que decimos: «Me pasa cada cosa...», «soy muy desordenado», «soy incapaz de escribir cartas», etc. En estos casos, nos atribuimos una especie de destino fatal, pero en vez de sentirnos oprimidos, nos complace. Sancho duda de que su mujer sea adecuada para reina y se queja de que no siendo caballero andante le ataquen todos los encantadores enemigos de su amo. El ejemplo más claro de este tipo de humor en el *Quijote* creo que son estas palabras: «En verdad, señor, que soy el más desgraciado médico que se debe de hallar en el mundo, en el cual hay físicos que con matar al enfermo que curan, quieren ser pagados...y a mí, que la salud ajena me cuesta gotas de sangre, mamonas, pellizcos, alfilerazos y azotes, no me dan un ardite» (II.71, 570).

El tabú: alusiones eróticas, pero que no llegan a lo burdo: «Mándote yo, dijo Sancho, pobre doncella, mándote, digo, mala ventura, pues las has habido con una alma de esparto y con un corazón de encina. ¡A fe que si las hubieras conmigo, que otro gallo te cantara!» (II.70, 569). En general, la ironía del autor con respecto a los «amores platónicos» de don Quijote, refleja este tipo de humor.

El doble sentido de las palabras es el procedimiento por el cual a una palabra o frase que todos los hablantes entienden espontáneamente en sentido figurado, se le restaura su significado original. El significado inmediato y directo de «hablar a tontas y a locas» es hablar sin orden ni concierto. Pero el chiste surge cuando Cervantes llama tontas y locas a las posibles lectoras de su libro: «Que el que saca a luz papeles, para entretener doncellas, escribe a tontas y a locas».[25]

Finalmente, todos los chistes coinciden en ser deducciones inesperadas, aunque totalmente lógicas, de ciertas

---

[25] Versos preliminares, I, 62.

premisas.[26] Un masoquista le pide a su amigo el sádico: «pégame, písame». Y el sádico le responde: «¡No!». El oyente del chiste espera que el sádico pise y golpee a su amigo, y el humor estalla cuando la conclusión, absolutamente lógica, es contraria a lo esperado. Por eso Bergson (*Le Rire*, 1905) dice que la risa surge de que la sorpresa rompe un proceso mecánico y automático de expectación. En el *Quijote* no hay muchos chistes, pero hay alguno. Por ejemplo, el que cuenta Sancho del caballero de su pueblo que le dijo al labrador: donde yo estoy está siempre la presidencia.

Más allá de los casos concretos descubiertos en la fenomenología del humor, la tesitura irónica del autor nos mantiene siempre en la encrucijada entre lo cómico y lo serio. Cervantes no expresó las varias formas de simbolismo —y menos las alegorías psicológicas y sociales— que se han asociado con don Quijote a través de los siglos; pero instaló el fundamento de todos los simbolismos y alegorías. Don Quijote no fue para Cervantes «el caballero de la fe», ni Dulcinea la gloria, como afirmó Unamuno; pero ¿hay duda de que Cervantes pintó en don Quijote el compromiso absoluto con el bien? ¿Hay duda de que Dulcinea representa en el *Quijote* todos los ideales o fines que nos mueven a cada uno de nosotros para seguir trabajando? Los simbolistas y alegoristas no pecan por leer demasiado en el *Quijote*, sino por leer demasiado poco. El ideal del personaje sigue vivo porque sobrepasa cualquier ideal concreto —la gloria, la libertad, la España civilizada frente a «la mancha» clerical e inqui-

---

[26] Éste es el único tipo de humor estudiado por Bergson en *Le Rire* (1905).

sitorial (como dijo alguno)— y dramatiza la estructura de la existencia como ilusión y proyecto.

Las reflexiones anteriores abren el camino por el que se pueden aceptar la innegable comicidad del *Quijote*, y al mismo tiempo, su valor como análisis hondo y serio de la vida humana. El careo de hondura y humor en algunos episodios permitirá ver su coexistencia.

El escrutinio de los libros (I.6). Humor de la escena teatral; humor de los cuatro inquisidores: el cura, el barbero, el ama y la sobrina; quizá humor de Cervantes con respecto a los expurgos de la Inquisición. Pero también seriedad: criterios de valor y de crítica para los libros quemados y los salvados; poder del libro como veneno de locura o como legítimo entretenimiento. Y ¿quién quema los libros: los personajes o Cervantes? ¿Está Cervantes dispuesto a mandar a galeras a escritores como el autor del *Tirant lo Blanc*? Se plantea aquí la pregunta que reaparece en la postura de Cervantes sobre los moriscos: ¿Está con los inquisidores o con las víctimas?

La aventura de Cardenio y Luscinda, don Fernando y Dorotea. Todos están enloquecidos por sus amores y probablemente también por los libros de caballerías, y no puede ser más cómica la burla de la princesa Micomicona. Pero en la historia se muestra la timidez de Cardenio, la pasión y traición de don Fernando, las ideas sobre el matrimonio, donde el reino de la mujer casada es el vivir con su marido. Desde el punto de vista creador, la batalla en sueños de don Quijote con el gigante es una solución genial para la restauración de Dorotea en su trono, y el reencuentro de las parejas es una creación artística extraordinaria.

En la segunda parte, la estancia en el palacio de los duques es puro teatro; todo burlas. Pero los burladores salen burlados, porque el teatro se convierte en realidad. Cervantes anticipa los títulos de dos comedias de Calderón: *La vida es sueño,* y *Sueños hay que verdad son.*

Finalmente, las escenas en las que Cervantes critica el *Quijote* de Avellaneda son igualmente serias dentro de su semblante humorístico. Lo de menos es que Cervantes defendiera la propiedad de su obra; lo importante es que en el diálogo con Avellaneda escala un nuevo nivel de conciencia sobre ella, y analiza la vida humana como una serie de niveles de conciencia.

He dado cuatro ejemplos de la fusión de humor y hondura en el *Quijote*; pero en realidad, todo mi análisis en los capítulos 1 al 7 muestra y corrobora esa fusión. Desde estas reflexiones creo que se puede apreciar correctamente la conciencia que tuvo Cervantes del espesor y el atractivo universal de su «comedia»: »Procurad que leyendo vuestra historia el melancólico se mueva a risa, el risueño la acreciente, el simple no se enfade, el discreto se admire de la invención, el grave no la desprecie, ni el prudente deje de alabarla» (Prólogo). El lector discreto, grave y prudente admira y alaba la invención por su profundidad.

Don Quijote fue visto desde el principio como loco de atar (el cura y el barbero, Avellaneda, «el vulgo», II.2); como realización pictórica genial, como loco sublime y romántico: «valiente pero desgraciado» (II.2), y como personaje que encarna el misterio de la vida como sueño (Calderón). Y la primera parte del libro tuvo la fuerza de enloquecer a Sansón Carrasco y a los duques, a Avellaneda y a todos los receptores que no podemos ni queremos librarnos de su magia.

No es un libro de rivalidad mimética

Los propugnadores de esta doctrina han sido René Girard, como antropología general, y Cesáreo Bandera (*Mímesis conflictiva*) en su aplicación particular al *Quijote*. La premisa fundamental de este pensamiento es que la convivencia humana comienza por una rivalidad originaria en que dos personas se imitan (mímesis) contendiendo por un objeto apetecido (rivalidad). En la contienda por el objeto, éste desaparece y se desencadena la lucha mutua sin objeto (arbitrariedad). Para evitar la destrucción, la comunidad pone la culpa en un chivo expiatorio que carga con los pecados de todos y es expulsado. La cultura es el velo puesto sobre la rivalidad originaria para que la comunidad pueda sobrevivir.

Yo creo que esta doctrina se puede fundar en Lutero y en Freud, pero no en la teología católica, donde el alma es siempre hija de Dios, y por consiguiente buena y constructiva por naturaleza. El pecado cubre con un manto de maldad la bondad originaria, pero no la destruye. Incluso después del pecado, el alma, por ser criatura de Dios, conserva su bondad esencial y puede por sí misma elevarse al bien o a la cultura. En cambio, en la doctrina de Girard, la violencia sería el origen, y el bien o la civilización, un velo que lo cubre para evitar la autodestrucción de la humanidad. Santa Teresa había escrito en las séptimas moradas: «El alma no es una cosa oscura». Freud y Girard vienen a decir lo contrario. Pero Cervantes pensaba como Santa Teresa, o al menos no hay en sus textos indicio de postura contraria.

La primera parte del *Quijote* contiene mucha *violencia*: los palos al joven Andrés, las derrotas —seguidas de golpes y palizas— de don Quijote por sus ataques violentos a viajeros o pastores, la violencia de la venta y de los últimos capítulos. Pero toda esa violencia no es nunca arbitraria, sino que está motivada por las locuras del caballero. En la segunda parte, el autor critica explícitamente la violencia de la primera, y la elimina casi del todo. Digo «casi» —palabra imprecisa que me desagrada en el discurso intelectual— por las batallas con Sansón Carrasco, los palos a Sancho cuando rebuzna, las escenas de Roque Guinart y Claudia Jerónima y la muerte de los dos soldados por Ana Félix. En la segunda parte predomina la violencia espiritual sobre la física: las burlas, y los burladores burlados.

Los casos posibles de imitación serían, primero el de don Quijote y Sancho. Madariaga habló de la «quijotización» de Sancho y la «sanchificación» del caballero. Pero me parece una ocurrencia sin base. Jamás se le ocurre a Sancho usurpar el puesto de don Quijote, o sentirse rival de su señor. Él aprende de don Quijote, y acusa a Tomé Cecial (II.13) de no haber aprendido cortesía de su amo el caballero de los Espejos. Cuando Sancho ataca a su señor en II.63, lo hace en su propia defensa. El segundo ejemplo de imitación se da cuando don Quijote se propone imitar a Amadís de Gaula (I.25) y no a Roldán que era el violento. De hecho, la vida de don Quijote, como caballero, consiste en imitar a los modelos de la caballería y seguirlos como ejemplos en el cumplimiento de sus reglas. No creo que imite a Amadís por rivalidad, sino por admiración y docilidad al modelo ejemplar.

En el cruce amoroso de Cardenio y don Fernando con sus respectivas damas, se da la rivalidad de amor, pero no es arbitraria, ya que el conflicto surge por la pasión culpable de uno de ellos frente a la honradez y la verdadera amistad. Estos son los tres casos más visibles de imitación y rivalidad, y ninguno de ellos se explica por la fórmula de la rivalidad mimética arbitraria.

No es la primera novela moderna

Los criterios formales que distinguen a la novela moderna son: realismo, verosimilitud de lugar y tiempo, estructura de intensificación y argumento con lógica interna.

El realismo del *Quijote* consiste en la ironía de Cervantes (el entendimiento) que analiza estructuras permanentes de la conducta humana: los ideales, las ilusiones, la lengua, la diferencia de realidad humana objetiva y discurso consciente, la vida como conciencia y como sueño, las íntimas concesiones y falsificaciones de nuestro yo.

No tiene sentido buscar realismo en las referencias de lugar y tiempo. El centro de atención del texto son los caracteres de los personajes, y la conducta moral no se funda en las circunstancias accidentales, sino en criterios de validez perpetua. En cambio, el lugar y el tiempo eran para los escolásticos circunstancias o accidentes. La simple mención del nombre de la Mancha y el Campo de Montiel, Quintanar y El Toboso, nos lanza a pensar en la zona de esos pueblos como el paisaje del *Quijote*. En la primera parte sale hasta Sierra Morena, pero no tenemos la sensación de que abandone nunca la Mancha. En la segunda, desde el capítulo 28 hasta el 73 todas las escenas tienen lugar en el reino de Aragón. Sin embargo, tampoco nos olvidamos de la Mancha. En el gobierno de Sancho, los burladores, aunque están supuestamente cerca del Ebro, son de Tirteafuera o de Miguelturra. La Mancha es un paisaje imaginario, símbolo de una caída frente a Gaula y Grecia, como el historiador del caballero no será un sabio griego, sino un cronista moro.

Tampoco tiene sentido buscar realismo de tiempo, como lo hay en *La Princesse de Clèves* y en *Tom Jones*. Las circunstancias de tiempo y espacio, esenciales en el realismo psicológico moderno a partir de Madame de Lafayette, son aspectos superficiales de la narración que no le interesan a Cervantes.

La estructura de yuxtaposición produce cuatro aspectos que se oponen a la modernidad de la novela: 1) la casualidad como motor de la acción, arbitrariedad en la sucesión de aventuras, sucesión decidida por el autor, no por la coherencia interna del argumento; 2) falta de decisiones en los caracteres, que se comportan según rasgos definidos desde el principio, no desarrollándose según las situaciones en las que se encuentran o por una evolución interior; por eso, 3) los caracteres son más pasivos que activos. Finalmente, 4) en la búsqueda de un libro extenso de ficción hijo del entendimiento, Cervantes introduce y supera modelos narrativos anteriores. Como estructura, el *Quijote* no se acomoda a los patrones de la novela moderna.

La historia de Cardenio, Luscinda, Dorotea y don Fernando, constituye una posible novela de amores, pero en la novela moderna se analizarían la experiencia y los altibajos del amor, mientras en la historia de estos personajes se menciona el amor como causa incitante, y el texto se centra en los extraños lances y encuentros casuales relacionados con el abandono y la traición. Al no ocuparse propiamente del sentimiento amoroso, no se analiza su progresiva intensificación, que da lógica interna a la novela moderna.

Pero una obra es clásica porque traspasa las categorías de antigua o moderna y se instala en lo que llamó Unamuno la «tradición eterna».

El Quijote es:

Una obra clásica —ni moderna ni antigua, «intrahistórica»— porque investiga y plasma en su texto un rasgo esencial del yo humano: el punto de encuentro y diferencia de nuestro hacer y nuestro recibir. Don Quijote toma decisiones llevado por su fantasía influida por los libros leídos, es decir, por la lengua, por «los medios». Es bueno, pero perturba el orden establecido por la dudosa frontera entre el ideal correcto y el ideal iluso. Tiene una experiencia personal de amor, pero el amor es una fuerza que le lleva condicionando su libertad. Si don Quijote es loco, Sancho lo es igualmente, pero por el lado de la simplicidad. A los sueños de su amo responde el suyo de ser gobernador, conde, o por lo menos, rico. Es libre como persona, pero vive en la malla de dependencia del otro en cuanto criado, ciego ante el mundo por no saber leer ni escribir, y dependiente de la lengua estereotipada.

El autor compagina en su texto la locura de la fantasía y la simpleza del sentido. El *Quijote* es el taller en el que se dramatiza el proceso de invención y disposición de una obra fingida hija del entendimiento. De ahí los distintos niveles de conciencia del autor dentro del *Quijote,* y cada uno de esos niveles es una muestra de ironía como conciencia crítica y autocrítica. La experiencia humana de los personajes se funde con la experiencia (no menos humana) de la escritura en el autor; por eso en el *Quijote* están fundidos su carácter de texto, y la experiencia humana desplegada en el texto.[27] No hay posible separación de fondo y forma, porque el esfuerzo de producir una obra extensa de ficción, hija del entendimiento, la tiene que hacer verosímil. Esta palabra, que parece tener un significado puramente formal, se refiere también al contenido, ya que las experiencias narradas se presentan como posibles experiencias de todos los lectores. Lo que da su calidad a la obra es la hondura y universalidad de esas experiencias: el contenido. En esta síntesis se debe insertar todo lo dicho en el capítulo 8 sobre el *Quijote* como obra de arte, la estructura, los personajes y la ironía.

El *Quijote* de Cervantes es la historia de un *ingenio* (caballero) y unos *sentidos* (escudero) sin *juicio*, confrontados entre sí y confrontados con la realidad por el *entendimiento* (el autor). Los libros de caballerías son monótonos, porque se mueven en un solo plano: el mundo caballeresco. Lo mismo pasa con el apócrifo de Avellaneda, como he señalado. El de Cervantes, en cambio, es una escala de Jacob: le obliga al lector a mecerse constantemente entre el mundo de la fantasía, el de la realidad, y la escritura como yunque en el que se encuentran y diferencian lo real y lo fantástico. De ahí la confrontación de los tipos de ficción —pastoril, sentimental, etc.— con los pastores reales. Estos pastores pueden mostrar a veces una dimensión

---

[27] «Don Quijote puede significar dos cosas muy distintas: Don Quijote es un libro y don Quijote es un personaje de ese libro. Generalmente, lo que en bueno o mal sentido se entiende por 'quijotismo', es el quijotismo del personaje. Estos ensayos, en cambio, investigan el quijotismo del libro» (Ortega, *Meditaciones del Quijote*, en *OC*, I, 326). No he citado estas palabras en el texto, porque yo quisiera estudiar la fusión de libro y personaje. Al fin y al cabo, sin el contenido no se puede entender el libro como creación textual.

literaria, como Eugenio cuando narra su historia con imágenes de la Arcadia clásica. Pero esa dimensión cultural era un ingrediente de la realidad histórica en la España de Cervantes, después de siglo y medio de humanismo, y es una dimensión de los grandes clásicos, como dice Borges: «¿Por qué nos inquieta que el mapa esté incluido en el mapa y las mil y una noches en *Las mil y una noches*? ¿Por qué nos inquieta que don Quijote sea lector del *Quijote*, y Hamlet espectador de *Hamlet*? Creo haber dado con la causa: tales inversiones sugieren que si los caracteres de una ficción pueden ser lectores o espectadores, nosotros, sus lectores o espectadores, podemos ser ficticios».[28]

Ya he mencionado las categorías de posible e imposible desde las cuales concebía Cervantes su idea de verosimilitud. Desde el punto de vista de la teoría literaria los extraños encuentros de la sierra y la venta producían admiración, que era un efecto esperado del texto literario. El mismo Cervantes lo dice por boca del canónigo en el capítulo 47 de la primera parte: «Hanse de casar las fábulas mentirosas con el entendimiento de los que las leyeren, escribiéndose de suerte que facilitando los imposibles... suspendiendo los ánimos, admiren, suspendan, alborocen y entretengan» (I.47, 565).

Filosofía

El trasfondo de ideas que subyace a las narraciones y diálogos del Quijote es doble, como ya expuse en mis *Nuevas meditaciones del Quijote*: todo lo que es filosofía y teología repite las ideas escolásticas vigentes en torno a 1600:

---

[28] Borges, J. L., «Magias parciales del *Quijote*» [1960], en Haley, *El Quijote de Cervantes*, p. 105.

Imagen del hombre: todas las almas son iguales, pero somos desiguales por la influencia «indirecta» del cuerpo sobre el alma.

Las facultades del alma: Facultades superiores e inferiores, y dentro de este esquema, don Quijote fantasía, Sancho sentido, el autor entendimiento.

Doctrina de los estados en la Iglesia. Cervantes no sigue a Erasmo sino la doctrina tradicional escolástica.

La mujer. Dentro de la antropología están las ideas sobre la mujer. En ella predomina la estimativa sobre la razón (I.34), y como no tiene un centro de ser y comportamiento, es mudable: «el confuso pensamiento y condición mudable de una mujer».[29] En la segunda parte, Altisidora encarna —aunque por disimulo— la veleidad que normalmente se atribuía a las mujeres. Esta idea era la corriente, no sólo en España sino en toda Europa. En la tragedia de Shakespeare *Antony and Cleopatra* la reina de Egipto dice cuando ha tomado la resolución de quitarse la vida:

Mi decisión está tomada, y no tengo nada
femenino en mí. Ahora de pies a cabeza
soy firme como el mármol. Ahora la voluble luna
no es mi planeta (V.2, vv. 234-237).

Firmes y constantes, como la Cleopatra de Shakespeare, son Luscinda, Dorotea, Zoraida y Ana Félix, prodigios de fidelidad. Pero mientras la inconstancia se consideraba natural en la mujer, la constancia producía admiración porque supuestamente no era una cualidad femenina, como reconoce la misma Cleopatra.

---

[29] I.27, 337; cf. I.51.

La belleza y la concepción del Quijote: La diatriba de Cervantes contra la inverosimilitud de las novelas de caballerías y de las comedias de su tiempo se funda en la idea escolástica de belleza, que le atribuía tres notas: proporción, claridad y magnitud apropiada. Al margen de si Cervantes consigue o no consigue ese ideal en su texto, su doctrina de la belleza es la tomista, tomada de Aristóteles.

Otros motivos filosóficos: La valentía como medio entre la temeridad y la cobardía (II.28), y en general, la idea de virtud como medio entre los extremos (II.42). La frase: «No pueden responder las dádivas del hombre a las de Dios con igualdad, por infinita distancia» (II.58, 479), se funda también en una teología precisa. Existe distancia infinita entre Dios y el hombre, y por tanto, las obras humanas son inconmensurables con las de Dios.

Pensamiento

Pero más allá de la filosofía está el pensamiento original que Cervantes despliega y dramatiza en su obra artística, y se puede condensar en los siguientes nódulos: cautiverio, resurrección, desilusión, locura, escritura.

Cautiverio: sujeción a la arbitrariedad del amo. El cautivo vive a cada instante en la encrucijada entre la vida y la muerte. Un soneto de Borges termina con estos versos: «Y sin embargo, es mucho haber amado/ haber sido feliz, haber tocado/ el viviente jardín siquiera un día». El cautiverio no es el jardín en el que hemos vivido un instante eterno de felicidad, sino el «baño» de la tortura y de la muerte. Las tres obras más sublimes de la literatura española: *Los nombres de Cristo* de Fr. Luis de León, el *Cántico espiritual* de San Juan de la Cruz, y el *Quijote*, se engendraron en la cárcel. Pero la del *Quijote* fue excepcional: cinco años en los que no le estuvo permitido esperar nada para el minuto siguiente. Por eso no hay en sus personajes cambios lentos y sinuosos, sino líneas quebradas, caídas y resurrecciones. Salir del cautiverio es la

Resurrección. Volver a la familia, a la tierra de cristianos, a la patria. Reintegrarse y esperar las mercedes proporcionales a los méritos, que habían quedado suspendidas durante la cautividad. Por eso el reencuentro en las obras de Cervantes —aquí no hablo sólo del *Quijote*— es reintegración ontológica, recuperación de la identidad. Pero a Cervantes no le respondió su patria, y la exultación de la vuelta a España se vio golpeada por la

Desilusión. Nueva forma de muerte. Dice Borges en el mismo soneto: «La terca tierra/ es mi destino, y la incestuosa guerra/ de Caínes y Abeles, y su cría». Cervantes fue un perpetuo romero, buscador que no halló nunca más que el dudoso favor de la limosna. Recordaba su sacrificio en Lepanto y se veía motejado de manco, como si su manquedad hubiera nacido en alguna taberna. No es extraño que se sintiera perplejo hasta la

Locura. Sentirse víctima de un destino sin saber por qué. Cervantes acepta la voluntad «del cielo», pero se pregunta, como luego Segismundo: «pues si los demás nacieron/ ¿qué privilegios tuvieron/ que yo no gocé jamás?». Cuando escribe el *Quijote* parece haber aceptado el destino con resignación, incluso con piedad religiosa, y plasma la complejidad de su pensamiento en la

Escritura. «La historia de un hijo seco, avellanado, lleno de pensamientos varios», de un pensamiento que vaga errante sin encontrar el fulcro del sentido, y no se consuela con estilos de moda ni recursos retóricos. Su obra no será la gaya ciencia inspirada en el murmurar de las fuentes y el cantar de los pintados pajarillos, sino literatura-vida, dramatización de la experiencia humana. Frente a Boccaccio, esa experiencia no se viste de diálogo con dioses y diosas, y frente al psicologismo de la novela moderna no se regodea en la introspección de sentimientos. Presenta la estructura ontológica de la persona, y por eso el *Quijote*, como *Edipo rey* y como *Hamlet*, traspasa las edades de la historia y es un clásico de la tradición eterna. La experiencia de la escritura en Cervantes no es una experiencia formalista, sino una búsqueda existencial fundida con el análisis de la misma búsqueda. De ahí su dimensión meta-literaria, pero tan encarnada en la experiencia vital, que no tiene sentido llamarla barroca.

¿Nuestra «Biblia nacional»? (Unamuno)

¿En qué medida y de qué manera un libro puede simbolizar a una nación? Ya mi pregunta es vaga. Cuando Unamuno en torno a 1898 llamaba al *Quijote* biblia nacional, se hablaba también en toda Europa de las «almas nacionales». En aquel tipo de discurso un libro podía representar o simbolizar esa entelequia. Para nosotros no hay «esencia» ni «alma» del español, sino razón histórica. Cervantes no expresó ningún rasgo permanente del español, pero el *Quijote*, como la gran obra clásica de nuestra lengua, se ha convertido en referencia, fuente de orgullo y, por tanto, en catalizador de identidad para los españoles. La mayoría no conoceremos ni su contenido ni su significado, pero todos nos sentimos aglutinados por el libro. En ese sentido, el *Quijote* no refleja a España, sino que la hace, porque se convierte en núcleo creador de convergencia de todos los que hablamos su lengua.

Se puede establecer una jerarquía de poder en los libros: el libro sagrado, el clásico, el libro bueno más sujeto a sus circunstancias, y luego todo lo olvidado o digno de olvido. El libro sagrado surge ya dentro de una fe socialmente compartida, y mantiene actualidad y capacidad de inspiración mientras queden creyentes en su mensaje. El libro clásico es obra de un individuo, que va aglutinando a la sociedad de sus lectores en el curso de la recepción. El *Quijote* es un clásico, o sea, una biblia de segundo rango: nacional, porque se escribió y se ha difundido desde España; biblia de todos los hablantes de español al margen de nuestra nacionalidad, porque es el clásico de la lengua común, y biblia de la humanidad, como ejemplo de arte humano. En 1605 La Mancha era un tirón irónico de los lugares ideales de la caballería hacia la prosaica realidad. En 2005 el *Quijote* ha hecho a La Mancha universal relegando al olvido los lugares de los antiguos caballeros.

Bibliografía

AA. VV., *Cervantes*. Prólogo de Claudio Guillén. Alcalá de Henares, Centro de Estudios Cervantinos, 1995.

Arco y Garay, Ricardo del, *La sociedad española en las obras de Cervantes*. Madrid, Gredos, 1951.

Arellano, Ignacio, «Calderón y Cervantes», *Anales Cervantinos* (*AC*), 35 (1999), 9-35.

Ariosto, Ludovico, *Orlando furioso* [1532]. Ed. Cesare Segre, Milano, Biblioteca Universale Rizzoli, 2001.

Ascunce Arrieta, José Ángel, *Los quijotes del Quijote*. Kassel, Edition Reichenberger, 1999.

Avalle Arce, Juan Bautista, *Nuevos deslindes cervantinos*. Barcelona, Ariel, 1975.

Avellaneda, Alonso Fernández de, *Segundo tomo del ingenioso hidalgo don Quijote de la Mancha* [1614]. Ed. M. De Riquer, Madrid, Espasa-Calpe (Clásicos Castellanos, nn. 174-176), 1972.

Ayala, Francisco, «Cervantes», en *Los ensayos. Teoría y crítica literaria,* Madrid, Aguilar, 1971, pp. 591-730.

Bandera, Cesáreo, *Mímesis conflictiva. Ficción literaria y violencia en Cervantes y Calderón*. Madrid, Gredos, 1975.

Bataillon, Marcel, *Erasmo y España* [1937]. Trad. Antonio Alatorre, México, Fondo e Cultura Económica, 2ª ed., 1966.

— *Erasmo y el erasmismo*. Trad. C. Pujol, Barcelona, Crítica, 2000.

Baker, E. *La biblioteca de don Quijote*. Madrid, Marcial Pons, 1997.

Calabrò, Giovanna, «Cervantes, Avellaneda y don Quijote», *Anales Cervantinos,* 25/26 (1987-88), 87-100.

Canavaggio, Jean, *Cervantes*. Trad. M. Armiño, Madrid, Espasa-Calpe, 2004.

Casalduero, Joaquín, *Sentido y forma del Quijote*. Madrid, Ínsula, 1966.

Casella, Mario, *Cervantes. Il Chisciotte*. Firenze, Le Monnier, 1938.

Castiglione, Baldasare, *Il Libro del Cortegiano* [1528]. Ed. Giulio Carnazzi, Milano, Rizzoli, 2000.

Castro, Américo, *El pensamiento de Cervantes* [1925]. Barcelona, Crítica, 1987.

— *Hacia Cervantes*. 3ª ed., Madrid, Taurus, 1967.

— *Cervantes y los casticismos españoles*. Madrid, Alfaguara, 1966.

Cervantes Saavera, Miguel de, *El ingenioso hidalgo don Quijote de la Mancha*. Ed. Luis A. Murillo, Madrid, Castalia, 1978, 2 vols.

— *Obras completas*. Ed. F. Sevilla Arroyo, Madrid, Castalia, 1999.

— *El ingenioso hidalgo don Quijote de la Mancha*. Ed. L. Astrana Marín, Comentarios de Diego Clemencín, Madrid, Elfredo Ortells, 2001.

— *Don Quijote de la Mancha*. Ed., Francisco Rodríguez Marín (Clásicos Castellanos) Madrid, 1912 ss., 8 vols.

— *Don Quijote de la Mancha*. Ed., Francisco Rico, Madrid, Real Academia Española, 2005.

Chevalier, Maxime, *Lectura y lectores en la España de los siglos XVI y XVII.* Madrid, Turner, 1976.

— «Cinco proposiciones sobre Cervantes», *NRFH*, 38 (1990), 837-848.

Close, Anthony, *The Romantic Interpretation of Don Quijote. A Critical History of the Romantic Tradition in Quixote Criticism.* Cambridge, Cambridge Univ. Press, 1978.

— «La crítica del Quijote desde 1925 hasta ahora», en AA. VV., *Cervantes*, Centro de Estudios Cervantinos, Alcalá, 1995, pp. 310-333.

— *Cervantes and the Comic Mind of His Age.* Oxford, Oxford University Press, 2000.

Combet, Louis, *Cervantés ou l'incertitude du désir. Une approche psychostructurale de Cervantès.* Lyon, Présses Universitaires de Lyon, 1980.

Criado de Val, Manuel (ed.), *Cervantes. Su obra y su mundo.* Madrid, Patronato Arcipreste de Hita, 1981.

De Lollis, Cesare, *Cervantes reazionario.* Roma, Fratelli Treves, 1924.

Dudley, Edward, *The Endless Text. Don Quijote and the Hermeneutic of Romance.* Albany, N. Y., State University of New York Press, 1997.

Erasmo de Rotterdam, *Elogio de la locura o Encomio de la estulticia* [1511]. Trad. P. Voltes. Madrid, Espasa-Calpe (Austral, 444), 13ª ed., 2002.

Fernández, Jaime, *Invitación al Quijote.* Madrid, Porrúa Turanzas, 1989.

Fuentes, Carlos, *Cervantes o la crítica de la lectura.* México, Joaquín Mortiz, 1966.

Garrido Gallardo, Miguel Ángel, *Nueva introducción a la teoría de la literatura.* 3ª ed., Madrid, Síntesis, 2004.

— ed., *Retóricas españolas del siglo XVI escritas en latín* (Biblioteca Virtual Menéndez Pelayo de Polígrafos Españoles, 3). Madrid, C.S.I.C y Fundación I. de Larramendi, 2004.

Gilman, Stephen, *The Novel according to Cervantes.* Berkeley, The University of California Press, 1989.

Green, Otis H., «El ingenioso hidalgo», *Hispanic Review,* 25 (1957), 175-193.

Güntert, Georges, *Cervantes, novelar el mundo desintegrado*. Barcelona, Puvill, 1993.

Haley, George, ed., *El Quijote de Cervantes* (Col. El Escritor y la Crítica.). Madrid, Taurus, 1984.

Hatzfeld, Helmut, *El Quijote como obra de arte del lenguaje* [1927]. Madrid, C.S.I.C. (anejos de la RFE, 83), 1966.

Huarte de San Juan, Juan, *Examen de ingenios para las ciencias* [1575]. Ed. F. Fresco Otero, Madrid, Espasa-Calpe (Col. Austral, n. 237), 1991.

Iriarte, Mauricio de, *El Doctor Huarte de San Juan y su examen de ingenios. Contribución a la historia de la psicología diferencial.* Madrid, Editora Nacional, 1939.

Joly, Monique, *La Bourle et son interpretation en Espgane aux 16è et 17è siècles.* Lille, Atélier National des Théses. Université de Lille, 1982.

Lapesa, Rafael, *De la Edad Media a nuestros días.* Madrid, Gredos, 1967.

La Rubia Prado, Francisco, ed., *Cervantes para el siglo XXI. Studies in Honor of Edward Dudley.* Newark, Delaware, Juan de la Cuesta, 2000.

Lerner, Isaías, «El Quijote y la construcción de la lengua literaria áurea», en AA. VV., *Cervantes,* pp. 295-310.

Lope de Vega, F., *El peregrino en su patria* [1604]. Ed. J. B. Avalle-Arce, Madrid, Castalia, 1973.

López Pinciano, Alonso, *Philosophia antigua poética* {1596]. Ed. A Carballo Picazo, Madrid, C.S.I.C., 1953.

Madariaga, Salvador de, *Guía del lector del Quijote. Ensayo psicológico sobre el Quijote* [1926]. (Selecciones Austral.), Madrid, Espasa-Calpe, 1978.

Maravall, José Antonio, *El humanismo de las armas en el Quijote.* Madrid, Instituto de Estudios Políticos, 1947.

— *Utopía y contrautopía en el Quijote.* Santiago de Compostela, Ed. Pico Sacro, 1976.

Márquez Villanueva, Francisco, *Personajes y temas del Quijote*, Madrid, Taurus, 1975.

Martín Morán, José M., *El Quijote en ciernes. Los descuidos de Cervantes y las fases de elaboración textual.* Torino, Edizioni dell'Orso, 1990.

Martínez Bonati, F., *El Quijote y la poética de la novela*, Alcalá, Centro de Estudios Cervantinos, 1995.

Martorell, Joanot, *Tirant lol Blanc,* ed. Martí de Riquer. Barcelona, Edicions 62, 1983.

Mazzocchi, Giuseppe, «La morte de Don Chisciotte e le *Artes bene moriendi*», *Il Confronto Letterario,* 12 (1995), 581-597.

Menéndez Pelayo, M., «Cultura literaria de Miguel de Cervantes y elaboración del *Quijote*» [1905], en *Discursos,* ed. José Mª de Cossío (Clásicos Castellanos, 140), Madrid, Espasa Calpe, 1956, pp. 109-164 (Y en *OC*, VI, Madrid, Consejo Superior de Investigaciones Científicas, 1941, pp. 323-356).

Moner, Michel, *Cervantès Conteur. Écrits et paroles.* Madrid, Biblioteca de la Casa de Velázquez, 1989.

— *Cervantès: Deux thémes majeurs (L'amour-Les Armes et les lettres).* Toulouse-Le Mirail, France-Ibérie Recherche, 1986.

Morón Arroyo, Ciriaco, *Nuevas meditaciones del Quijote.* Madrid, Gredos, 1976.

—, y Revuelta, M., *El erasmismo en España.* Santander, Sociedad Menéndez Pelayo, 1986.

— *El «alma de España», cien años de inseguridad.* Oviedo, Nobel, 1996.

— *Las humanidades en la era tecnológica.* Oviedo, Nobel, 1998.

Muecke, D. C., *The Compass of Irony* [1969]. London, Methuen, 1980.

Navarro González, Alberto, *El Quijote español del siglo XVII.* Madrid, Rialp, 1964.

Neuschäfer, Hans Jörg, *Der Sinn der Parodie im don Quijote.* (Studia Romanica), Heidelberg, K. Winter Vlg., 1963.
— La ética del *Quijote. Función de las novelas intercaladas.* Madrid, Gredos, 1999.
Ortega y Gasset, J., *Meditaciones del Quijote* [1914], en *OC,* vol. I, 4ª ed., Madrid, Revista de Occidente, 1957, pp. 311-399.
— «Meditación de El Escorial» [1915], en *El Espectador,* vol. 6. En *OC,* II, 553-560.
Ortúñez de Calahorra, Diego, *Espejo de príncipes y cavalleros. El cavallero del Febo.* Ed., Daniel Eisenberg, Madrid, Espasa-Calpe (Clásicos Castellanos), 1975, 7 vols.
Pardo García, Pedro J., «Formas de imitación del *Quijote* en la novela inglesa del siglo XVIII: *Joseph Andrews* y *Tristram Shandy*», *AC,* 33 (1995-1997), 133-164.
Percas de Ponseti, Helena, *Cervantes y su concepto del arte.* Madrid, Gredos, 1975.
Pérez Martínez, Ángel, *El buen juicio en el Quijote.* Valencia, Pre-textos, 2005.
Redondo, Agustín, «Acercamiento al *Quijote* desde una perspectiva histórico-social», en AA. VV., *Cervantes,* pp. 257-293.
— *Otra manera de leer el Quijote.* Madrid, Castalia, 1997.
Riley, E. C., Teoría de la novela en Cervantes [1962]. Trad. C. Sahagún. Madrid, Taurus, 1966. Reimpresión, 1989.
— *Introducción al Quijote* [1986], Tr. E. Torner Montoya. Barcelona, Crítica, 2004.
Riquer, Martín de, *Para leer a Cervantes.* Barcelona, Acantilado, 2003.
Rosales, Luis, *Cervantes y la libertad.* Madrid, Eds. Cultura Hispánica, 1962.
Rosenblatt, Ángel, *La lengua del Quijote.* Madrid, Gredos, 1971.
Rossi, Rosa, *Escuchar a Cervantes. Un ensayo biográfico* [1987]. Valladolid, Ámbito, 1988.

Ruta, Maria Caterina, *Il Chisciotte e i suoi dettagli.* Palermo, Flaccovio Editore, 2000.

Salillas, Rafael, *Un gran inspirador de Cervantes: el Dr. Huarte de San Juan y su Examen de ingenios.* Madrid, Victoriano Suárez, 1905.

Sarmati, Elisabetta, *Le critiche ai libri di cavalleria nel Cinquecento spagnolo (con uno sguardo al Seicento). Un analisi testuale.* Pisa, Giardini, 1996.

Scaramuzza Vidoni, Maria Rosa, *Deseo, imaginación, utopía en Cervantes.* Roma, Bulzoni, 1998.

Sevilla Arroyo, Florencio, «La edición de las Obras de Miguel de Cervantes», en AA.VV., *Cervantes,* pp. 75-135.

Spitzer, Leo, «Perspectivismo lingüístico en el *Quijote*», en *Lingüística e historia literaria.* Madrid, Gredos, 1962, pp. 135-187.

Strosetzki, Christoph *Miguel de Cervantes. Epoche, Werk, Wirkung.* München, 1991.

Szombathy, Zoltan, «Ridiculing the Learned: jokes about the scholarly class in mediaeval Arabic literatures», *Al-Qantara,* 25 (2004), 93-117.

Torres, José C. de, «Enquijotóse mi amo», o el tema del caballero idealista en las comedias de Calderón», en Bernat Vistarini, A., ed., *Actas del Tercer Congreso Internacional de la Asociación de Cervantistas.* Palma de Mallorca, Universitat de les Illes Balears, 1998, pp. 619-629.

— «Adiciones al tema de las citas cervantinas en Calderón: las citas sobre Lope de Vega», *AC,* 35 (1999), 572-584.

Torrente Ballester, Gonzalo, *El Quijote como juego.* Madrid, Guadarrama, 1975.

Trapiello, Andrés, *Las vidas de Miguel de Cervantes* [1993]. Madrid, Ediciones Folio, 2004.

Unamuno, Miguel de, *La vida de don Quijote y Sancho* [1905]. Ed. Alberto Navarro, Madrid, Cátedra, 1992.

Valera, Juan, «Sobre el *Quijote* y sobre las diferentes maneras de comentarlo y juzgarlo» [1864]. En *Obras completas,*

III, ed. L. Araujo Costa, Madrid, Aguilar, 1958, pp. 1065-1086.

Vilanova, Antonio, «Erasmo y Cervantes» [1949], En *Erasmo y Cervantes*, Barcelona, Lumen, 1989, pp. 7-63.

— «La *Moria* de Erasmo y el prólogo del *Quijote*» [1965], ibíd., pp. 64-76.

— «Erasmo, Sancho Panza y su amigo don Quijote» [1988], ibíd., pp. 77-125.

Werle, Peter, «Die Erklärbarkeit des Wunderbaren», *Romanistisches Jahrbuch*, 53 (2002), 408-425.